本书为上海市哲学社会科学规划课题

《中国共产党为人民谋幸福初心的发展逻辑与历史经验研究》（2023BDS002）的研究成果

走出边缘化

ZOU CHU
BIAN YUAN HUA
JIAN SHE "LI LUN ZHONG DE ZHONG GUO"

建设『理论中的中国』

王历荣 陈湘舸 著

上海三联书店

序　言

　　2022 年 4 月 25 日，习近平总书记在中国人民大学考察时强调："当前，坚持和发展中国特色社会主义理论和实践提出了大量亟待解决的新问题，世界百年未有之大变局加速演进，世界进入新的动荡变革期，迫切需要回答好'世界怎么了''人类向何处去'的时代之题。""加快构建中国特色哲学社会科学，归根结底是建构中国自主的知识体系。要以中国为观照、以时代为观照，立足中国实际，解决中国问题，不断推动中华优秀传统文化创造性转化、创新性发展，不断推进知识创新、理论创新、方法创新，使中国特色哲学社会科学真正屹立于世界学术之林。哲学社会科学工作者要做到方向明、主义真、学问高、德行正，自觉以回答中国之问、世界之问、人民之问、时代之问为学术己任，以彰显中国之路、中国之治、中国之理为思想追求，在研究解决事关党和国家全局性、根本性、关键性的重大问题上拿出真本事、取得好成果。要发挥哲学社会科学在融通中外文化、增进文明交流中的独特作用，传播中国声音、中国理论、中国思想，让世界更好读懂中国，为推动构建人类命运共同体作出积极贡献。"①

　　早在 2016 年 5 月 17 日，习近平总书记在全国哲学社会科学座谈会上就曾指出："在解读中国实践、构建中国理论上，我们应该最有发

---

① 《习近平在中国人民大学考察时强调：坚持党的领导传承红色基因扎根中国大地 走出一条建设中国特色世界一流大学新路》，《人民日报》2022 年 4 月 26 日。

言权,但实际上我国哲学社会科学在国际上的声音还比较小,还处于有理说不出、说了传不开的境地。"①用学术界的话来说,在今天,我们国家的哲学社会科学在国际学术界处于边缘化地位。学术界的这种地位同我们国家在世界经济、政治上的大国地位是极不相称的。中国学术界的仁人志士当努力奋斗,让我们国家的哲学社会科学早日脱离目前这种"有理说不出、说了传不开的境地"。对此,习近平总书记对中国学术界发出庄严的号召,提出了艰巨的任务,即大胆地进行理论创新,建设"学术中的中国""理论中的中国"②。

当今世界正处于百年未有之大变局,人类社会面临诸多挑战,遭遇经济、政治、文化各种严重危机。而危中有机,它们是中国学术界进行理论创新,构建中国特色哲学社会科学体系的大好时机。智者善于抓住机会。让我们立即行动起来,努力打破西方主流学术理论体系一统天下的局面,为中国特色哲学社会科学体系的创建找到并找准一个很好的切入点,且为之奋斗。

近50年来,欧美国家"幸福悖论"现象日益凸显,由此已被批评为"无快乐的经济",作为西方经济理论指导的主流经济学因此被批评为"不幸福的经济学"。而西方主流经济学在整个西方哲学社会科学体系中处于"王者"地位。不难看出,西方主流经济学的"王者"地位已在重重危机的冲击下开始动摇。在这种形势下,中国的"为人民谋幸福"经济学问世,正当其时。它将以自己学理上的科学性,实践上的可行性,而为国际学术界所关注、认同和逐步接受。因为正如孙中山先生所言:世界潮流,浩浩荡荡;顺之者昌,逆之者亡。习近平曾强调指出:"世界人民对美好生活的向往从来没有像今天这样强烈。"③由此可见,广大人民群众追求幸福美好生活,就是当今的世界潮流。"为人民谋幸福"经济学符合当今世界潮流,它必然兴旺发达。

---

① 《习近平谈治国理政(第二卷)》,外文出版社,2017年,第346页。
② 同上,第340页。
③ 同上,第508页。

因为它符合广大群众和全人类追求美好生活的心愿。而中国古话说得好："得人心者得天下。"因此，"为人民谋幸福"经济学及以它为主导的中国特色哲学社会科学必定或迟或早在整个世界学术界占有应有的地位，从而从边缘化的境地走上世界学术界的大舞台。

　　当然，建设"理论中的中国"任重道远。愿本书能为其添一砖瓦。"走出边缘化"，这只是我们的志向与愿望，旨在以此自勉，也企望学术界同仁赐教和鼓励。

目　录

序言 / 1

第一章　理论构想 / 1

　　第一节　构建中国理论 / 1

　　　　一、构建中国理论的价值 / 2

　　　　二、把中国实践总结好 / 6

　　　　三、推进"第二个结合" / 9

　　第二节　为人民谋幸福的经济学 / 14

　　　　一、问题的提出 / 14

　　　　二、理论价值 / 16

　　　　三、实践价值 / 20

　　第三节　以"人民福祉"为镜 / 27

　　　　一、问题的提出 / 28

　　　　二、理论依据 / 30

　　　　三、实践价值 / 33

　　　　四、学理前瞻 / 37

　　第四节　"后发展"理论 / 41

　　　　一、问题的提出 / 41

　　　　二、"后发展"理论的价值 / 43

　　　　三、向"后发展"转型 / 46

　　　　四、结论与建议 / 50

第二章　理论基础 / 52

　　第一节　人本史观 / 52

　　　　一、问题的提出 / 52

　　　　二、马克思的历史观的嬗变 / 55

　　　　三、人本史观的价值 / 60

　　第二节　幸福文明 / 66

　　　　一、问题的提出 / 67

　　　　二、文明危机与幸福文明 / 70

　　　　三、幸福文明与生态文明 / 74

　　　　四、结论与建议 / 80

　　第三节　自觉社会 / 82

　　　　一、问题的提出 / 82

　　　　二、自觉社会与整体革命 / 85

　　　　三、自觉社会与"环境时代" / 91

　　　　四、结论与建议 / 94

第三章　理论源流 / 96

　　第一节　亚当·斯密经济学说的幸福学解读 / 96

　　　　一、问题的提出 / 96

　　　　二、斯密经济学说中的共同富裕理论 / 98

　　　　三、斯密共同富裕理论的评析 / 104

　　　　四、结论与建议 / 110

　　第二节　"第二次结合" / 112

　　　　一、马克思主义结合论 / 113

　　　　二、"第二次结合"的续接与深入 / 114

　　　　三、新时代的"第二次结合" / 120

第三节　第二个结合 / 124

　　一、"两个结合"的关系 / 125

　　二、"第二个结合"的理论底蕴 / 128

　　三、实现"第二个结合"的战略构想 / 133

第四节　中国共产党百年理论创新成果 / 138

　　一、毛泽东的主要创新成果 / 138

　　二、邓小平的主要创新成果 / 145

　　三、习近平的主要创新成果 / 150

第四章　理论创新 / 158

第一节　幸福学：《资本论》研究的新视角 / 158

　　一、马克思的新世界观 / 158

　　二、《资本论》中科学幸福观的发掘 / 163

　　三、结论与建议 / 170

第二节　"不忘初心"理念的幸福学解读 / 172

　　一、"幸福初心"理念的理论品性 / 173

　　二、实现"幸福初心"理念的理论方略 / 176

　　三、实现"幸福初心"理念的行动方略 / 178

第三节　功利关系价值论 / 181

　　一、问题的提出 / 181

　　二、功利关系价值论的基本内容 / 182

　　三、功利关系价值论的意义 / 188

第四节　经济学的"幸福革命" / 197

　　一、问题的提出 / 198

　　二、对经济学幸福革命现有思路的质疑 / 200

　　三、经济学幸福革命的"四步走"设想 / 202

　　四、结论与建议 / 205

第五章　理论方略 / 207

　　第一节　美丽中国、平安中国和健康中国 / 207

　　　　一、美丽中国解读 / 208

　　　　二、建设平安中国、健康中国的战略构想 / 213

　　　　三、结论与建议 / 220

　　第二节　全面建设美丽中国 / 220

　　　　一、问题的提出 / 220

　　　　二、发展美丽经济 / 222

　　　　三、建设美丽政治 / 226

　　　　四、培育美丽文化教育 / 229

　　第三节　美丽经济 / 232

　　　　一、美丽经济的内涵与类型 / 233

　　　　二、经典文献中有关美丽经济的论述 / 238

　　　　三、美丽经济价值考评 / 242

　　　　四、结论与建议 / 246

　　第四节　"文化人"假设 / 247

　　　　一、问题的提出 / 248

　　　　二、"文化人假设" / 249

　　　　三、培养新型文化人 / 255

第六章　理论目的 / 260

　　第一节　"幸福悖论"的文化进路 / 260

　　　　一、物质主义时代的"幸福悖论" / 260

　　　　二、后物质主义时代的幸福追求 / 263

　　　　三、文化人的幸福本质及其作用 / 266

　　　　四、文化人培养机制构想 / 271

第二节 幸福宣言与幸福社会 / 274

　　一、《幸福宣言》提出背景 / 275

　　二、《幸福宣言》的本质与目标追求评析 / 279

　　三、幸福革命的特征及其理论诉求前瞻 / 284

　　四、结论与建议 / 288

第三节 马克思共同富裕理念及当代发展 / 289

　　一、斯密的共同富裕理论 / 289

　　二、马克思与斯密共富理论的比较 / 291

　　三、邓小平对共同富裕理论的创新 / 295

　　四、习近平关于共同富裕的理论与实践 / 298

第四节 中国式共同富裕的基本特征 / 301

　　一、程度上的彻底性 / 302

　　二、时间上的长期性 / 305

　　三、空间上的世界性 / 309

结语 / 313

第一章　理论构想

新的实践呼唤新的理论。在新时代，必须进行理论创新，推进理论建设。

第一节　构建中国理论

伟大的事业需要伟大的理论作指导，这是重大理论产生发展的一般规律。建设有中国特色的社会主义，在呼唤新的理论；建设美丽中国、健康中国、平安中国，在呼唤新的理论；实现中华民族伟大复兴的中国梦，在呼唤新的理论；应对人类社会百年未有之大变局，在呼唤新的理论。为此，"我们不仅要让世界知道'舌尖上的中国'，还要让世界知道'学术中的中国''理论中的中国''哲学社会科学中的中国'"。[①]我们国家作为一个经济大国、政治大国，"在解读中国实践、构建中国理论上，我们应该最有发言权"[②]。习近平总书记向全党和全国广大干部群众，尤其是理论工作者提出进行理论创新，建设"理论中的中国""构建中国理论"这个伟大任务。毫无疑问，在新时代完成这一伟大任务有着极其重大且深远的意义。

---

① 《习近平谈治国理政（第二卷）》，外文出版社，2017年，第340页。
② 同上，第346页。

一、构建中国理论的价值

（一）有助于巩固和增强国家硬实力

文化是一个国家的软实力。而思想理论是一个国家文化的重要组成部分，更是一个国家文化系统的核心与灵魂。软实力与硬实力二者之间有着相互依存、相互促进的密切关系。软实力固然要以硬实力为基础，但它有相对的独立性，对作为硬实力的经济基础具有或大或小的反作用，为硬实力的发展提供目的、动力、思路与方略。因此，软实力对于硬实力的发展巩固，有着极其重要的积极作用。

回顾改革开放 40 余年的历史，不难看到，邓小平理论、"三个代表"重要思想、科学发展观、习近平新时代中国特色社会主义思想，这些软实力因素，对于我们国家的经济长期高速度增长、高质量发展，无疑起了重要的促进作用。在新时代，继续进行理论创新，努力完成建设"理论中的中国""构建中国理论"这一伟大而艰巨的任务，我们国家的软实力必将进一步增强，从而给予硬实力以更大的积极影响。习近平曾郑重指出："我们说要坚定中国特色社会主义道路自信、理论自信、制度自信，说到底是要坚定文化自信。"因为"文化自信是更基本、更深沉、更持久的力量。"[1]在此不难理解，以思想理论为核心的文化体系软实力，是我们国家在新时代硬实力进一步增强，持久发展的力量源泉和可靠保障。

（二）有助于深入探讨并解答"构建人类命运共同体这一时代命题"

2017 年 1 月 18 日，在联合国日内瓦总部的演讲中，习近平总书记郑重提出："当今世界充满不确定性，人们对未来既寄予期待又感到困惑。世界怎么了、我们怎么办？这是整个世界都在思考的问题，也是我一直在思考的问题。"[2]对于这个世界性问题，也可以说是世纪性、时代性问题，他接着强调说："回答这个问题，首先要弄清楚一个最基本

---

[1]《习近平谈治国理政（第二卷）》，外文出版社，2017 年，第 339 页。

[2] 同上，第 537 页。

的问题,就是我们从哪里来、现在在哪里、将到哪里去?"①为此,他向与会者提议:"同大家一起探讨构建人类命运共同体这一时代命题"②。在这里,习近平总书记把"构建人类命运共同体"定义为"时代命题"。不难理解,习近平总书记是用"构建人类命运共同体这一时代命题"回答"整个世界都在思考的问题",即世界性问题、时代性问题。对此,习近平总书记明确地指出:"中国方案是:构建人类命运共同体,实现共赢共享。"③由此可见,"中国方案"即为世界性问题的中国答案。它也是对人类"将到哪里去"这个"最基本的问题"的解答。不言而喻,构建人类命运共同体,实现"中国方案",这是新时代极其伟大而艰难的事业。为了顺利地实现这个中国方案,需要新的理论来指导。

构建人类命运共同体,这是一项系统工程,它涉及经济、政治、文化教育等社会生活的各个方面。因此,它需要哲学、经济学、政治学、文化学、教育学等诸多社会科学的指导,为它提供坚实的理论基础。而现有的占主导地位的哲学、经济学、政治学、文化学、教育学不能为它提供科学指导和坚实的理论基础。须知人类社会之所以面临多种共同挑战,陷于重重危机,致使"当今世界充满不确定性",人们处于"世界怎么了、我们怎么办?"的困惑之中。一个重要原因,就是现有的占主导地位的哲学、经济学、政治学等社会科学,不能为人类指引正确的道路,确定正确的目标,找到有效的方略。例如,当今仍在西方国家占主导地位的哲学,它的历史观充满唯心主义和形而上学,导致它的信奉者提出风行一时的"历史终结论"。直至今日,信奉在西方国家占主导地位的哲学思想者,继续坚持把资本主义制度看作人类社会发展史上最美好的制度。又如西方国家的主流经济学,已被学术界的有识之士评为"不幸福的经济学";以它为理论基础的经济已蜕变为"无快乐的经济"。造成这种情形的重要原因,则是由于它

---

①② 《习近平谈治国理政(第二卷)》,外文出版社,2017年,第537页。
③ 同上,第539页。

只是片面地肯定市场机制的积极作用,把物质财富作为人们进行生产活动的终极目标,从而导致经济危机、生态危机等一系列灾难,使"幸福悖论"在近几十年日益凸显。

因此,为了深刻认识和揭示人类命运共同体理念的理论底蕴;为它建立坚实深厚的理论基础,提供科学的理论依据;从而对它进行深入的解读,并为它的构建、探索和确定正确的道路、有效的方略,中国作为"中国方案"的提出者、倡导者,也是主要的实行者,我们有责任在理论上作出应有的贡献。因此,党的十九大报告指出:"当代中国共产党人和中国人民应该而且一定能够担负起新的文化使命,在实践中进行文化创造,在历史进步中实现文化进步!"不言而喻,这里所说的"文化使命",应当包括"构建中国理论",建设"学术中的中国""理论中的中国""哲学社会科学中的中国"。具体来说,要自觉地从学科建设做起,"每个学科都要构建成体系的学科理论和概念"。①

可以预言,在践行"新的文化使命",构建起新的理论体系,建成"理论中的中国"的过程中,我们将为人们不断深入地探讨"构建人类命运共同体这一时代命题"提供科学的理论支撑和指导,从而得以正确地在理论与实践两个方面回答"世界怎么了、我们怎么办?"这个"整个世界都在思考的问题",弄清楚"我们从哪里来、现在在哪里、将到哪里去?"这个"最基本的问题"。

(三)有助于提高并坚定理论自信

习近平总书记多次强调提出的"四个自信",理论自信在其中有着十分重要的地位和作用。四个自信各有不同的地位与作用,相互之间有着十分密切的关系和联系。在四个自信中,道路自信是目的,就是说,其余三个自信都是为它服务的。四个自信总的目的是让我们国家坚定不移地永远沿着中国特色社会主义道路前进。而这又是由于只有社会主义才能救中国,只有中国特色社会主义才能发展中

---

① 《习近平谈治国理政(第二卷)》,外文出版社,2017年,第346页。

国,才能实现中华民族伟大复兴,让全国人民过上幸福美好的生活。不言而喻,我们国家要完成坚定不移地永远沿着中国特色社会主义方向和道路前进,成功地建设社会主义这一前人从未干过、缺乏现存经验、从而十分艰巨复杂的伟大事业,亟须创建新的理论作为指导。而要让全党全国人民心悦诚服地接受新的理论的指导,从而坚持社会主义道路,积极地投身社会主义建设,首先必须树立理论自信,信奉新的理论。这意味着,道路自信来自理论自信。要让人们坚持走社会主义道路,必须先让他们信仰社会主义理论。"砍头不要紧,只要主义真",革命先烈充满理论自信。正是由于这个原因,所以习近平总书记在提出道路自信之后,紧接着便提出"理论自信"。而"制度自信",则是为道路自信提供制度保证和实现形式。就是说,只有创建并巩固符合社会主义本质要求的经济、政治,文化教育制度,才能保证中国的社会主义道路,实现社会主义的目的。而没有革命的理论,就没有革命的运动。社会主义制度的创建、发展、完善,并且得以巩固,需要科学的理论作指导。由此可见,理论自信对于制度自信至关重要。没有理论自信,就不可能有制度自信。至于文化自信,它是"更基本、更深层、更持久的力量"。但为了让它更好地为社会主义事业服务,有助于坚定人们的道路自信、理论自信、制度自信,必须"努力实现传统文化的创造性转化、创新性发展,使之与现实文化相融相通,共同服务以文化人的时代任务"[①]。不言而喻,要"实现传统文化的创造性转化、创新性发展"需要正确的理论指导,以实行去粗取精、去伪存真的改造、完善,从而得以科学提升。

鉴于理论自信具有极其重要的地位和作用,在新的历史时期,应当花大力气"构建中国理论",建设"理论中的中国",以改变目前这种理论自信不强,乃至理论自信缺失的状况。这种不良状况突出表现在经济学界。前些年,经济学界有话语权的人士一再强调中国的经

[①]《习近平谈治国理政(第二卷)》,外文出版社,2017年,第313页。

济学要与西方国家的经济学"接轨"。但由于他们中一些人对于自己国家的经济理论采取虚无主义态度,认为改革开放后的经济理论一概不可取,致使"接轨"变为"接收",对西方主流经济学照单全收,完全照搬照抄。高等学校的经济学课堂,讲解的是西方的教科书。由于经济学在社会科学界的强势地位,导致这种对西方社会科学不加选择、不加批判地照搬照抄之风不同程度侵袭到哲学、政治学、教育学等各个学科。社会科学界这种不正常、不健康、十分有害的状况,必须尽快从根本上加以改变和消除。否则,对于理论自信极为有害。由此可见,"构建中国理论",建设"理论中的中国",除了满足中国经济、社会发展的新形势的需要之外;清除中国社会科学界这些年严重存在的这种不正常、不健康倾向,也是一个重要原因。

总之,只要我们全力以赴,"构建中国理论",力争早日建成"理论中的中国",就将极大地提高并坚定人们的理论自信,由此促进人们的道路自信、制度自信与文化自信。而后者的进一步坚定,又将反过来促进人们的理论自信。所以,在新时代,坚定四个自信,理论自信是关键。因此,我们应当自觉地抓住理论自信这个关键,而坚定人们理论自信的重要方略,则是"构建中国理论",建设"理论中的中国"。

二、把中国实践总结好

"构建中国理论",建设"理论中的中国",首先要确定正确的思路。我们的理论工作者"要按照立足中国、借鉴国外,挖掘历史、把握当代,关怀人类、面向未来的思路,着力构建中国特色哲学社会科学,在指导思想、学科体系、学术体系、话语体系等方面充分体现中国特色、中国风格、中国气派"①。这就是"构建中国理论"的基本思路。为了让理论建设切实遵循这条思路,顺利实现这个目标,达到理论建设的要求,习近平总书记还为理论创新、理论建设指明了正确有效的思

① 《习近平谈治国理政(第二卷)》,外文出版社,2017年,第338页。

想和方法。在回顾人类思想史上理论创新的一般规律之后,习近平总书记提出:"理论思维的起点决定着理论创新的结果。理论创新只能从问题开始。从某种意义上说,理论创新的过程就是发现问题、筛选问题、研究问题、解决问题的过程。"①因此创新"要善于提炼标识性概念,打造易于为国际社会所理解和接受的新概念、新范畴、新表述,引导国际学术界展开研究和讨论"②。

根据上述思路和方法,"构建中国理论",建设"理论中的中国"的方略:其中之一,就是要"把中国实践总结好"。"我国哲学社会科学应该以我们正在做的事情为中心,从我国改革发展的实践中挖掘新材料、发现新问题、提出新观点、构建新理论。"③习近平在这里提出并倡导实践理论观。以它为依据创造出来的理论成果,必定具有鲜明的中国特色、中国风格。对此,习近平认定:"越是民族的越是世界的。解决好民族性问题,就有更强能力去解决世界性问题;把中国实践总结好,就有更强能力为解决世界性问题提供思路和办法。这是由特殊性到普遍性的发展规律。"④

"把中国实践总结好",就要"从我国改革发展的实践中挖掘新材料、发现新问题、提出新观点、构建新理论"。这个方略完全符合理论来源于实践,并受实践检验这个理论生成发展的普遍规律。我们国家是一个幅员辽阔、人口众多的大国,它 40 余年的改革发展,以及此前的新民主主义革命、社会主义改造和社会主义建设规模宏大,十分复杂,在中国与整个人类社会发展史上都有着十分重要的地位与作用,积累了极其丰富的"新材料";发现了一系列重大的"新问题",并提出了诸多"新观点"。毫无疑问,它们都具有深刻的理论底蕴,是各种客观规律作用的表现与结果。

---

① 《习近平谈治国理政(第二卷)》,外文出版社,2017 年,第 342 页。
② 同上,第 346 页。
③ 同上,第 344 页。
④ 同上,第 340 页。

无论 40 余年的改革发展,还是此前的革命和建设,都取得了伟大的胜利。尤其值得一提的是,近些年来,世界出现了百年未有之大变局,许多地区和国家面临或轻或重的经济危机或其他危机,可谓困难重重,举步维艰。而"风景这边独好",我们国家的社会、经济各方面呈现健康且稳步发展的态势,成为不少国家学习的典范。这个事实表明,我们国家革命、建设和改革的实践蕴含的理论具有科学性,是正确的理论。

因此,应当重视我们国家革命、建设和改革的伟大实践这个宝贵的理论源泉,把它所蕴藏的"新材料""新问题""新观点"作为重要的理论资源。而这就要求理论界彻底批判、肃清理论虚无主义,树立正确的理论观,弄清楚什么才是真正的理论这个基本问题。把理论创新、理论建设的立足点与关注点转移到革命、建设和改革的实践上来,不唯上、不唯书。

一旦坚持科学的实践理论观和实事求是的思想路线和思想方法,就再不会片面而肤浅地认为中国改革开放、经济发展的成功无理论可言,仅仅是"摸着石头过河"的结果;或者盲目地断言,中国经济发展的成功只是得益于西方经济理论指导的结果,不是实事求是地评价我们国家在改革发展实践中所进行的理论创新与理论建设的成果。对此,习近平强调指出:"党的十八大以来,我们提出践行正确义利观,推动构建以合作共赢为核心的新型国际关系、打造人类命运共同体,打造遍布全球的伙伴关系网络,倡导共同、综合、合作、可持续的安全观,等等。这些理念得到国际社会广泛欢迎。"①的确,党的十九大以后,这些理念在世界各地引起更多强烈的反响。比如党的十九大召开不久,在北京召开的中国共产党与世界政党高层对话会上,来自世界各地的 300 多个政党的领导人给予我们党和国家提出和倡导合作共赢发展理念、构建人类命运共同体理念、和平发展道路理念等以高度评价,充分肯定党的十九大报告提出的中国方案、中国智

_____

① 《习近平谈治国理政(第二卷)》,外文出版社,2017 年,第 450 页。

慧、中国价值的理论与实践意义。这个事实表明,我们的理论创新、理论建设已取得重要且有价值的初步胜利。它也表明,我们理论创新和建设的思路与思想方法是正确且有效的。

三、推进"第二个结合"

不难理解,要切实"构建中国理论""构建中国特色哲学社会科学,在指导思想、学科体系、学术体系、话语体系等方面充分体现中国特色、中国风格、中国气派",必须高度重视、大力挖掘中国传统文化这个博大精深的思想理论资源。

为此,在近些年的有关讲话中,习近平总书记一再郑重提出:解决新时代中国问题和人类问题应当重视中华优秀传统文化。2014 年 9 月 24 日在纪念孔子诞辰 2 565 周年国际学术研讨会暨国际儒学联合会第五届会员大会开幕式上,习近平在讲话中强调说:"不忘历史才能开辟未来,善于继承才能善于创新。优秀传统文化是一个国家、一个民族传承和发展的根本"[1],据此,习近平总书记进一步提出,要"努力实现中华优秀传统文化的创造性转化、创新性发展"。

正是为了在新的历史条件下更好地保护和坚持中华优秀传统文化这个"根本",实现"创造性转化、创新性发展",在庆祝中国共产党成立 100 周年大会上,习近平总书记指出:"新的征程上,我们必须坚持把马克思主义基本原理同中国具体实际相结合、同中华优秀传统文化相结合"[2]。在中国人民大学考察时,习近平总书记又强调:"要坚持把马克思主义基本原理同中国具体实际相结合、同中华优秀传统文化相结合,立足中华民族伟大复兴战略全局和世界百年未有之大变局,不断推进马克思主义中国化时代化"[3]。美国哈佛大学教授

① 《习近平谈治国理政(第二卷)》,外文出版社,2017 年,第 313 页。
② 习近平:《在庆祝中国共产党成立 100 周年大会上的讲话》,人民出版社,2021 年,第 13 页。
③ 《习近平在中国人民大学考察时强调:坚持党的领导传承红色基因扎根中国大地 走出一条建设中国特色世界一流大学新路》,《人民日报》2022 年 4 月 26 日。

约瑟夫·奈在美国《安全时报》刊发文章认为,一个国家的软实力主要来自三个方面:文化、政治价值观和政策。中华优秀传统文化是中国软实力的重要源泉,非常具有吸引力,而且软实力的理念可以追溯到中国伟大的思想家——老子。①

习近平提出的"两个结合",是一个重要的理论创新。它对于"构建中国理论",建设"理论中的中国"有着难以估量的意义。

首先,"两个结合"继承并丰富了毛泽东、邓小平等老一辈领导人关于马克思主义基本原理与中国具体实际相结合的思想,使马克思主义基本原理与中国具体实际相结合更加全面、深入、密切,从而进一步中国化,进而为面向"中国问题",构建"理论中的中国"提供更加坚实深厚的理论基础。

作为上层建筑重要组成部分的文化,相对于经济基础来说,一方面,它决定于经济基础;但另一方面,它一经产生,便具有相对独立性,并且对经济基础具有反作用,甚至有着决定性作用。这就意味着,中国的经济、政治不可避免被打上传统文化的烙印,受到它的影响。尤其是中国有着5 000多年的文明发展史,传统文化源远流长,而占主导地位,并且是主体的儒家文化,它作为历代统治者尊崇信奉的"官方"文化,对中国经济、政治、生产、生活方式,人们的思想意识,更是有着极为长远深刻的影响。这种状况决定:马克思主义基本原理同中国具体实际相结合,间接地同中华优秀传统文化相结合。甚至可以说,马克思主义基本原理同中国具体实际相结合,在某种意义上、在一定程度上,是同中华优秀传统文化相结合。所以说,马克思主义基本原理同中华优秀传统文化相结合,将使马克思主义基本原理同中国具体实际相结合更加全面、深入、密切。而这就将进一步推进马克思主义中国化,将它提升到更高水平。

邓小平曾经强调提出:"马克思主义必须是同中国实际相结合的

---

① 梁长平:《约瑟夫·奈:优秀传统文化是中国软实力重要源泉》,中国社会科学网,2022-05-06,http://news.cssn.cn/zx/bwyc/202205/t20220506_5406945.shtml。

马克思主义。"①也就是说,我们需要的马克思主义是同中国实际相结合的马克思主义。只有这种同中国实际相结合的马克思主义,才是真正的马克思主义。邓小平之所以对马克思主义倡导和坚持这种理念,这是由于在他看来,只有同中国实际紧密结合、能够正确指导中国革命和建设实践的马克思主义才有价值。邓小平的这种马克思主义观念,来源于他的马克思主义"精髓论"。在邓小平南方谈话中,就曾明确指出:"实事求是是马克思主义的精髓。"邓小平的这种马克思主义理念无疑是正确的。

正是依据邓小平的这种马克思主义理念,我们认定,由于同中华优秀传统文化相结合,使马克思主义基本原理同中国具体实际相结合更加全面、深入、紧密,从而进一步中国化,由此为面向"中国问题",构建"理论中的中国"提供更加坚实深厚的理论基础。

其次,马克思主义基本原理同中华优秀传统文化相结合的过程,是构建"理论中的中国"的过程。

习近平曾强调指出,"哲学社会科学的现实形态,是古往今来各种知识、观念、理论、方法等融通生成的结果。"为此,"我们要善于融通古今中外各种资源,特别是要把握好三方面资源"②。而"马克思主义的资源"和"中华优秀传统文化的资源"是其中最主要的资源。把中华优秀传统文化作为"构建中国理论"的主要资源之一,这是由于它具有优良的理论品质,是博大精深的理论。总体来看,中华优秀传统文化具有下列诸多优良品质:

1. 彻底性

"理论上不彻底,就难以服人。"③换言之,理论的力量、生命在于彻底。而幸福理论告诉我们,人类的经济、政治、文化教育活动的终极目的旨在谋求快乐幸福。因此,一种理论的彻底性表现为符合幸

① 《邓小平文选(第三卷)》,人民出版社,1993年,第63页。
② 《习近平谈治国理政(第二卷)》,外文出版社,2017年,第338页。
③ 同上,第34页。

福终极目的论,本质上是幸福理论。而中华优秀传统文化的旨意正是"同乐""众乐""天下之乐"。"福寿双全"是中华优秀传统文化中最美好的祝词。当然,中华优秀传统文化也讲"恭喜发财",追求财富,但它倡导并要求"君子爱财,取之有道""和气生财""大家发财",这就使财富成为人们谋求快乐幸福的手段和条件,从而不至于损害快乐幸福。这样,它能防止发生使得西方国家为之深感困惑和痛苦的"幸福悖论"现象。

这种理论彻底性,还可从根本上避免出现理论蜕变的不良现象。例如,西方国家的主流经济学被有识之士中肯地批评是以追求物质财富为目的的"财富经济学"。在经济发展水平较低的阶段,物质财富能够满足人们基本和合理的需求。这个时候的物质财富有益于幸福的增长。但是,当经济发展水平较高的阶段,如果人们仍然片面乃至疯狂地追求物质财富的占有和消费,那么,它给人们带来的就不再是快乐幸福,而是痛苦指数飙升。正是这个原因,在今天,西方国家的经济被批评为"无快乐的经济",它们的主流经济学被批评为"不幸福的经济学"。

2. 人民性

中华优秀传统文化具有显著的人民性。它明确地倡导和主张国家应当以民为本,认定"民为贵,君为轻"。民贵君轻,是它基本的治国理念。为了维护人民群众的利益与地位,中华优秀传统文化主张并倡导关心、尊重人民群众;保护人民群众的利益;批评统治者侵犯人民群众利益的行为。为此,中华优秀传统文化强调提出"得人心者得天下""得道多助,失道寡助""水能载舟,亦能覆舟"等治国经典名言,给当权者以警示和劝勉。为了治国理政切实贯彻人民性,中华优秀传统文化还提出和倡导"天下为公"的理念,力求从制度上保证广大人民群众的地位与利益。

3. 和谐性

汉字是中国传统文化的核心。古人制造"和谐"两字可谓匠心独运,见字形便知字义。"和"字是有口皆禾。人人有饭吃,社会自然和平安宁;"谐"字是有口皆言。人人有权利说话,能够畅所欲言,广开言路,国家自然和谐团结。中华优秀传统文化尚和,以和为贵。《道德经》认定"上善若水",因为水柔和不争。中华优秀传统文化倡导"天人合一",主张人与自然和谐相处;倡导"仁者爱人",主张人与人和谐相处;倡导不要形为心役,主张身心和谐。

中华优秀传统文化为了贯彻和谐性,达到和谐境界,提出有效举措,倡导和而不同,求大同存小异,以争取组织内部的团结;敌对双方之间则得以和平共处。和而不同这一方略充分显示了中国智慧。为了达到和谐境界,中华优秀传统文化在微观层面上还提出"老吾老以及人之老,幼吾幼以及人之幼"的方略;在宏观层面上则提出天下大同的宏伟目标和构想。儒家倡导修身、齐家、治国、平天下。由此可见,中华优秀传统文化不仅要求读书人具有家国情怀,还要有世界情怀。实现天下大同,就将在世界范围内实现和平和谐,各个国家、地区和民族和睦相处。

从以上论述来看,在一定意义上可以说,中华优秀传统文化是幸福文化、民本文化、和谐文化。不言而喻,一旦自觉地将"马克思主义基本原理同中华优秀传统文化相结合",使"马克思主义的资源"与"中华优秀传统文化的资源"实现融通,中华优秀传统文化必将进一步实现创造性转化、创新性发展,从而为"构建中国理论",建设"理论中的中国"提供许多珍贵的思想、理念和方略。

最后借此指出,郑永年先生撰写出版了值得学术界关注的《制内市场:中国国家主导型政治经济学》这本大作。他在向记者介绍这本大作时倡言:研究中国,还是要回到中国的原点,那就是沿着《管子》和《盐铁论》这个思路下来的传统。郑先生这个倡言有着重要的价值。但我们认为,研究中国,需要将"马克思主义的资源"与"中华优秀传统文化的资源"融通,让二者结合起来;与此同时,还需要从近百年,特别是改革开放 40 多年的伟大实践中汲取理论营养。这样的研究思路与方法更为通透宽广,由此构建的"中国理论"更深厚博大。

第二节　为人民谋幸福的经济学

　　在新时代,"为人民谋幸福的经济学"①的提出,拉开了建设理论中的中国的序幕,具有极其重要的价值。它的理论价值是使经济学具有令人信服的彻底性,恢复了经济学的幸福本质;实践价值则包括有助于消除"幸福悖论",有助于实现共同富裕,有助于经济社会可持续发展和实现中华民族伟大复兴的中国梦。在新时代,要再接再厉,建设符合时代要求,有中国风格的政治学、文化学、教育学等诸种学科。

一、问题的提出

　　新时代的事业需要新的理论作指导。2022 年 4 月 25 日,习近平总书记在中国人民大学考察调研时强调:"加快构建中国特色哲学社会科学,归根结底是建构中国自主的知识体系,使中国特色哲学社会科学真正屹立于世界学术之林"②。这是习近平总书记在新时代向全党全国人民,尤其是理论工作者发出的进行理论创新的动员令,规划了新时代理论创新的目标与任务。而在这一伟大而艰巨的工作中,习近平率先垂范,拉开了理论创新的序幕,取得了弥足珍贵的成果。

　　2015 年 11 月 23 日,习近平总书记在中共中央政治局第二十八次集体学习时强调指出:"坚持以人民为中心的发展思想,这是马克思主义政治经济学的根本立场。"③作为中国特色社会主义政治经济学的最新成果,习近平经济思想坚持以人民为中心的立场和价值指

---

① 《从"美"字看为人民谋幸福的经济学——习近平经济思想的生动实践述评之一》,《人民日报》2021 年 12 月 5 日。

② 《扎根中国大地办大学》,《人民日报》2022 年 4 月 27 日。

③ 习近平:《立足我国国情和我国发展实践 发展当代中国马克思主义政治经济学》,《人民日报》2015 年 11 月 25 日。

向,把实现人的全面发展和人民幸福视为经济发展的根本目标。"人民幸福,就是要坚持以人民为中心,增进人民福祉,促进人的全面发展,朝着共同富裕方向稳步前进。"①党的十九大报告开宗明义地提出:"不忘初心,方得始终。中国共产党人的初心和使命,就是为中国人民谋幸福,为中华民族谋复兴。"党的百余年奋斗历史充分表明,"我们党团结带领人民进行的一切奋斗、一切牺牲、一切创造,都是在践行为中国人民谋幸福、为中华民族谋复兴的初心使命"②。习近平总书记在纪念马克思诞辰 200 周年大会上的讲话中指出:"我们要始终把人民立场作为根本立场,把为人民谋幸福作为根本使命。"③因此,可以说,"为人民谋幸福、为民族谋复兴、为世界谋大同,是深刻理解和全面把握习近平新时代中国特色社会主义思想的金钥匙"④。为人民谋幸福不仅仅是一种发展思想,更是一种执政理念,一种价值追求和实践方式,是习近平新时代中国特色社会主义思想的鲜明特点。基于"为人民谋幸福"的视角,考察和理解习近平经济思想,有助于我们科学理解其坚持为人民谋幸福的体系逻辑。习近平经济思想具有鲜明的中国特色,继往开来、自成体系,其本质就是"为人民谋幸福的经济学"。正如《人民日报》刊文所指出的那样:"习近平经济思想从社会主要矛盾变化出发,坚持以人民为中心,引领中国发展更加聚焦'美',是为人民谋幸福的经济学。"⑤习近平总书记提出的这一崭新的经济学,具有极其重要的理论与实践价值。全面深入地揭示和确认其价值,是需要我们深入探讨的一个极其重要的问题。

---

① 《习近平新时代中国特色社会主义思想学习纲要(2023 版)》,学习出版社、人民出版社,2023 年,第 51 页。

② 同上,第 66 页。

③ 习近平:《在纪念马克思诞辰 200 周年大会上的讲话》,《人民日报》2018 年 5 月 5 日。

④ 《习近平新时代中国特色社会主义思想学习纲要》,人民出版社,2019 年,第 10 页。

⑤ 《从"美"字看为人民谋幸福的经济学——习近平经济思想的生动实践述评之一》,《人民日报》2021 年 12 月 5 日。

二、理论价值

马克思主义政治经济学是发展的科学理论。习近平总书记立足于中国国情和新时代、新矛盾、新实践,研究新情况新问题,揭示新特点新规律,总结和提炼规律性成果,丰富和发展了中国特色社会主义政治经济学,开拓了当代中国马克思主义政治经济学新境界。习近平"为人民谋幸福的经济学"具有重要的理论价值,主要表现在:

(一)使经济思想具有科学理论应有的彻底性

理论的力量在于彻底。一种理论缺乏彻底性,就不能为广大群众所信服和接受,从而也就不能成为人们改造自然、改造社会的指导思想,自然就谈不上有力量。理论的科学性在于彻底。这是因为只有当一种理论具有彻底性,才有可能洞察事物的本质,深入揭示事物发生发展的规律,从而明了它的内在要求。在此基础上,才能真正做到文化自觉,指导人们自觉地行动。

习近平"为人民谋幸福的经济学",正是一种具有彻底性的经济理论。而这是由于幸福是人类所进行的经济、政治和文化教育等一切社会活动的终极目的。这就是为一切幸福理论,也是各种进步的哲学社会科学理论所认同的"幸福终极目的论"。所谓"幸福终极目的论",系指人类一切活动的终极目的是增进和保持人们的幸福。关于幸福"终极目的论",古希腊的柏拉图曾强调说:"追问一个人为什么向往幸福是毫无必要的,因为向往幸福是最终的答案。"①亚里士多德也曾明确指出:"幸福是终极的和自足的,它是行为的目的。"②伊壁鸠鲁同样认定:"当我们说快乐是终极目标时","我们认为快乐就是身体的无痛苦和灵魂的不受干扰。"③而英国哲学家洛克在论及人的欲望时指出:"人人都欲望幸福——人们如果再问,什么驱迫欲望,则

---

① 《柏拉图全集(第二卷)》,人民出版社,2003 年,第 247 页。
② [古希腊]亚里士多德:《尼各马科伦理学》,苗力田译,中国人民大学出版社,2003 年,第 19 页。
③ 苗力田:《古希腊哲学》,中国人民大学出版社,1989 年,第 649 页。

我可以答复说,那是幸福,而且亦只有幸福。"①在洛克看来,幸福是人
的欲望的根源和目标。马克思主义的创始人同样也是认同并坚持
"终极目的论"。据此,马克思在《〈黑格尔法哲学批判〉导言》中强调
提出人民群众的幸福问题。他强调说:"废除作为人民的虚幻幸福的
宗教,就是要求人民的现实幸福。"②恩格斯也曾明确指出:"每个人都
追求幸福","它们是颠扑不破的原则,是整个历史发展的结果,是无
须加以论证的。"③

　　我们说习近平经济思想的实质是"为人民谋幸福的经济学",正
是由于他的经济思想自觉地坚持和实行幸福学的终极目的论。这方
面突出表现在习近平一系列的有关论述中。他郑重提出"让人民生
活幸福是'国之大者'"。为此,习近平强调说:改革要以"促进社会公
平正义、增进人民福祉为出发点和落脚点"④。改革的目的就是不断
提高广大人民群众的获得感、幸福感。"如果不能给老百姓带来实实
在在的利益,如果不能创造更加公平的社会环境,甚至导致更多不公
平,改革就失去意义,也不可能持续。"⑤习近平这些精辟论述蕴含的
基本观点是:改革与发展,只有逐步提高广大人民群众的幸福感,才
是成功的,才有意义,才有价值可言。不言而喻,这一重要思想完全
符合终极目的论的要求。

　　（二）恢复了经济学的幸福本质

　　习近平创建的"为人民谋幸福的经济学",对于经济科学来说,这
是一场影响深远的幸福化革命,它关系经济科学的兴衰存亡。西方
曾经历文艺复兴,当今时代,西方哲学社会科学需要进行一场新的复
兴,这场新的复兴的核心就是让哲学社会科学重新幸福化,恢复其固
有的幸福本质。

---

① ［英］洛克:《人类理解论》,关文运译,商务印书馆,1959 年,第 228 页。
② 《马克思恩格斯选集（第一卷）》,人民出版社,1995 年,第 2 页。
③ 《马克思恩格斯全集（第四十二卷）》,人民出版社,1979 年,第 373－374 页。
④ 《习近平谈治国理政（第一卷）》,外文出版社,2018 年,第 95 页。
⑤ 同上,第 96 页。

　　在古希腊,哲学融社会科学和自然科学为一体,它是以幸福为目的的。借用我们今天的话来说,是以谋求幸福为初心和使命,以至于世人称苏格拉底为"寻找幸福的人"。他的高足柏拉图所撰写的传世名著《理想国》,实际是"幸福国"。柏拉图在书中精心构建了一个力求全体社会成员、所有阶层都能幸福生活的"幸福国家"。而马克思极为推崇的亚里士多德,这一位百科全书型的思想家则明确提出和倡导幸福是终极目的。把自己的伦理学冠以"幸福",称之为《幸福伦理学》。但是,亚里士多德认定:幸福主要根源于美德而不是物质财富。由此可见,亚里士多德的伦理学为道德哲学的组成部分。

　　被西方主流经济学视为开山祖师的亚当·斯密,他的学术活动正是开始于道德哲学。在斯密生活的时代,当时苏格兰大学中的学科分类法,以及在斯密的学术思想体系中,"道德哲学"这门学科,实际上包括了此后社会科学的许多门学科。亚当·斯密在格拉斯哥大学教授"道德哲学"这门课程的内容,就包括神学、伦理学、法学和政治学四大部分,而政治学这一部分,又包括了当时所称的政治经济学。

　　而亚当·斯密所讲授的"道德哲学"这门课程,以及他力求建立的宏大的学术思想体系,本质上都属于幸福理论、幸福科学。这突出表现在亚当·斯密被后人视为伦理学著作的《道德情操论》和经济学著作的《国富论》两书中。在这两本书中,亚当·斯密几十次论及"社会幸福""整体的幸福""人类幸福""公众幸福""普遍幸福"问题,并且明确地提出并倡导个人幸福服从整体幸福这一"幸福最高原则"。"无论什么地方我们自己的幸福与整体的或者整体中某一重大部分的幸福不相一致时,应当——甚至由我们自己来作出选择的话也是这样——使个人的幸福服从于如此广泛地为人所看重的整体的幸福。"[①]

　　由此可见,对于亚当·斯密,我们完全有理由像亚里士多德把自

---

① [英]亚当·斯密:《道德情操论》,商务印书馆,1997年,第361页。

己伦理学冠以"幸福"两字一样，把他所讲授的"道德哲学"，所力求创立的学术思想体系中实际所包括的伦理学、法学、政治学及政治经济学都冠以"幸福"两字。因为，它们都坚持并倡导幸福终极目的论，以幸福为目的，从而具有幸福本质，是幸福化的学科与理论。

然而，当今西方主流经济学界却把经济学视为研究物质财富的生产方式和增长方法的科学，人的幸福、公众幸福已淡出了人们的视野。具有世界影响的美国学者保罗·萨缪尔森和威廉·诺德豪斯在《经济学》一书中就认定：半个多世纪以来，经济学所研究和讨论的问题范围已经扩大了很多，对其定义也有所不同。但"如果将所有这些定义加以提炼的话，我们就会发现其中存在一个共同的主题：经济学研究的是一个社会如何利用稀缺的资源生产有价值的商品，并将它们在不同的个体之间进行分配"。"经济学贯穿着两大核心思想，即物品和资源是稀缺的，以及社会必须有效利用这些资源。""正是由于存在着稀缺性和人们追求效率的愿望，才使得对经济学的关注永远不会消失。"①也就是说，在他们看来，经济学就是把"有限资源"作"适当的安排"，以达到"最好的效果"。

据此可以说，当今西方主流经济学，已经完全背离了亚当·斯密经济学说的宗旨。亚当·斯密创建经济科学的初衷是"社会幸福""整体的幸福""人类幸福""公众幸福""普遍幸福"。为达此目的，他不顾众人的不理解和反对，大胆提出并倡导利用具有自利、自爱这种"低级美德"的"经济人"和市场竞争机制这只"看不见的手"。他是把"经济人""看不见的手"当作增长财富，实现公众幸福的工具和方法。但是，他虽然欣慰地看到当时北美呈现经济繁荣、人民幸福的理想状况，也目睹经济衰退时工人收入下降、生活陷于贫困痛苦的景象，对工人寄予深切的同情，并且严厉批评工厂主，也就是他主张利用的"经济人"为富不仁、巧取豪夺、自私自利、损害公众利益的行为。

① [美]保罗·萨缪尔森、[美]威廉·诺德豪斯：《经济学（第十九版·上册）》，萧琛等译，商务印书馆，2012年，第5页。

我国改革开放的"总设计师"邓小平虽然没有明确提出依靠"经济人",利用"看不见的手"。但在对待这个问题上,他与亚当·斯密的确有相同之处。在过去很长的一段时间,市场经济等于资本主义、计划经济等于社会主义这个观念深入人心。但当我们党和政府审时度势,决定进行以市场为导向的改革之后,邓小平宣称:市场经济不等于资本主义,是一种有效的经济手段。邓小平更是充分地认识到市场经济体制的两面性,强调:在市场经济条件下,会自然地出现两极分化,发展起来后的问题更大。但有问题就认真努力去解决。因此,在新时代,对于经济科学,应当批判和扬弃背离亚当·斯密经济学说的幸福本质的西方主流经济学,恢复经济学的幸福本质;或者如西方一些学者所倡言,经济学应当回归幸福本质,从而使"不幸福的经济学"重新幸福起来,为广大人民群众过上幸福生活发挥应有的指导作用。在这方面,习近平创造性地提出构建"为人民谋幸福的经济学",这对于经济科学的复兴、健康发展作出了重要的理论贡献,将使经济学走出"不幸福的经济学"这个泥潭。

三、实践价值

习近平"为人民谋幸福的经济学"不仅具有重要的理论价值,而且还具有鲜明的实践价值。邓小平曾经精辟地指出:实事求是,是马克思主义、毛泽东思想的精髓。习近平总书记在构建"为人民谋幸福的经济学"时,自觉地遵循实事求是、从实际出发的思想路线和方法,把我们国家改革开放的伟大实践作为经济思想的源泉,并且严格地以实践作为检验理论正确与否的标准。因此,习近平曾中肯地提出:"理论思维的起点决定着理论创新的结果。理论创新只能从问题开始。从某种意义上说,理论创新的过程就是发现问题、筛选问题、研究问题、解决问题过程。"①"我国哲学社会科学应该以我们正在

---

① 《习近平谈治国理政(第二卷)》,外文出版社,2017年,第342页。

做的事情为中心,从我国改革发展的实践中挖掘新材料,发现新问题,提出新观点,构建新理论。"①这是要求理论创新必须抓住对于中国与世界的社会经济发展有重要影响的问题,并且探索和提出切实可行的决策和方案,力求做到理论与实践密切结合。为了让理论创新达到这个基本要求,习近平还进一步提出,要"把中国实践总结好,就有更强能力为解决世界性问题提供思路与办法"②。这是说,在理论创新中,坚持辩证唯物主义认识论,理论来源于实践的原则与方法,所获得的创新成果必将具有解决中国与世界问题的实践价值。

为了进一步认识和把握习近平"为人民谋幸福的经济学"的实践价值,还有必要深入了解马克思主义、毛泽东思想的本质特征、根本要求。马克思的墓碑上镌刻着这样一句名言:"哲学家们只是用不同的方式解释世界,而问题在于改变世界。"毛泽东在青年时代,就曾宣称要"改造中国与世界"。这决定了马克思主义、毛泽东思想不同于一般理论家、学者们的理论。它们不满足于认识世界、解释世界,而是力求在此基础上改造世界。为了成功地改造世界,他们首先创建了新的科学理论。尔后以新的科学理论为指导,探索和确定改造旧世界、建设新世界的方式方法。所以,马克思主义、毛泽东思想是理论与方法相统一,也就是理论与实践相统一。这是它们与一般理论的重要区别,是它们独有的本质特征,也是它们的根本要求。习近平"为人民谋幸福的经济学",完全符合马克思主义、毛泽东思想理论与方法、理论与实践相统一的要求。

习近平在论及如何深化改革,清除改革征途上的障碍时,曾郑重指出:"改革开放只有进行时没有完成时。没有改革开放,就没有中国的今天,也就没有中国的明天。改革开放中的矛盾只能用改革开

---

① 《习近平谈治国理政(第二卷)》,外文出版社,2017年,第344页。
② 同上,第340页。

放的办法来解决。"①关于"改革开放的办法",习近平总书记匠心独运地提出:"要把促进社会公平正义、增进人民福祉作为一面镜子,审视我们各方面体制机制和政策规定,哪里有不符合促进社会公平正义的问题,哪里就需要改革;哪个领域哪个环节问题突出,哪个领域哪个环节就是改革的重点。"②毫无疑义,这是一种科学而有效的工作方法。古人曾提出以铜为镜、以人为镜、以史为镜,以发挥铜、人、史的借鉴作用。而习近平以福祉为镜,这是把人民福祉作为目标审视、衡量、评价"各方面体制机制和政策规定"是否合理、有无问题的"镜子"。如果存在问题,则要按照人民福祉的要求予以妥善解决。不言而喻,这个方法必定会增强习近平"为人民谋幸福的经济学"的实践价值。习近平"为人民谋幸福的经济学"具有下列重要的实践价值:

(一)有助于消除"幸福悖论"

2008年的金融危机,"幸福悖论"空前加剧,西方发达国家广大群众的幸福指数急剧下降,痛苦指数飙升。"幸福悖论"这种不良现象使得发达国家和地区的经济被称为"无快乐的经济"③,处于主导地位的经济学被批评为"不幸福的经济学"④。

"幸福悖论"这个经济弊病和顽疾,应当引起我们的重视和防治。因为在我们国家近些年也出现"幸福悖论"的苗头,而且日益凸显。这突出表现在中产阶层身上。我们国家的经济较长时期呈现快速发展、财富迅猛增长的状态,由此形成了一个新的中产阶层。而中产阶层是国际上公认的幸福感比较高的阶层。但是,中等收入群体,本来易受经济发展周期的影响;而近些年,经济下行压力加大,产业结构转型升级,职业结构快速变化,这些因素使得我们国家年轻的"中产阶层的不安全感会上升,内心不确定性也会增加,担心自己被时代淘

---

① 《习近平谈治国理政(第一卷)》,外文出版社,2018年,第69页。
② 同上,第97页。
③ [美]提勃尔·西托夫斯基:《无快乐的经济:人类获得满足的心理学》,高永平译,中国人民大学出版社2008年版。
④ 参见[英]理查·莱亚德:《不幸福的经济学》,陈佳伶译,中国青年出版社,2009年。

汰而失去工作,现在的中产生活水准降低,甚至有坠入贫困阶层的恐惧"[1]。不言而喻,这种状况会降低中产阶层的幸福感。其实,早在十年前,针对深圳、温州这些经济发达、人均收入较高的地方,人们的幸福感反而不如拉萨、成都这些经济相对落后、人均收入较低的地方这种现象,有学者就曾严肃指出:以经济建设为中心不等于单纯以GDP建设为中心,效率优先不等于效率至上、经济发展至上。为了克服"幸福悖论"的苗头,早在2011年幸福问题成为"两会"与会代表主要讨论的"焦点""热点"。有代表提议建设"幸福中国",用幸福指数去取代GDP指数。GDP的含金量很低,具体表现在有不少省市GDP总量较大,人均GDP较高,但用人均可支配收入除以人均GDP的"GDP含金量"却很低。之所以如此,这是由于用以描述一个国家经济全貌的GDP概念的提出者经济学家们深知:GDP这个宏观经济中最耀眼的指标其实存在一个大的漏洞,或者说不足:那就是经济发展的最终目的不是财富的增加,而是让人民群众过上富足美好的生活。因此,GDP能在多大程度上转化为民众的幸福感,这比GDP本身更加重要。[2]

但是,要想切实有效地消除经济领域令人困惑的"幸福悖论",需要科学的经济思想作指导,这要寄希望于恢复幸福本质的经济学。而习近平"为人民谋幸福的经济学",正是恢复了幸福本质的经济学。难能可贵的是,习近平"为人民谋幸福的经济学",不仅为消除"幸福悖论"提供了正确的理论,而且还提出了有效的方法。不言而喻,如果严格地"把促进社会公平正义、增进人民福祉作为一面镜子"去审查、构建、改革、改善经济的体制机制和决策战略,必定能够有效地消除我们国家经济领域的"幸福悖论"苗头。因为这样可以保证经济体制机制和决策战略符合幸福生存增长规律的要求,从而使生产过程

---

[1] 莫荣、曹佳:《就业视角下扩大中等收入群体的思考》,《中央社会主义学院学报》2020年第6期,第185页。

[2] 参见许一力:《中国的GDP含金量纠结》,《商品与质量》2013年第13期。

和生产结果都有助于提高和保持广大群众的幸福感。

（二）有助于实现共同富裕

共同富裕是当前社会各界目光聚焦的"焦点""热点"问题。应当说，社会各界对它的反应有所区别，大多数人为之欢欣鼓舞，但也有人为之焦虑，为之困惑，似存疑虑。人们对于共同富裕的这种心理状态，有着不能忽视的不利影响。而习近平"为人民谋幸福的经济学"，将为人们清除共同富裕目标上的迷雾，克服实现共同富裕目标的障碍和阻力，避免陷入歧途和误区，有着切实有效的方式方法，从而使共同富裕能够顺利地实现。这首先是由于习近平"为人民谋幸福的经济学"让人们认清并确定共同富裕的终极目的，从而给共同富裕正确定位。具体来说，由于习近平"为人民谋幸福的经济学"，在理论上正确地揭示了经济学的幸福本质；在实践上确认经济活动要以幸福为终极目的。而这就决定，共同富裕的终极目的是人民群众的幸福快乐。换言之，共同富裕是提高和保持人民群众幸福感的手段与条件。基于上述的正确认识与理念，进而得以正确地探索和确定实现共同富裕的基本思路与举措：以高质量发展全面推进中国式现代化。

发展是硬道理。但是，为了切实服务和提高广大人民群众的幸福感，并且使之能够长久保持，必须让经济高质量发展。因为只有高质量发展的经济环境和成果，才符合幸福的要求。而那些粗放的、高能耗、重污染的发展，会导致生态破坏、环境和产品污染，从而不可能给广大群众带来幸福。习近平指出："高质量发展，就是能够很好满足人民日益增长的美好生活需要的发展。"[1]而所谓全面推进社会的现代化建设，就是在高质量发展经济的同时，还要在文化教育、卫生医疗、劳保福利诸方面下功夫，力求逐步做到幼有所育、学有所教、劳有所得、病有所医、老有所养、住有所居、弱有所扶，"更好满足人民多方面日益增长的需要，更好促进人的全面发展、全体人民共同富裕"，[2]从而使

---

[1] 《习近平谈治国理政（第三卷）》，外文出版社，2020年，第238页。
[2] 同上，第133页。

广大群众得以健康成长、安居乐业,真正过上美好幸福的生活。

总之,由于习近平"为人民谋幸福的经济学"把经济发展的目的认为是幸福,而不是像现有的主流经济学,片面地认定是物质财富,从而使经济发展的方式与成果能够符合幸福的本质要求;与此同时,让人们自觉地根据幸福的要求,在决定和影响人民群众幸福感的其他方面下功夫。例如,党的十九届五中全会公报强调指出:"统筹发展和安全、建设更高水平的平安中国。"之所以要建设平安中国,习近平明确指出:在新时代,各级政府要"汇聚起维护国家安全的强大力量,夯实国家安全的社会基础,防范化解各类安全风险,不断提高人民群众的安全感、幸福感"①。这就是说,建设平安中国,有助于提高广大群众的幸福感。这就决定:在实现共同富裕的进程中,还要加强平安中国的建设。又如,习近平还强调提出:实现共同富裕,不仅要实现物质富裕,还要实现精神富裕。这是由于精神富裕,同样事关人们幸福感的增强、幸福指数的提升。

(三)有助于经济社会可持续发展

中华文明已长达五千年。但是,今天中国如同世界上其他国家一样,经济社会发展也面临日益紧迫的可持续问题。一切负责任的国家、政党都在思考这个问题,各自提出不同的解决思路与战略。习近平"为人民谋幸福的经济学",也在探索这个问题,并且提出了正确和有效的思维与战略。

解决中国乃至整个世界经济社会可持续发展问题,这是习近平"为人民谋幸福的经济学"题中应有之义,是责无旁贷必须认真回答的问题。因为经济社会可持续发展,这是广大群众幸福的源泉和根基。放眼哲学社会科学园地,习近平"为人民谋幸福的经济学"是最有资格、能力承担解决经济社会可持续发展的学科。这是由于以习近平"为人民谋幸福的经济学"为指导发展壮大起来的幸福经济及以

①　习近平:《汇聚起维护国家安全强大力量　不断提高人民群众安全感幸福感》,《人民日报》2016年4月15日。

它为基础的幸福社会,正是符合经济社会可持续发展要求的生态经济、和谐社会。换言之,生态经济就是幸福经济;和谐社会就是幸福社会。生态经济、和谐社会具有幸福本质,能够给人民群众带来长久的、可持续的幸福生活。

习近平总书记在党的十九大报告中强调指出:我们"既要创造更多物质财富和精神财富以满足人民日益增长的美好生活需要,也要提供更多优质生态产品以满足人民日益增长的优美生态环境需要"①。习近平总书记在党的二十大报告上再次强调:"中国式现代化是人与自然和谐共生的现代化","人与自然是生命共同体","我们坚持可持续发展,坚持节约优先、保护优先、自然恢复为主的方针,像保护眼睛一样保护自然和生态环境"。为此,必须"坚定不移走生产发展、生活富裕、生态良好的文明发展道路,实现中华民族永续发展"②。由此可见,美丽中国构想是作为人民美好生活的条件提出来的。的确,建设美丽中国,对人民美好生活目标的实现,推动经济社会可持续发展,有着极为重要的作用。

(四)有助于实现中华民族伟大复兴的中国梦

这是习近平"为人民谋幸福的经济学"最重要的实践价值。习近平曾明确指出:"在新的历史时期,中国梦的本质是国家富强、民族振兴、人民幸福。"③由此可见,从幸福学的角度来说,中华民族伟大复兴的中国梦,是让人民幸福的"幸福梦"。因此,为了顺利地实现中国梦,需要以习近平"为人民谋幸福的经济学"为指导。

要让国家富强、民族振兴,需要大力发展经济及文化教育事业。而只有经济与文化教育事业符合幸福的要求,实现幸福经济、幸福文化、幸福教育,才能实现人民幸福这个终极目的。但是,实事求是地说,我

---

① 习近平:《决胜全面建成小康社会 夺取新时代中国特色社会主义伟大胜利——在中国共产党第十九次全国代表大会上的报告》,人民出版社,2017年,第50页。
② 习近平:《高举中国特色社会主义伟大旗帜 为全面建设社会主义现代化国家而团结奋斗——在中国共产党第二十次全国代表大会上的报告》,人民出版社,2022年,第23页。
③ 《习近平谈治国理政(第一卷)》,外文出版社,2018年,第56页。

们国家目前的经济及文化教育事业,离幸福经济及幸福文化、幸福教育还有一定的差距。为此,必须自觉地遵循习近平"为人民谋幸福的经济学"的原理原则和方式方法进行经济、社会的改革发展,也就是进行幸福化改革和幸福化发展,严格要求改革发展符合人民幸福的要求。这就应当如习近平所要求的,"把促进社会公平正义、增进人民福祉作为一面镜子,审视我们各方面体制机制和政策规定",着力改革和加强经济、社会领域中不符合幸福的要求,以及不利于增强人民群众幸福感的问题。毛泽东曾说:世界上的事情怕就怕"认真"二字。只要我们认真按照习近平"为人民谋幸福的经济学"办事,就一定能够实现中华民族伟大复兴中国梦。

习近平"为人民谋幸福的经济学"为"构建中国理论"树立了典范。我们应当以它为榜样,大胆进行理论创新,"要善于提炼标识性概念,打造易于为国际社会所理解和接受的新概念、新范畴、新表述,引导国际学术界展开研究和讨论"[1],进而积极创造条件,夯实基础,适时提出和建立"在指导思想、学科体系、学术体系、话语体系等方面充分体现中国特色、中国风格、中国气派"的政治学、伦理学、文化学、教育学等诸种社会科学学科,以满足经济社会发展对理论界的迫切要求。

第三节　以"人民福祉"为镜

"把促进社会公平正义、增进人民福祉作为一面镜子,审视我们各方面体制机制和政策规定",这是一个非常重要的理论创新,对新时代中国特色社会主义的改革发展有着重大影响。它不但具有深厚的理论底蕴,同时也体现社会主义本质要求,也是马克思及其继承者一脉相承的基本观点。改革开放中出现的问题、产生的矛盾,只能用

---

[1]《习近平谈治国理政(第二卷)》,外文出版社,2017年,第346页。

"改革的办法"来解决,而这个办法就是以"人民福祉"为镜,实行以增进人民福祉为目的的改革,以市场为导向变为以幸福为目的,这是新时代改革的重要调整与转型。新发展理念与它也是一脉相承。作为一个标识性的"新概念、新范畴、新表述",以"人民福祉"为镜将使我们的决策和行动更具正确的目的,防止出现"幸福悖论"。

一、问题的提出

在中国传统文化中,"福祉"本意是指"降临的幸福",如今被赋予"幸福、利益、福利"等更多的内涵。[①]人民福祉是中国共产党的最大动力。进入 21 世纪,人们对幸福有了更多的期待。顺应人民的新期待,党对人民福祉的认识也越来越自觉、深刻。2006 年 4 月,胡锦涛首次提出要"关注人的生活质量、发展潜能和幸福指数"[②]。温家宝在《政府工作报告》中也称:让民众生活得体面、富足、幸福而有尊严,是政府的目标也是责任。2010 年 12 月 31 日,胡锦涛发表题为《共同增进各国人民福祉》的新年贺词,强调指出:"只要各国人民携手努力,世界发展前景一定会更加美好,各国人民福祉一定会不断增进。"[③]党的十九大报告更是明确地指出:"中国共产党人的初心和使命,就是为中国人民谋幸福,为中华民族谋复兴。"[④]因此可以说,我们党和国家走的是一条以谋求人民福祉为最高追求的发展之路。

党的十八大以来,以习近平同志为核心的党中央在谋求人民福祉问题上更加清醒、更加自觉。习近平总书记指出,人民对美好生活的向往就是党的奋斗目标。2012 年 12 月 31 日,习近平总书记在论及当时改革中存在的问题、出现的矛盾时又强调指出:"改革开放中的

---

① 岳宗福:《习近平新时代社会"福祉"思想论纲》,《中共珠海市委党校珠海市行政学院学报》2018 年第 2 期,第 13 页。

② 《十六大以来重要文献选编(下)》,中央文献出版社,2008 年,第 429 页。

③ 胡锦涛:《共同增进各国人民福祉》,《人民日报》2011 年 1 月 1 日。

④ 习近平:《决胜全面建成小康社会　夺取新时代中国特色社会主义伟大胜利——在中国共产党第十九次全国代表大会上的报告》,《人民日报》2017 年 10 月 28 日。

矛盾只能用改革开放的办法来解决。"①于是,党的十八届三中全会提出全面深化改革,强调改革的成败决定中国的前途和命运。但对于"改革究竟是为了什么"这个根本性问题,我们必须要有正确的认识。党的十八届三中全会明确指出:全面深化改革,必须"以促进社会公平正义、增进人民福祉为出发点和落脚点"。同时,在党的十八届三中全会第二次全体会议上的讲话中,习近平总书记进一步明确提出,在新时期的改革中,"要把促进社会公平正义、增进人民福祉作为一面镜子,审视我们各方面体制机制和政策规定"②。这个讲话蕴藏着一个极其重要的理论创新、一个崭新的理念。应当说,以"人民福祉"为镜是一个看似平常,其实是极富创造性的理论,具有十分重要的理论与实践价值。要明了它在经济学、哲学中的地位和作用,需要站在"看不见的手"和"看得见的手"的理论高度或角度。这是由于只有当"看得见的手"中握有习近平总书记提出和推崇的以"人民福祉"为镜,才能使"看得见的手"发挥应有的作用,既能使自身发挥积极的作用,又能防止"看不见的手"的负面作用。正是由于这个原因,习近平总书记倡导要以"人民福祉"为镜进行改革,去解决改革中出现的问题、所遇到的矛盾。

为此,需要进一步指出,亚当·斯密首先在《道德情操论》,继而在《国富论》中提出和宣扬"看不见的手"理论已有200多年了;凯恩斯提出"看得见的手"的理论也快100年了。虽然在"看不见的手"和"看得见的手""两手"理论的指导下,西方国家及整个世界的经济文化有了显著的发展进步,但是,西方发达国家及其他发达地区在近三五十年出现的"幸福悖论"日益凸显;2008年金融危机影响巨大深远,尤其是直接威胁人类生命健康的生态危机日益加剧。至于我们国家,虽然经济连续30多年快速增长,社会进步显著,但自然灾害及生态危机影响越来越大,贫富差距、两极分化问题已抵临界点。这一切

---

① 习近平:《习近平谈治国理政(第一卷)》,外文出版社,2018年,第69页。
② 同上,第97页。

由此严重影响广大群众获得感、幸福感、安全感的提升。这些情形的出现,有着社会、经济、文化等多方面的原因,但人们在倡导发挥"看不见的手"与"看得见的手"的作用时,缺乏或者没有自觉以"人民福祉"为镜,未能把它作为行政处事的思想方法和工作方法,从而盲目决策和行动,违反幸福生成与保持的规律要求,这是一个重要原因。

而这就提出一个重大的问题:怎样牢固确立以"人民福祉"为镜,进而怎样在理论与实践上贯彻以"人民福祉"为镜,自觉地严格按照它的要求办事。这个问题需要在实践与理论两个方面予以回答,因为它既是一个学术底蕴十分深厚的理论问题,又是一个具有针对性、可行性,从而有着重大价值的实践问题。它的学术底蕴直接涉及哲学社会科学中的幸福学,涉及幸福终极目的论;实践价值则直接间接涉及社会主义本质论。因为共同富裕的实质是广大人民群众的幸福。进一步说,它还涉及在当前这个百年未有之大变局中,人类社会向何处去?怎样才能到达新的目标这个更大的时代课题。因此,以"人民福祉"为镜的确是一面时代之镜、历史之镜,是思想理论领域的一盏明灯。我们需要认识这面镜子,掌握这面镜子,用好这面镜子。

二、理论依据

以"人民福祉"为镜具有深厚的理论底蕴,是社会主义本质的内在要求。共同富裕是社会主义的本质要求。这是从马克思到毛泽东、邓小平、江泽民、胡锦涛、习近平一脉相承的基本观点。马克思在《1857—1858年经济学手稿》中提出,未来新社会"生产力的发展将如此迅速"且"将以所有的人富裕为目的"进行生产。①但相对于人的全面发展、幸福生活来说,共同富裕则是条件和手段,不是最终目的。为此,早在青年时代,马克思就立志献身于为千百万人谋幸福的伟大事业。在他成为马克思主义者之后,更加明确地指出,用共产主义取

---

① 《马克思恩格斯选集(第二卷)》,人民出版社,2012年,第786-787页。

代资本主义,就是为了使广大劳动群众得到"现实幸福",脱离苦难世界。列宁强调:只有社会主义才能实现"所有劳动者过最美好的、最幸福的生活",而且"社会主义一定会实现这一点"①。

我们党和国家领导人也把共同富裕解读和规定为共同幸福,广大人民群众都过上幸福美好的生活。同时,也将最广大人民的福祉作为党和国家一切工作的出发点和落脚点。一定意义上可以说,党的历史就是一部为中国人民谋幸福的历史。"为中国人民谋幸福"是党始终不渝的价值追求和奋斗目标。李大钊一接受科学社会主义,就明确地认识到,社会主义"是使生产、消费、分配适合的发展,人人均能享受平均的供给,得最大的幸福"②。在这里,李大钊说得很清楚,社会主义让"人人均能享受平均的供给",即他理解的共同富裕,最终目的是使广大人民群众由此"得最大的幸福"。

在我国新的不同历史时期,李大钊的这一重要思想为后来者继承下来。毛泽东指出:革命的民生主义,就是要"使中国大多数穷苦人民得享有经济幸福"③,"一切空话都是无用的,必须给人民以看得见的物质福利"④。周恩来也强调中国"改革就是使大家都幸福,不是少数人幸福"⑤。邓小平更是强调我们的各项工作"都要以是否有助于人民的富裕幸福",作为"衡量做得对或不对的标准"⑥。江泽民则号召中国共产党人要"为人民的解放和幸福贡献毕生精力"⑦。胡锦涛呼吁我们要"为后代更好地享受社会主义幸福"而努力工作。⑧

党的十九大报告更是把"不忘初心、牢记使命"确定为大会的主题,并明确指出"为中国人民谋幸福,为中华民族谋复兴"是党的初心

---

① 《列宁全集(第三十四卷)》,人民出版社,2017年,第356页。
② 《李大钊全集(第四卷)》,人民出版社,2013年,第246页。
③ 《毛泽东文集(第一卷)》,人民出版社,1993年,第16页。
④ 《毛泽东文集(第二卷)》人民出版社,1993年,第467页。
⑤ 《周恩来选集(下卷)》,人民出版社,1984年,第266页。
⑥ 《邓小平文选(第三卷)》,人民出版社,1993年,第23页。
⑦ 《江泽民文选(第一卷)》,人民出版社,2006年,第127页。
⑧ 胡锦涛:《在纪念周恩来同志诞辰110周年座谈会上的讲话》,《光明日报》2008年3月1日。

和使命。①而党的十九届四中全会在阐述我国国家制度和治理体系优势时,提出"坚持以人民为中心的发展思想,不断保障和改善民生,增进人民福祉,走共同富裕道路"。在这里,明确地把"走共同富裕道路"作为"增进人民福祉"的可靠保障;共同富裕道路就是广大人民群众的幸福康乐道路。尤其是习近平总书记在河北省阜平县考察扶贫工作时强调说:"消除贫困、改善民生、实现共同富裕,是社会主义的本质要求。"②他把"消除贫困""实现共同富裕"作为"改善民生"、让人民群众过上美好幸福生活的条件和方法。习近平总书记在《中共中央关于制定国民经济和社会发展第十三个五年规划的建议》的讲话中还明确提出:"我们追求的发展是造福人民的发展,我们追求的富裕是全体人民共同富裕。"③在这里,习近平总书记认定中国发展的目的是"造福人民"。毫无疑问,要真正"造福人民",又必须追求"全体人民共同富裕"。

至于近年来学术界关于共同富裕问题的研讨成果,同样明确地把新时代的共同富裕解读和规定为共同幸福。如有学者解释说,"共同富裕,最终要体现在人民能够享受高品质生活上"④。而高品质生活,是指广大人民群众"在政治、经济、文化、生态及精神等方面拥有更多获得感、幸福感和安全感的生活,是美好生活的高层次和新形态"⑤。还有学者认定,共同富裕承载着人民对于幸福美好生活的新期盼,"人人得到全面发展有尊严,人人享有幸福安康、从容安定的生活"⑥。更有学者指出,共同富裕是关乎国家稳定和全体人民幸福的重大议程,"当下推进共同富裕的核心议程,包括经济高质量发展,优化资源和机会分配格局,保障和改善民生,加强和创新社会治理等"⑦。它们都

---

① 习近平:《决胜全面建成小康社会　夺取新时代中国特色社会主义伟大胜利——在中国共产党第十九次全国代表大会上的报告》,《人民日报》2017年10月28日。
② 习近平:《习近平谈治国理政(第一卷)》,外文出版社,2018年,第189页。
③ 习近平:《习近平关于社会主义社会建设论述摘编》,中央文献出版社,2017年,第35页。
④⑤ 杨煌:《共同富裕:中国共产党百年的奋斗与追求》,《世界社会主义研究》2021年第9期,第36页。
⑥ 刘培林、钱滔、黄先海、董雪兵:《共同富裕的内涵、实现路径与测度方法》,《管理世界》2021年第8期,第120页。
⑦ 郁建兴、任杰:《共同富裕的理论内涵与政策议程》,《政治学研究》2021年第3期,第20页。

明确认定共同富裕是广大人民群众生活的保证和条件，是以共同幸福为最终目的。从这个意义上说，共同富裕是社会主义的本质；而广大人民群众的幸福生活则又是共同富裕的实质。正因为如此，所以说，以"人民福祉"为镜符合社会主义本质的内在要求。

三、实践价值

从社会主义革命与建设的实践来看，只有自觉地以"人民福祉"为镜办事，才能实现共同富裕，并且使共同富裕真正成为广大人民群众得以幸福生活的可靠保障和良好条件。如果与之相反，就不可能实现共同富裕，广大人民群众也就不可能过上美好幸福的生活，甚至会严重影响社会主义制度的巩固与发展。这方面有太多的事实足以说明，有太多的经验教训值得汲取。

首先，从苏东社会主义国家的兴衰存亡史来看，就不难明了上述道理。诚然，苏东社会主义国家变色、社会主义政权垮台有诸多原因。而幸福学告诉我们，一个重要原因是苏东国家经济、社会畸形混乱的发展变化同广大人民群众追求美好幸福生活的强烈愿望的矛盾日益尖锐，致使统治者已不能继续按照现行的方式统治下去，人民群众不能按照现行的生活方式继续生活。之所以出现这种严重情形，则主要是因为苏东各国政府治国理政未能以"人民福祉"为镜，在所谓的新经济体制的改革中，没有把"促进社会公平正义、增进人民福祉作为一面镜子"审视国家"各方面体制机制和政策规定"。正是这个方向性、战略性的失误，导致苏东国家的经济、社会、文化思想各个领域矛盾丛生、问题成堆、积重难返。具体来说，例如，由于在国家各级政府的决策和行政时，没有以"人民福祉"为镜，结果在处理农轻重、国防工业与民用工业关系时，过分强调重工业和国防工业，使得国民经济畸形发展，由于在农业、轻工业上着力不够，结果直接影响广大劳动群众的物质生活水平。在苏联垮台前些年，生活日用品和食品严重匮乏，基本生活品突然脱销。而幸福学认定：经济状态、消费水平,是决定和影响人们幸福感的主要因素。又如幸福学认为,公平正义也是决定和影响人们幸福感的重要因素。而在苏东国家后期,由于在经济改革中没有把"促进社会公平正义、增进人民福祉作为一面镜子"审视国家"各方面体制机制和政策规定",致使以权谋私、化公为私的贪污腐败之风盛行;或者巧取豪夺、偷漏假冒、非法经营、非法致富,致使在党内外形成新的权贵阶层,两极分化,贫富差距日益严重。不言而喻,这种情形也严重影响了广大劳动群众及中下层公务人员的幸福指数。

由此可见,苏东社会主义国家在垮台前夕,已严重背离社会主义的本质要求。进一步说,它们已经丧失了使广大人民群众幸福生活的实质。它们即使不垮台,也已经不是真正的社会主义国家。历史的经验值得注意。这个历史教训是非常深刻,值得永远汲取的。然而反身自问,在以"人民福祉"为镜这个问题上,我们也有值得认真总结和吸取的教训。在我国社会主义改造刚开始时,毛泽东曾强调说:"现在我们实行这么一种制度,这么一种计划,是可以一年一年走向更富更强的,一年一年可以看到更富更强些。而这个富,是共同的富,这个强,是共同的强,大家都有份"①。但是,毛泽东未能把共同富裕与共同幸福、广大人民群众的幸福直接联系起来,把共同富裕归结为人民群众的幸福。从而使得毛泽东虽然提出过一些正确的设想和主张,但未能贯彻实行,导致我国在社会主义改造完成之后,在社会主义革命和建设问题上走了不少弯路。

在 20 世纪社会主义改造完成之后,毛泽东很快发现我国犯了照抄照搬苏联模式及前人书本的教条主义错误。为此,毛泽东提出了一些重要思想和意见:一是马克思主义基本原理同中国具体实际进行"第二次结合",以此突出中国特色,纠正前一段脱离中国实际的错误;二是进行改革。在 1957 年 3 月的一次讲话中,毛泽东向广大干

---

① 《毛泽东文集(第六卷)》,人民出版社,1999 年,第 495 页。

部和群众发出:"中国的改革和建设靠我们来领导"①的号召。对于新时期的改革,毛泽东还提出今日看来仍然具有重要价值的诸多设想。例如,对于经济方面的改革,毛泽东明确提出,为了促进生产发展,在社会主义条件下,"可以消灭了资本主义,又搞资本主义",使"地下工厂""成为地上,合法化,可以雇工"等。它们"因为社会有需要,就发展起来"。②

但是,由于这些原本很好的设想未能上升到共同富裕这个社会主义本质层面,结果很快便被"左"的思潮淹没了。所幸的是,之后经过几年的调整、巩固、充实、提高,国民经济在1964年前后得到恢复,步入常态。

在党的十一届三中全会以后的改革开放时期,虽然在理论上把共同富裕提升到社会主义本质的高度,但由于仍然未能提出并倡导以"人民福祉"为镜,结果使得我国如同发达国家一样,也一度出现了"幸福悖论"现象,并且日益凸显。造成这种情形的直接原因是有些地方政府一味追求GDP的增长,奉行"GDP主义",把GDP作为评价政绩的唯一指标,由此造成两个严重后果:一是贫富差距凸显,GDP的含金量很低。关于贫富差距悬殊的具体表现,一方面是国际上公认衡量收入差距的指标基尼系数近年已高达0.46左右,超过了0.4的警戒线。造成这种情形的主要原因是经济高速发展的成果被外国投资者、私企老板及少数高薪员工拿走了。目前,中国已跻身劳动收入占比最低的国家之列,劳动报酬在GDP中的占比情况,从1983年占56.5%这个峰值之后便一直下降,到2005年已下降到36.7%。与此同时,收入差距由7倍上升到23倍。另一方面,中等收入人群规模占总人口比例不足40%,而且中等收入人群,即所谓的中产阶层有强烈的不安全感。这是由于中产阶层的地位的不稳定性不确定性在

---

① 《建国以来毛泽东文稿(第六册)》,中央文献出版社,1992年,第386页。
② 《毛泽东文集(第七卷)》,人民出版社,1999年,第170-171页。

增加,使他们担心被时代淘汰,失去工作,现有的中产生活水准降低,甚至有坠落贫困阶层的恐惧。[1]GDP的含金量很低,具体表现在有不少省市GDP总量较大,人均GDP较高,但用人均可支配收入除以人均GDP的"GDP含金量"却很低。之所以如此,这是由于用以描述一个国家经济全貌的GDP概念的提出者经济学家们便知道:GDP这个宏观经济中最耀眼的指标其实存在一个大的漏洞,或者说不足:那就是经济发展的最终目的不只是财富的增加,而是让人民群众过上富足美好的生活,GDP能在多大程度上转化为民众的幸福感,这比GDP本身更加重要。另外,在GDP蛋糕分配中,民众占比太少;在GDP计算中,拆也算GDP,但这部分并没有创造民生财富;还有民众收入差距甚至贫富差距越来越大。[2]

严重后果之二是生态灾难日益严重,对于广大群众的健康乃至生命造成了不容忽视的危害。为此,在雾霾空前严重,空气遭受"顶级污染"的2013年初,目睹成千上万的老人、儿童遭受呼吸道疾病的痛苦,有学者发出:"要GDP,还是要命"[3]的呼吁。而现代意义上的霾,并不是天灾,纯属现代化工业带来的祸害。但现代工业带来的祸害还有气候变暖,它致使水旱灾害频发,并空前严重。如2021年,河南出现罕见的暴雨,给人民群众生命财产造成严重损害。此外,由于工业生产的废水、废渣处理不当,致使我们国家60%以上的城市地下水遭到不同程度的污染;而在农村,除了土地遭受农药、化肥的污染之外,70%以上供饮用的水井、溪流遭到了严重污染,已不符合饮用水标准。正是由于上述原因,近些年,我们国家的肺癌、胃癌及其他呼吸道疾病急剧增加。

习近平总书记提出并倡导以"人民福祉"为镜,无疑与上述这两

---

[1] 莫荣、曹佳:《就业视角下扩大中等收入群体的思考》,《中央社会主义学院学报》2020年第6期,第181-188页。

[2] 许一力:《中国的GDP含金量纠结》,《商品与质量》2013年第13期,第7页。

[3] 张襦心:《要GDP,还是要命?》,《新民周刊》2013年第4期,第28-31页。

个严重后果有着直接或间接的关系。习近平总书记认定：改革开放中出现的问题，产生的矛盾，只能用"改革的办法"来解决，而这个办法就是以"人民福祉"为镜，实行以幸福为目的的改革，以市场为导向变为以幸福为目的，这是新时代改革的重要调整与转型。不难看出，新发展理念与它一脉相承，完全一致。毛泽东曾精辟地指出，真理往往掌握在少数人手中，这当是思想家、科学家的价值所在。因此，真理要为大多数所认识、认同、接受和实行，需要一个或长或短的过程。因此，对于真理，既要有信心，又要有耐心。

四、学理前瞻

整个人类社会处于百年未有之大变局，这种亘古未见的巨大危机和气候变暖已危及人类生存的生态危机。如何稳妥地应对这场变局和各种危机，是摆在各国政府、领导人、理论家面前的紧迫问题。

新的实践呼唤新的理论。要解决好上述问题，缓解面临的危机，需要切合当今实际的新的理论作指导。但是，人类社会经历了经济短缺时期之后进入了当今思想、理论短缺的时期。为此，当今之世，中国及全世界的思想理论界责无旁贷地要承担起理论创新的任务。而我们国家作为经济、政治大国，要当仁不让地花大力气进行理论创新。习近平总书记曾高瞻远瞩地强调指出："在解读中国实践、构建中国理论上，我们应该最有发言权。"①对此，习近平总书记身先士卒，堪为表率，在理论创新上迈出了坚定的第一步，拉开了令人瞩目的序幕。众所周知。习近平创造性提出和倡导的"中国方案：构建人类命运共同体"，已经引起国际理论界及整个国际社会的关注和肯定，获得了热烈的称赞和支持。无独有偶，以"人民福祉"为镜是另一个重大的理论创新成果。它表明，习近平总书记有很高很强的"提炼标识

---

① 习近平：《习近平谈治国理政（第二卷）》，外文出版社，2017年，第346页。

性概念"的水平和能力。

以"人民福祉"为镜这个标识性"新概念、新范畴、新表述",将成为"构建中国理论",建设"理论中的中国"的重要奠基石。不仅如此,它的影响将是世界性的。以"人民福祉"为镜是照亮正在黑暗中摸索徘徊的国际思想理论界的明灯。它的贯彻到底,将要引起整个哲学社会科学界一场革命,即"幸福革命"。这种革命的结果,必将使它如同亚当·斯密的"看不见的手",构建起自由主义经济学大厦一样,构建起崭新的被称为哲学社会科学"母学"的幸福学大厦;并且用以它为基石的幸福经济学取代现有的被评为"不幸福的经济学",用幸福政治学取代现有的被评为"不幸福的政治学",用幸福教育学取代现有的被评为"不幸福的教育学"。不言而喻,思想理论界的幸福革命,哲学社会科学的幸福化改革,将成为人类社会政治、经济、文化教育进行幸福革命的先声和指南,从而或早或迟使得现有的"无快乐的经济""无快乐的政治""无快乐的教育"得以幸福化。而它们的幸福化,意味着人类社会当前所面临的生态危机等一系列问题将得到根本的缓解,人类将成功地应对目前诸多的共同挑战。

而这一切归根到底应归功于以"人民福祉"为镜。以"人民福祉"为镜并不是魔镜,也不是仙镜、神镜,而是合乎实事求是原则的科学的思想方法与工作方法。这又是由于以"人民福祉"为镜具有下列优良的品性:一是彻底性。理论的力量在于彻底。而幸福是人类所进行的经济、政治、文化教育等一切活动的终极目的。理论界把这提升为"幸福终极目的论",包括马克思在内一切进步的科学理论,都把幸福作为自己的目的。一种理论具有这种彻底性,就为它在实践中坚持以幸福为目标提供了基本的、必要的保证。这就是说,一种理论若是缺乏这种彻底性,它就必定会在实践上不同程度上偏离幸福目标,违背幸福的本质要求。西方自由主义经济学之所以到今天成为"不幸福的经济学",一个重要原因,就是由于它缺乏这种彻底性,不是以幸福,而是以物质财富为目的,以至于被人批评为"财富经济学"。而进入丰裕社会以后,物质财富的占有与消费对于幸福感的提升作用日渐减少,乃至有负面作用。由于这个原因,使得当今西方发达国家的经济蜕变为无快乐、不幸福的经济,"幸福悖论"日益凸显,使经济失去了应有的意义。二是系统性。系统论揭示并认定:事物是由若干相互关联的因素构成,这就要求以系统论为指导,从系统的角度看待和处理事物。而以"人民福祉"为镜倡导并要求把"增进人民福祉作为一面镜子",用它"审视我们各方面体制机制和政策规定",以它为指导去解决不符合幸福要求的问题,去改革不利于幸福感提升的体制机制,就会使人们自觉地按照系统论的要求去考察和处理有关幸福的矛盾问题。例如,人们在发展生产、谋取物质财富时,如果以"人民福祉"为镜,就将把握全面,立足系统,依据决定、影响幸福感的各种因素在幸福系统中的地位与作用,以及它们的变化而决策和行动,从而避免发生由于一味追求物质财富的增长,片面发展生产而损害生态平衡、毁坏自然环境这种不良现象。因为生态环境状况的好坏优劣,同物质财富一样,也是影响人们幸福感的一个重要因素。正如习近平总书记指出的那样"环境就是民生,青山就是美丽,蓝天也是幸福"[①]。而在幸福这面高悬的明镜的烛照下,人们不难看到这一点,明了这个道理。

最后还要强调指出:以"人民福祉"为镜具有"认真"这一优良的品质属性。当然,这来自以"人民福祉"为镜提出者的优良品质。每次阅读论述以"人民福祉"为镜这段文字,便为它所蕴含的"认真"的品质所感动。这段文字真是抓铁有痕,它遵循毛泽东的教导,充分表现了毛泽东倡导的认真态度、认真精神。毛泽东曾郑重提出,世界上怕就怕"认真"二字,共产党人就最讲认真。习近平总书记关于以"人民福祉"为镜这段文字,又一次表明"共产党人最讲认真"。这的确是一段"最讲认真"的话。正是由于"共产党人最讲认真",因此能够带

[①] 习近平:《在省部级主要领导干部学习贯彻党的十八届五中全会精神专题研讨班上的讲话》,人民出版社,2016年,第19页。

领中国人民战胜国内外强大的敌人,取得新民主主义革命的伟大胜利。在社会主义建设时期,要想少犯错误,少走弯路,夺取新的胜利,仍然需要继续保持"最讲认真"的品质、精神、态度和作风。而以"人民福祉"为镜正是充分保持和表现了"共产党人最讲认真"的品质、精神、态度和作风,从而使人们有效克服"抓而不紧,等于不抓"的弊病。

在此还有必要指出:不仅中国共产党,世界上其他政党只要认同并坚持以"人民福祉"为镜,秉承它所蕴含和倡导的"最讲认真"的品质、精神、态度和作风,也将在为广大人民群众谋幸福的事业上有所作为。令人遗憾的是,虽然美国历届总统的就职演说大多数宣称要为广大民众谋幸福,但不少人的许诺成了空头支票,未能兑现,尤其是近几十年,"幸福悖论"日益凸显,民众的幸福不升反降,痛苦指数飙升。目前,美国及其他资本主义国家为了走出目前的经济、社会、文化困境,缓解国内激烈的社会矛盾,正在酝酿改革。"他山之石,可以攻玉",如果它们从以"人民福祉"为镜得到启示,以它为指南进行新时期的改革,才有望取得所希望甚至意外的结果和收获。

总之,由于以"人民福祉"为镜具有上述的彻底性、系统性和"认真"的品质属性,因而它在国内外思想理论界具有极为重要的地位;它对人类社会在 21 世纪的发展进步将发挥积极作用。当然,我们深知,发现真理不易,而让人们关注、重视,并以真理为指导更非易事。但是,我们已经无数次见证,时间和历史就是让以"人民福祉"为镜这个真理之剑展现锋芒的"磨刀石";或者说,时间与历史如流水,大浪淘沙,真理如同金子一样,或迟或早会从思想理论的沙砾中呈现出来,放出它的光芒。

为了进一步说明以"人民福祉"为镜在人类思想理论领域、在学术界的地位与作用,最后还要指出:在当前及今后一个时期,它主要是以自己所具有的彻底性、系统性和"认真"品质弥补和克服"看不见的手"的理论的不彻底性与片面性,以及弥补和克服"看得见的手"的理论同样存在的不彻底性、片面性与粗疏性等缺陷。可以预言,当人类社会生产、生活高度智能化,社会财富极度丰裕,因而不再需要市场竞争机制来刺激人们的劳动积极性时,市场经济体制将不复存在。在那种条件下,以"人民福祉"为镜将独自承担起指导、调解人类社会进行生产、生活的功能,由此使人类社会进入高度发达的、完全的幸福社会。这意味着,由于幸福是人类所进行的生产、生活等一切活动的终极目的,由此使以"人民福祉"为镜成为人类思想领域最有生命力的理论。为了让谋求幸福的活动避免失误,提高效率,只要人们在谋求幸福,就需要以"人民福祉"为镜。中国古人倡导以人为镜、以铜为镜、以史为镜,这是一个重要的中国智慧,极大地提高了镜子的功用。习近平提出和倡导以"人民福祉"为镜,进一步提高了镜子的功用。它是一个新的重要的中国智慧。

第四节 "后发展"理论

在国内外学术界,"后发展"理论已为不少学者自觉或不自觉地提起和论及。在今天提出和建立"后发展"理论,既是社会物质实践的迫切需要,又是理论发展的必然结果。提出和确立"后发展"理论,对于新发展观的确立并发挥其指导作用,都具有极为重要的意义;对于文化自觉也有着不容忽视的意义。而实现由发展到"后发展"的转型,首先要进行发展文化转型,创建"后发展"文化;还要实行生产方式、生活方式转型,建立后生产方式、后生活方式,而这需要注意从中国传统生活方式中汲取有价值的东西。

一、问题的提出

现今的国内外学术界是"后理论"盛行。如著名的"后现代"理论;前些年又提出"后危机时代理论";还有我国学者提出"后改革时代"理论。我们也试图在"后理论"领域占领一席之地,提出新的"后发展"理论。而且"后发展"理论与上述"后理论"有着直接或间接的密切关系。理论的力量就在于彻底。"后发展"理论的提出,将使之前的那些"后理论"更加彻底、明了、有说服力,从而更加易于为人接受。

诚然,"后发展"作为一个明确的范畴和说法,是第一次提出来的,但是,只要对之前的国内外学术界的有关文献稍作回顾,我们就不难发现,含有"后发展"思想的论述数不胜数。例如,在著名的《文明的忧思》一书中,该书作者尖锐地批判了工业文明严重的消极后果。显然,这并不是要否定和消除一切文明,而只是批判工业文明,实际上,作者试图用新的文明去取代现有的文明。而这种文明的转型实质是发展的转型,也就是发展的目的、内容、方式的变更。对于这种新的发展,如果用今天的"后理论"来说,那即可以称之为"后发展"。

在国内外学术界,更是不少学者自觉不自觉地明确提出和论及"后发展"理论。如人们比较熟悉的诺贝尔经济学奖得主阿马蒂亚·森(Amartya Sen)提出的"以自由看待发展"[1]理论的核心思想是,扩展自由不仅是发展的主要手段,更是发展的首要目的。所谓扩展自由是指将发展看作是扩展人们享有的真实自由的一个过程。又如弗朗索瓦·佩鲁在《新发展观》[2]一书中也明确提出,应把"人的全面发展"作为发展的根本目标与核心价值取向。还有《无快乐的经济:人类获得满足的心理学》一书也明确提出要转变发展的内容与方式,以增加和保持人们的快乐与幸福。不难理解,这些学者实际是倡导要转入"后发展"时代。而我国学者近年提出的"后改革时代"理论,也同样直接或明确地包含有"后发展"的思想。在论证"后改革时代"时,有学者分析说:改革仍然是今后一个时期中国经济快速发展的需要和保证,但是,改革的主题、任务与途径等与以往都大不相同了。譬如,改革的主题应由"发展"转变为"新和谐",这是消除"前改革时代"的

---

① [印]阿马蒂亚·森:《以自由看待发展》,任赜、于真译,中国人民大学出版社,2002年。
② [法]弗朗索瓦·佩鲁:《新发展观》,张宁、丰子义译,华夏出版社,1987年。

矛盾和不和谐因素需要进行的主题转换,因此称之为"后改革时代"。当然,这里虽只涉及改革主题的变革,但实际上也隐含着发展目标也发生了改变,即由以物为本,以增加物质财富为目的而转变为以人为本,以直接促进人的全面发展、增加人们的幸福为目的。这意味着,发展要严格遵循"和谐"与幸福的本质要求,而不能盲目地发展。可以说,从改革的角度来说,今后将进入"后改革时代";但若是从发展的角度上来说,则是将进入"后发展"时代。

在此特别值得一提的是,国内还有学者更是明确地提出了"发展转型"的观点。有学者强调指出:当人们对收入的依赖降低到一定程度和"生存斗争"失去现实意义时,即达到临界收入之后,收入已不再是获得幸福的唯一手段,收入的动能由目的(必然性)向手段(可能性)转换和回归,即由"饱肚子经济"向"心理经济"转换。此时,收入已不是幸福的"替代品"和"主宰",更不是奴役人们的"铁笼",再也不能作为"无色透明的王国"而漠不关心人的悲欢苦乐。以幸福为导向的发展必然要面临转型。因为这时人们的收入作为服务于人类幸福的手段,要与其他因素相互作用,共同促进人类幸福水平的提升。这就要求,在发展中必须追求将国内生产总值和国民幸福总值紧密结合起来,实现基于公众幸福而不是无限财富积累的可持续发展。这位学者的"发展转型"论,可以说是"后发展"理论,它是以幸福学、幸福理论为依据和指导提出来的。由此看来,"后发展"时代是幸福时代,它的经济就是幸福经济。

二、"后发展"理论的价值

从以上论述来看,"后发展"有着丰富且深厚的理论与实践的源泉和土壤,可以说这是一种应运而生并且呼之欲出的理论。

"后发展"理论的提出与创立,有着难以估量的价值。而且它的价值既体现在理论上,更将落实在实践上。

首先,在理论上,创建"后发展"理论,有助于以人为本、人本主义的"新发展观"得以确立,扩大它的社会影响,使它在社会实践中更有效地发挥指导作用;而在实践上,则有助于把"人的全面发展""以人为中心"作为社会经济、文化教育等一切领域发展的最终目标和核心价值取向。

"后发展"理论是针对前发展理论的不足提出来的,它要求并指导"前发展理论"和传统发展方式发生转型,也可以说是进行一场新的革命。它的提出和建立,无论在理论上还是实践上,都将发生深远且巨大的影响。在"后发展"理论的指导下,人们关于社会发展的宗旨、目标、基本思路、途径和方式,或迟或早、或深或浅,都不可避免地发生变革。无论是佩鲁的"新发展观",还是阿马蒂亚·森的"自由发展观",抑或人本发展观,还包括我们国家近年大力倡导的"新发展理念",它们要牢固地确立并贯彻到社会发展实践中,都要依赖"后发展"理论所引发的发展理论与发展模式的革命。

其次"后发展"理论有益于有效地消除人类面临的生态危机、幸福危机等一系列危机。

之所以发生上述危机,并且日益严重,又难以化解,主要原因之一是人们未能认识到人类社会发展的阶段性,对当前社会经济、文化发展的性质、目标缺乏正确的认识和判断。也可以说,这是由于人们未能弄清楚什么是发展以及怎样发展这个根本问题。而要解决这个问题,亟须"后发展"理论的指导。

"后发展"理论自觉地认识到,人类社会的发展是有阶段性的,是有其客观规律的。当人们认识了发展的阶段性、一般规律,就会根据各个历史阶段不同的性质、目标和任务,采取科学的发展战略和方式,从而可以避免盲目发展、无谓发展的情形。否则,就有可能在发展问题上走弯路,犯错误。具体来说,如果在理论上、实践上不了解不承认发展的阶段性,从而不能把发展的目的与内容置于具体的历史条件之下,不对发展的性质、目标和方式进行具体分析和规定的话,就很有可能在理论与实践上陷于盲目的、无价值无意义的发展乃至消极发展、有害发展的泥潭之中。例如,当一个国家、一个地区由于过度开发自然资源,已面临严重的生态危机时,或者由于过快过热地扩大生产规模与数量而引发种种尖锐的社会矛盾和问题,人们不能安居乐业;或者幸福不升反降,经济蜕变为西方学者所说的"无幸福的经济"时,还是片面地一味强调经济发展的速度与数量,就会使发展由原来的积极发展、有益发展变为消极发展、有害发展。在此有必要强调指出,社会主义的本质是共同富裕,是让广大人民群众过上幸福的有尊严的生活。由此决定,发展只有当它有利于实现共同富裕,有利于增进广大人民群众的幸福的前提下才能给予肯定。

总之,当我们站在"后发展"理论的角度,才能对于发展的相对性、条件性及局限性认识得较为透彻和正确。

再次"后发展"理论的提出和建立有助于人们正确地认识和确定我们所处的时代,自觉地按照时代的要求办事。

人类社会发展到今天,由于过度开发"三废"超过了大自然的自净能力,致使人与自然之间的矛盾成为我们所处时代的主要矛盾,生态危机成为首要危机。对此,在20世纪末,美国一批学术界的权威人物各抒己见,在认识和判定当今人类社会所处的时代时,著名学者威尔逊提出并认定,当今的人类社会已进入到新的"环境时代"。这无疑是合乎实际的正确论断。但是,要想让它为广大群众所理解和接受,则需要借助"后发展"理论。

长期以来,人们把相对落后的生产力与不断增长的物质文化需要当作社会的主要矛盾。据此确认时代的性质,那只能是"经济时代"。这个时代的本质要求与特征是大力发展经济,迅速地增加物质财富,从而尽可能满足人们的生活需要。由此可见,威尔逊提出"环境时代"论,实际就是用它取代传统的"经济时代"论。而要否定"经济时代"论,则需要借助于"后发展"理论。从发展的相对性、条件性及局限性的角度进而去认识和评价"经济时代"论的相对性、条件性和局限性,这有助于"环境时代"论在理论上得以确认。如果得以确认"环境时代"论,使它为社会各界所一致认同,无疑对于目前乃至今后缓解生态危机,使人类与大自然和谐相处都有着不可估量的意义。

三、向"后发展"转型

正如一切新的理论的出现都是实践呼唤的结果一样,"后发展"理论具有鲜明的实践性。这一理论的本质要求人类社会的发展实行转型,由"前发展"转变为"后发展"。而人类社会发展实行转型,需要做好以下两个方面的事情:

一方面进行发展文化转型,创建新的"后发展"文化。所谓发展文化主要是指发展哲学、发展观、发展理念等有关发展的观念形态的东西。所谓发展文化转型就是把前发展哲学、前发展观、前发展理念、前发展宗旨转型变为"后发展"哲学、"后发展"观、"后发展"理念。这实际上是一场发展文化的革命。

发展文化转型至关重要。在此借用一句名言:没有革命的理论,就没有革命的行动。发展文化转型,建设"后发展"文化,有助于加快发展道路与方式的转型。"后发展"文化是实现"后发展"的理论基础与思想指南,有助于创建"后发展"模式和培养实践活动的合格人才。而事在人为,"后发展"只能用"后发展"文化和依靠具有"后发展"观、"后发展"理念的人们去实行。例如,"后发展"历史阶段的"环境时代"倡导,把物质利益看得高于一切的"经济人"应向把生态价值看得高于一切的"生态人"转换。生态人就是用"后发展"文化培养出来的新人,只有他们才可能切切实实地进行"后发展"的实践活动。

为了实现发展文化转型,建设崭新的"后发展"文化并充分发挥其作用,首先要进行理论创新,集思广益,注意吸收现有的各种优秀的科学研究成果。在这方面,要特别关注和重视幸福学这门新的学科。因为幸福学实质上是属于"后发展"文化的范畴,它倡导的发展理念、发展观都是合乎"后发展"观、"后发展"理念的基本要求。之所以如此,这主要是由于幸福学是在对现有的前发展哲学、前发展观和前发展理念的批判和扬弃的基础上建立起来的。具体来说,这是由于幸福学是在"幸福悖论"现象日益严重、令人难以容忍的情况下提出和建立起来的,它的主要目的就是探析"幸福悖论"形成的根本原因,由此进而探索消除"幸福悖论"的有效途径与举措。而这就有必要批判和扬弃前发展观、前发展理念。因为所谓的"幸福悖论"意指,经济发展、物质财富增加并没有促进人们的幸福感的相应增加,甚至还有所减少。不难理解,之所以出现"幸福悖论"这种不良现象,其主要原因就是由于发展观、发展理念有问题,从而由它们指导的发展实践活动具有盲目性。正因为如此,所以学术界有人提出,要进行"幸福革命",要根据幸福的本质要求,对现有的一切理论进行重新评价而决定其取舍。而这就首先要对传统的经济学、哲学的发展观、发展理念进行重新评价,要确认幸福学在社会科学中的"母学"地位。由此可见,目前,巩固和发展幸福学,是建设"后发展"文化的重要措施。

其次要大力宣传普及"后发展"文化,让"后发展"观、"后发展"理念为广大群众所熟知、所接受。当亿万人民成为"后发展"文化的接受者和认同者,他们又将反过来成为"后发展"文化的发展推动者。只有当广大群众熟知并且接受"后发展"文化,才能说"后发展"文化真正建立起来了,并且能够坚持下去得以巩固。为此,要在包括普通中小学、大学以及其他的各种职业学校的思想教育机构开设"后发展"理论课及幸福学课程;同时,要在报刊、电视台、网络上进行宣传普及"后发展"文化,并还要借助电影、电视、小说等文学艺术形式进行宣传。

另一方面进行生产生活方式的转型,由前生产方式生活方式转变为后生产方式。所谓后生产方式是指合乎"后发展"本质要求的生产方式。"后发展"时期的生产方式与前发展时期的生产方式有着根本性的区别,它虽然还沿用机器生产,但根据生态平衡、保护资源、人的全面健康发展和幸福快乐生活的要求,在一些生产领域、一些行业、产业、生产部门及生产环节,要适时尽可能使用自然力、畜力和人力,而不能为了经济效益、暂时利益而盲目地实行机械化生产。这包括对产业结构、产品结构进行必要的调整,使它们有益于环境、资源的保护和可持续开发利用。

实现前生产方式向后生产方式转型至关重要,如果不能完成这个转型的话,"后发展"就还只是纸上谈兵。这是因为"后发展"主要是通过后生产方式来体现和实现的。但是,要实现生产方式转型,建立后生产方式,必须进行经济体制改革,实行经济体制转型,根据"后发展"要求建立后经济体制。也就是在今后一个时期,需要进行一场以后生产方式为目标的新的经济改革。

至于后生活方式,是指对于前生活方式,也就是现有的生活方式而言的新生活方式,它也是根据发展阶段的要求和自然、社会和人本身的发展规律而创建选择的生活方式。后生活方式既是现代的又是传统的,准确地说,是传统生活方式与现有生活方式根据"后发展"的要求融合而成的生活方式。

后生活方式的显著特征是适度性、简约性、主体性、精神性。所谓适度性,顾名思义,就是生活需要、消费行为要有度,不能太过。一个人的需求太少固然不利其生存和发展,但太多乃至超过正常、必要的限度,则无疑欠妥。适度性对于后生活方式至关重要,是它与前生活方式的一个重要区别;简约性也是后生活方式的一个重要特征,也可以说是它的基本要求。简朴节俭的生活方式有利于生态平衡,有利于增进和保持人们的幸福感。因为简朴节俭的生活有利于合理开发利用资源,有利于人们返璞归真,并且不为物累,保持平和宁静的心态。所以说,简约性使后生活方式严格地遵循"后发展"的基本原则,能很好地实现它的本质要求;至于主体性则是指消费者必定是生活的主体,在生活消费中保持主体地位。但是,在目前这种缺乏主体性的生活方式中,像在生产活动中劳动者被异化了一样,在生活消费活动中,也发生了主体的异化,即如学术界有人批评的那样,人们成了挣钱的工具、消费的机器；而所谓精神性，则是指在后生活方式中，无论是生活资料、消费对象和生活消费活动本身，精神文化性的成分具有空前重要的地位。近些年，文化产业的大发展和中高等教育的普及表明，在新的历史时期，人们生活消费方式中的精神性特征开始显现出来。

但是，生活方式的转型，后生活方式的建立将比创建后生产方式更为复杂，会遇到更大的困难。而要想较为顺利地实现生活方式的转型，早日建立后生活方式，极有必要从中国传统的生活方式中汲取精华。

中国传统的生活方式与合乎"后发展"要求的后生活方式有不少相同相通之处。具体来说，上面论及的后生活方式的适度性、简约性、主体性、精神性等本质特征，在中国传统的生活方式中也有着明显的表现。中华民族历来以节俭为荣、知足为乐，这种生活方式在唐代大诗人白居易的笔下曾有过描述："一裘暖过冬，一饭饱终日。勿言舍宅小，不过寝一室。"孟子也曾评述过传统的生活方式。他是这样评述我们先人的生活方式，人们所向往的生活目标："五亩之宅，树之以桑，五十者可以衣帛矣；鸡豚狗彘之畜，无失其时，七十者可以食肉矣；百亩之田，勿夺其时，数口之家可以无饥矣。"（孟子·梁惠王上）这些论述充分显示出传统生活方式的适度性、简约性和主体性。至于中国传统生活方式的精神性，英国哲学家罗素在他的《东西方幸福观》一文中说得很明确："对于中国人和我们的主要区别，倘若我欲一言以蔽之，就应该说，他们的旨趣是逸乐……他们有无限的闲情雅致——光顾戏院、茶座闲聊，欣赏中国的古代艺术或漫步景色宜人之地。"①而我们的古圣贤孔子也有"仁者乐山""智者乐水"之说。中国的古人还把琴棋书画作为人生的必修课、幸福之源，以及生活的重要内容，为此还有"心无物欲乾坤静，坐有琴书便是仙"的著名诗句，它

---

① ［英］罗素：《东西方幸福观》，《中华活页文选（高二、高三年级）》2012 年第 11 期，第 28 页。

更是充分表现出中国传统生活方式的精神性。《无快乐的经济:人类获得满足的心理学》一书的作者认定,当今之世,经济的发展、物质财富的增长已经不可能再给人们增添幸福、快乐,人们应当把追求幸福、快乐的步脚转向文化艺术领域,为此,他建议个人与社会加强文化艺术知识的学习,力争成为具有高度文化艺术修养的"文化人",过一种充满精神性的新生活。他认定,这种生活方式才可能在当今社会给人们以持久且较多的幸福。《无快乐的经济:人类获得满足的心理学》所提倡的这种生活方式毫无疑义与我们传统的生活方式具有相通之处。

因此,应当深入调查研究,重新认识和评价中国传统的生活方式,既要看到它的宗法性、封闭性、生存性,同时也要认识和肯定它所具有的适度性、简约性、主体性、精神性等特征。在此尤其有必要指出:中国传统生活方式不仅具有一定的落后性,而且具有一定的启蒙性,也可以说是先进性。这方面是指传统生活方式的要求与后生活方式有相通之处。正是这点使它有条件成为我们进行生活方式转型,建立后生活方式时的重要参照。在这里有必要强调指出,继承并弘扬中国传统的生活方式,这对于实现发展转型,对于"后发展"理论在实践中的应用,以及它的丰富与完善,都有着极大的作用。

四、结论与建议

1."后发展"理论的提出和建立,像任何新理论的出现及其发展一样,是社会实践呼唤的结果,只有"后发展"理论才能满足新时期发展实践的现实需要。正因为如此,所以在这之前,国内外学术界有不少人自觉或不自觉地,直接或间接地论及"后发展"问题。因此,今天提出和创建"后发展"理论,既有社会发展实践的深厚土壤,又有着丰富的思想源泉。

2."后发展"理论的提出具有难以估量的价值。首先,它有助于人本发展观、新发展观的确立,扩大其社会影响,使它在社会实践中更好地发挥其指导作用。这是因为人本发展观、新发展观的确立,以及将之贯彻到社会发展实践中去,都要依赖"后发展"理论引发的发展理论与发展模式的转型。其次,它有助于缓解和克服生态危机、幸福危机、人性危机、生存危机等一系列危机。第三,它有助于正确认识我们所处的时代,使人们得以肯定和认同"环境时代"理论。而正确地认识和判断我们所处时代的性质,这无疑具有极为重大的价值。

3.要重视发展文化转型,创建"后发展"文化。"幸福学"是"后发展"文化的重要组成部分,要让幸福学成为社会科学的"母学",这有助于完成发展文化的转型。

4.实行发展转型,确定"后发展"模式,需要按照"后发展"的要求进行第二次体制改革。这是因为,由前发展转变为"后发展",需要前生产方式、前生活方式转变为后生产方式、后生活方式。而生产方式、生活方式的转型,需要按照后生产方式、后生活方式的要求进行经济、文化、教育各领域的改革,实行体制转型。

5.创建后生活方式,需要以中国传统生活方式为参照,吸收其精华。因为中国传统文化与后生活方式有着共同之点、相通之处。这主要是指二者都具有显著的适度性、简约性、主体性、精神性等特征。

6.我们国家的"十二五"规划实际是属于"后发展"性质的规划。例如:"人文北京、科技北京、绿色北京"的"三个北京"蓝图,明确提出要转变发展方式。而在今后若干年完成这一转变之后的发展方式无疑属于"后发展"范畴。

第二章　理论基础

　　建设"理论中的中国",首先要夯实基础。这个基础既要有前人的东西,也要有自己的东西。

第一节　人本史观

　　生产力决定论在分析资本主义生产方式时被迫陷入"循环论证悖论",并无法给"自由王国"提供理论支撑,这种情形使马克思更弦改辙,创造性地提出新的历史哲学、经济哲学,用新的人本史观取代生产力决定论。人本史观具有极其重要的学术与实践价值。它有助于令人信服地彻底清算托洛茨基主义否认苏联、中国革命必然性的错误观念;并为中国的改革开放和共同富裕提供必要的理论依据。"为人民谋幸福的经济学",就是以人本史观指导的重要理论创新成果。

一、问题的提出

　　在新时代如何看待和把握马克思主义,对于我们这个以马克思主义为理论基础的国家来说,这是个根本性问题。关于这个问题,作为我们国家改革开放"总设计师"的邓小平,早在改革初期就再三指明思想路线与具体方法,就是坚持从实际出发,实事求是的思想路线,以实践作为检验真理的标准。更为重要的是,在此基础上,邓小平进一步提出"精髓马克思主义观",认定毛泽东思想、马克思主义的精髓就是"实事求是"。习近平也指出,实事求是是马克思列宁主义的精髓和灵魂,是毛泽东思想的精髓和灵魂,是包括邓小平理论、"三个代表"重要思想以及科学发展观在内的中国特色社会主义理论体系的精髓和灵魂。站在精髓马克思主义观的立场上,以它作为认识和评判真假马克思主义的基本标准,有助于解决好在新时代如何看待和把握马克思主义这个根本问题。

马克思主义包括马克思主义哲学、马克思主义政治经济学和科学社会主义三个组成部分,而哲学又在整个马克思主义体系中处于基础地位,具有指导作用。马克思从经济哲学转到经济学的研究以后,所撰写的经济学巨著《资本论》与此前的《〈政治经济学批判〉序言》中那段关于唯物史观的"经典表述"却有矛盾,存在明显的不一致。这主要是指《资本论》中提出的"决定性反作用"与唯物史观"经典表述"的"生产力决定论"二者之间有着难以统一的根本性区别。因为"决定性反作用"实际在一定程度上否定、消解了生产力的决定作用。须知,马克思在《〈政治经济学批判〉序言》那段关于生产力决定性作用的论述中,决定性作用是非常饱满的、完全的、彻底的,实在没有给生产关系、上层建筑等留下起决定性作用的余地。正是基于这个"经典表述"中的核心观念"生产力决定论",恩格斯在《反杜林论》中提出的"不得不"理论认定:只要股份公司仍然存在,还能对于生产的发展起积极作用,资本主义股份公司就不应也不会灭亡,社会主义经济制度没有存在的合法性和价值。因此,学术界认定:生产力决定论存在"循环论证悖论"。[①]

学术界还认定:生产力决定论还有另外一个不容忽视的"悖论",即"自相矛盾悖论"[②]。具体来说,生产力决定论认定:生产力是人类社会经济发展和人的发展的决定性力量,从而它是适合于全部人类

[①②] 刘仁营:《走出生产力拜物教——生产力决定论反思》,《探索》2008年第1期。

社会发展历史的普遍规律,它必定在一切社会形态中都起决定性作用和具有重要影响。但是,马克思在《资本论》中却设想:到了共产主义,"社会化的人,联合起来的生产者,将合理地调节他们和自然之间的物质变换,把它置于他们的共同控制之下,而不让它作为一种盲目的力量来统治自己;靠消费最小的力量,在最无愧于和最适合于他们的人类本性的条件下来进行这种物质变换"①。马克思在这里说得很清楚:到了共产主义社会,社会生产力、生产活动将置于联合起来的生产者的共同控制之下,根据人们的生活需要对生产进行计划调节,从而与资本主义生产方式不同,人和自然之间的物质变换,即社会生产力活动、社会生产力不再让"它作为一种盲目的力量来统治自己"。到那时,不再是生产力决定生产关系,而是"人类本性"决定生产力、生产活动的发展规律与速度,再进而决定生产关系与上层建筑。换言之,到那时,人类对于生产力、生产活动、生产关系与上层建筑,都实现了费孝通先生所说的文化自觉,从而为人类所支配。总之,生产力的决定者地位已让位于生产者,人类社会由此实现了从"必然王国向自由王国的飞跃"。这个关于共产主义社会生产方式的"经典论述",显然也与《〈政治经济学批判〉序言》中关于唯物史观的那段"经典论述"相矛盾,存在不可调和的冲突,由此形成"自相矛盾悖论"。马克思在这里说得很明确,到了共产主义社会,人们不再是依据生产力、"生产工具性质"构建经济体制和生产方式,而是在"最适合于他们的人类本性的条件下来进行这种物质变换"进行生产活动。这样一来,生产关系适合生产力的性质这一被唯物史观确定的基本规律就失去了普遍意义,而且出现了人与生产力两个决定者,成为二元史观,生产力的本性与"人类本性"在不同历史时期、经济条件下决定影响生产活动、生产关系及上层建筑。

从以上分析来看,生产力决定论的确存在学术界所说的"循环论

---

① 《资本论(第三卷)》,人民出版社,2018年,第928—929页。

证悖论"和"自相矛盾悖论"。现在我们需要进而回答的问题是：马克思为什么会产生这样两个影响甚大的"悖论"，这两个"悖论"出现的原因何在？它们是什么性质，在马克思的历史哲学、经济哲学、政治哲学中有什么地位与作用？

二、马克思的历史观的嬗变

经过以理论与实践相结合为基础的方法反复研究，我们得出的结论与学术界的两个"悖论"说不同。在我们看来，《资本论》等著作中所出现的与《〈政治经济学批评〉序言》有关唯物史观"经典表述"不一样的理念与思想，这并不是理论上的"悖论"，而是在《资本论》中，马克思经过对人类社会经济形态发展更替，尤其是资本主义生产方式产生发展的原因、机制详尽深入地分析后发现，它们并不符合生产力决定论的要求。换言之，用生产力决定论、生产力决定生产关系规律难以合理，从而令人信服地解释资本主义生产方式及它之前生产方式的产生与发展。尤其是唯物史观把生产力的性质局限于"生产工具的性质"，仅仅依据生产工具的变更解释人类社会从原始社会到资本主义社会的原因，更是难以服众。一个很明显的事实是，一种新的生产方式、经济形态的出现，往往并不是在一种新的生产工具、劳动方式出现之后；而是与之相反，在它之前。例如，资本主义生产方式、经济形态的产生与确立就是如此。关于资本主义经济形态的产生，马克思曾经说过这样一段名言："人数较多的工人在同一时间、同一空间（或者说同一劳动场所），为了生产同种商品，在同一资本家的指挥下工作，这在历史上和概念上都是资本主义生产的起点。就生产方式本身来说，例如初期的工场手工业，除了同一资本同时雇用的工人较多而外，和行会手工业几乎没有什么区别。行会师傅的作坊只是扩大了而已。"①马克思在这里说得很清楚，资本主义生产方式的产

---

① 《资本论（第一卷）》，人民出版社，2018年，第374页。

生,并不是由于生产力、生产工具的性质发生根本性变化的结果,仍
然使用行会作坊的手工工具,只是实行分工协作而已。但从生产力
决定论来看,只有机器才是资本主义合格的生产力。而机器大工业
却是在资本主义生产方式、资本主义市场经济体制下出现的,由资本
主义经济催生出来的。资本主义成了机器大工业的"助产婆",甚至
可以说是其"母"。对此,马克思看得非常清楚:资本主义"工场手工
业生产了机器,而大工业借助于机器,在它首先占领的那些生产领域
排除了手工业生产和工场手工业生产"①。面对这个事实,这种历史
性现象,马克思作为一个严肃认真的学者,他不可能不对《〈政治经济
学批评〉序言》的"经典表述"中的理念进行反思,提出疑问。因为从
"经典表述"及其他论著中有关唯物史观的基本原理来看,既然认定
生产力决定生产关系是客观规律,这就意味着,任何一种新的生产关
系、经济形态只能以新的生产力为基础和"母"体。那么,据此来看,
如果某种新的生产关系出现于旧的生产力、生产工具基础之上,这就
无疑违反了生产决定论,不符合生产力决定生产关系规律的要求。
还可以进而说,这种超越性的新型生产关系、经济形态,不可能促进
生产力的发展。可事实是,社会生产力、机器大工业这种更加发达的
新的生产力,却在以资本主义工场手工业这种旧的生产力基础之上
出现并繁荣起来了。马克思面对这种使生产力决定论、唯物史观失
灵的现象,必须作出合理解释。

对于马克思这样天资很高又非常勤奋、通达事理的学者来说,可
以想象,他已经看到了问题的实质,从而感受到了理论上的巨大困
难。于是马克思借助于"决定性反作用"理论。这样一来,在逻辑上
便陷于循环论证。但是,关于自相矛盾悖论,它不是"悖论",或者说
不是真正的"悖论"。实际上它是马克思提出的另一种历史观。我们
这样说有两个理由:一是马克思说得很明确,在未来的新社会,是在

①《资本论(第一卷)》,人民出版社,2018年,第439页。

"最无愧于和最适合于他们的人类本性的条件下来进行这种物质变换"。这是说,那时不再是生产关系适合生产力的性质,而是适合"人类本性"。不言而喻,马克思在这里不是把生产力作为生产关系的决定者,而是把"人类本性"、人民群众视为生产关系的决定者;二是自从唯物史观诞生后,马克思便不再提"人道""人的本性",因为它们同唯物史观是对立的。唯物史观讲科学、讲规律。同时,唯物史观认定:人的本质是社会关系的总和。这样人性便消解了。所以,马克思重提"人类本性",标志着历史观更换了。马克思是以一种新的"人本史观"取代原有的唯物史观。

　　关于这种人本史观,在马克思、恩格斯那里,还可以找到另外颇有说服力的证据。马克思曾经认定:19世纪的经济运动追求"人道目标"。"人道目标"是马克思在《论土地国有化》这篇重要文章中提出来的。马克思在这篇文章的结尾写道:"生产资料的全国性的集中将成为由自由平等的生产者的各联合体所构成的社会的全国性基础,这些生产者将按照共同的合理的计划进行社会劳动。这就是19世纪的伟大经济运动所追求的人道目标。"[1]在这里,马克思说得很明确,生产者是"按照共同的合理的计划进行社会劳动"。也就是按人们的生活需要,而不是按照生产力的性质进行社会劳动。正因为如此。所以马克思称它是"19世纪的伟大经济运动所追求的人道目标"。而"人道"这个范畴,在马克思的著作中可以说久违了。在《资本论》第一卷公开出版后,马克思突然重提"人道"一词,并非偶然,自有深意存焉。因为马克思深知,人道、人性同唯物史观不能并存。这篇文章还有一点值得注意的是,在这篇文章中,马克思这三句论述土地国有化必然性的话语:1."我确信,社会的经济发展,人口的增长和集中,迫使资本主义农场主在农业中采用集体的和有组织的劳动以及利用机器和其他发明的种种情况,正在使土地国有化越来

---

① 《马克思恩格斯选集(第三卷)》,人民出版社,2012年,第178页。

越成为一种'社会必然性'。"①2."我们所具有的科学知识,我们所拥有的耕作技术手段,如机器等,如果不实行大规模的耕作,就不能有效地加以利用。"②3."一方面,居民的需要在不断增长,另一方面,农产品的价格不断上涨,这就不容争辩地证明,土地国有化已成为一种社会必然。"③

　　上面有关土地国有化的必然性的这三句话,可以说是多角度、多因素。概括而言,影响土地国有化有两个方面的重要因素:一方面是"耕作技术手段,如机器等",另一方面是"人口的增长和集中""居民的需要在不断增长"。前者是生产力,后者是人的需要。这二者都是决定土地国有化的决定性因素。应当说,这是对生产力决定生产关系规律的重要补充,使生产力中最活跃的因素劳动者进入决定生产关系因素的行列。这种类似的观念,也出现在此后的《法国工人党纲领导言(草案)》中,这个写于1880年5月10日前后的重要文献中,马克思在论述生产资料属于生产者的集体所有制时指出:"集体形式,资本主义社会本身的发展为这种形式创造了物质的和精神的因素"④。这里所说的"物质的"因素就是机器大工业这个生产力的客观要素;而"精神的"因素则是生产力的主观因素,即劳动者。而在恩格斯看来,人类可以"完全自觉地自己创造自己的历史"。他的这个重要思想,是作为《社会主义从空想到科学的发展》这一重要文献的结论提出来的。恩格斯在那里是这样说的:在未来社会,人们有了"自由行动",从而"至今一直统治着历史的客观的异己的力量,现在处于人们自己的控制之下了。只是从这时起,人们才完全自觉地自己创造自己的历史;只是从这时起,由人们使之起作用的社会原因才大部分并且越来越多地达到他们所预期的结果。这是人类从必然王国进入自由王国的飞跃"⑤。不难理解,人类"完全自觉地自己创造自己的历

---

① 《马克思恩格斯选集(第三卷)》,人民出版社,2012年,第175-176页。
②③ 同上,第176页。
④ 同上,第818页。
⑤ 同上,第815页。

史","并且越来越多地达到他们所预期的结果",这是典型的"人本史观"。

其实,关于人本史观,马克思早有论述。他曾强调指出:"历史不过是追求着自己目的的人的活动而已。"①在这个关于历史的重要的论述中,说得很清楚,历史的创造者、历史活动的主体是人;同时,人是为了追求自己的目的而安排并进行历史活动的。这也就是决定,我们应当从人这里探索历史发展的规律、历史前进的动力。更何况,人还是生产力中最革命、最活跃的因素,具有主观能动性。据此来看,人本史观呼之欲出,人本史观水到渠成。

但令人遗憾的是,人本史观未能登堂入室,没有成为马克思主义思想宝库中的历史观。究其原因,很大程度上,是由于没有把生产者是生产力的一个重要因素的观念贯彻到历史演变的机制中去。而这方面的一个不容忽视的原因,是由于原本物质世界的一个组成部分的人类不能从物质世界中完全分离出来的,把人完全看成是社会环境的产物、教育的产物;人的意识完全由社会存在即经济基础及上层建筑决定。这样,人自然没有资格、没有能力决定历史的演变与发展了。而实际上,马克思也曾指出,人是物质世界的一个组成部分,是动物世界的一员,不过是高等动物而已。而恩格斯则说,只有到未来社会,人类进入自由王国,人才最终脱离动物界。但脱离动物界,人还是物,首先是自然之子、自然之物,其次才是社会之子、社会之物,为"政治动物"。而既然人始终是"物",属于物质世界的一员,那么,它势必有物质世界的一些共性。在物质世界中,此物非彼物,是由于此物具有不同于彼物的基本属性。这些属性是相对稳定的,难以根本改变的。如孔子所说的"食色,性也"。当然,人既是自然之物,又是社会之物,那么,他的本质属性在社会生活中会因受到各种影响而有所改变,但不可能完全改变,否则,人将非人了。所以,马克思也承

---

① 《马克思恩格斯文集(第一卷)》,人民出版社,1990年,第295页。

认"人类本性"。可惜,在创建历史观时,人们过低估价"人的本性"在人类社会发展史上的地位与作用,因此,人这个万物之灵未能登上历史观的讲坛。幸好,当马克思与恩格斯用唯物史观解释人类历史演变规律与原因时,感到不理想,碰到理论难题,转而终于把"人本史观"请上历史观的讲坛。我们应当认识到这一点,把握好人本史观。因为它有着难以估量的理论与实践价值。

三、人本史观的价值

人本史观具有极为重要的理论与实践两个方面的价值。而在今天,世界处于百年未有之大变局,人类面临诸多重大挑战,它的价值就更大,并且更为深远。

(一)有助于维护马克思主义历史哲学、经济哲学的彻底性和科学性

习近平中肯地指出:"理论上不彻底,就难以服人。"①而人本史观对于人类社会发展史上的一切社会形态,从古代社会到未来的共产主义社会;对于人类将经历的必然王国到自由王国,都能给予科学的解释与指导,它不存在生产力决定论对未来社会的解释和指导难以贯彻到底这一严重的不足。

人本史观的提出,使学术界指出和批评的生产力决定论存在的两个"悖论",即"循环论证悖论"和"自相矛盾悖论"无形消解。因为从人本史观看来,生产关系及上层建筑反作用于生产力、经济基础,这是必然的。这是由于人作为生产力的主观要素,能对生产关系及上层建筑进行有目的的调节,使后者更有利于生产力的发展。当人类社会进入到经济文化高度发达的历史时期,人类为了维护生态平衡,人类自身的需要和全面发展,以及人们对幸福的期待,便不能再任凭生产力依据自己的性质和规律肆意发展,而要依据人的需要控制生产力的发展方向、规模和速度。这是由于如果不对今天的生产力进

---

① 《习近平谈治国理政(第二卷)》,外文出版社,2017年,第34页。

行引导和控制,那么根据它现在拥有的生产能力,可以对大自然的资源进行大规模的利用,这势必会导致自然资源的过度开采,其结果不仅会导致一些非再生性资源逐渐枯竭,从而影响可持续发展,而且会造成大量的浪费与环境污染。也许有人会说,到了经济文化高度发达时,人实现了文化自觉,可以正确地认识生产力规律,尔后利用它们为人类服务。这话没错。但是,既然承认生产力决定生产关系是客观规律,而且认定是生产力的客观要素决定生产关系。那么,犹如我们承认水向下流是水的客观规律一样,当我们认识了这个规律,就可以利用它来发电,还可以推动水车、水磨做功。但是,水可载舟、亦可覆舟,水的这条客观规律具有两面性,在洪水暴发时可以冲毁房屋和舟楫。而它既是客观规律,人类对水的另一个方面,就不能阻止它发生作用,只能通过加固堤防以应对。同样的道理,如果我们坚持生产力决定论,承认它对生产关系的决定作用是客观规律的话,如传统的经济理论所说,人们可以根据机器大工业的社会化性质实行计划经济,实行计划指导。但是,社会主义国家的计划经济实践表明:计划经济体制并不总是有利于经济的发展,我们国家等一些社会主义国家又转而进行以市场为导向的改革,实行计划与市场的结合。这个事实表明:人要全面、正确地认识和掌握生产力的性质和规律并非易事。而造成这种不理想的结果的一个重要原因,是由于生产力决定论把人、生产者这个最具有能动性的重要因素排除了的缘故。

总之,由于生产力决定论把人这个因素排除了的缘故,生产力作为一种盲目的力量,生产力决定生产关系,作为一种客观规律,它不可能为人类充分认识、熟练地利用而获得自由。这是由于它们既然是客观盲目的力量、客观规律,那么,它的发展方向、速度、规模就不能为人类所认识和掌握;纵使认识和掌握它们的某些性质与规律,并且能熟练地利用它们,也不可能保证它们的发展方向、目标、规模和速度都符合社会发展进程和人的需要。否则,那就是人的工具,而非客观规律。不言而喻,如果坚持用生产力决定论来解释和指导未来社会、共产主义,那么,它们就难以实现从必然王国进入到自由王国,共产主义社会只能是纸上谈兵。正因为这个原因,马克思在论述自由王国的诞生条件时,重提久违的"人类本性",用人本史观作理论依据和指导。这样一来,"自相矛盾悖论"也就随之消解,从而维护了马克思历史哲学、经济哲学的彻底性与科学性。

（二）为社会主义革命与改革提供了科学的理论依据

苏联 1917 年爆发的"十月革命",建立世界上第一个社会主义国家;到中国在 1949 年建立新中国,1956 年社会主义改造完成,进入社会主义社会等一系列社会主义革命,生产力决定论并不能为它们提供令人信服的理论依据。正因为如此,苏联曾出现托洛茨基主义,中国则有所谓"托陈取消派"。值得一提的是,托洛茨基主义在当今世界上还有一定的影响,一些人还在信奉它;而在中国,"托陈取消派"虽然无形消亡了,但补资本主义课的理念,在改革开放初期曾出现在一些人的头脑乃至言语文字中。托洛茨基主义及其在中国的信徒们认定:从生产力决定论的立场和观点来看,苏联和中国等社会主义国家都不能在 20 世纪之初与中叶进行社会主义革命,因为它们不具备社会主义革命所必备的经济基础。只有当它们在资本主义制度下进一步发展生产力,待到生产社会化程度较高时,才有条件进行社会主义革命。毋庸讳言,托洛茨基主义关于社会主义革命的必要条件的这种理念,是符合生产力决定论的基本观点的。对于托洛茨基主义依据生产力决定论的这种责难,列宁与毛泽东求助了马克思在《资本论》中提出的"决定性反作用"理论。具体来说,列宁和毛泽东解释道:先建立先进的社会主义制度,再利用社会主义制度的优势性更快地发展生产力,为社会主义制度创造必要的物质基础。但由于这种解释存在明显的"循环论证悖论",自然难以令人信服。因此,这需要一种新的理论来为苏联、中国等工业化程度尚低,甚至经济十分落后的国家进行社会主义革命、建立社会主义制度提供更有说服力的基础和依据。而这只能是,也应当是人本史观。

这是由于人本史观认定:由于人是生产力诸要素中最活跃、最革命的因素,并具有主观能动性。这样,一方面,生产力的性质不是完全取决于生产资料、生产工具的性质,而且在一定程度上取决于生产者的"人类本性";另一方面,虽然人们是以已有的物质条件为基础进行生产活动,从而不可避免地受到已有的客观生产力性质与状况的制约。但是,事在人为,人的主观能动性能够化消极因素为积极因素,并且通过优化组合与制度创新,尤其是技术创新创造新的客观生产力,在一定程度上消解已有的客观生产力对生产发展的不良影响。应当说,这就是为什么苏联、中国等社会主义国家的确如列宁、毛泽东所言,先建立先进的社会主义生产关系,尔后再发挥先进生产关系对生产力的决定性反作用,以比欧美资本主义国家更快的速度发展经济,这就是中国经济发展到今天,已经在世界稳居第二位的真正原因。这个事实也表明:在生产力决定生产关系的机制中,虽然客体生产力、生产资料、生产工具的性质有一定的作用,但是,生产力的主观因素,人类本性的决定作用是第一位的,而且它还影响、制约着客体生产力决定作用的发挥。这样,就是辩证而不是机械地看待客体生产力同生产关系之间的关系。

不仅社会主义革命需要人本史观的理论支撑和指导,同样,社会主义改革也需要人本史观的理论支撑和指导。中国的改革是以市场经济为导向,目标是建立社会主义市场经济体制。邓小平以其非凡的理论创新能力和理论勇气突破了传统的、根深蒂固的计划经济等于社会主义、市场经济等于资本主义的传统观念,创造性地提出市场经济方法论,把市场经济规定为一种有效发展经济的方法。但市场经济方法论,社会主义市场经济体制需要新的理论基础和支持。因为市场经济等于资本主义,计划经济等于社会主义的观念,正是源于生产力决定论。传统的社会主义政治经济学教科书说得很明确:在机器大工业时代,生产的社会化程度很高,需要实行计划经济以求得社会生产各部门之间的平衡,由此需要消灭无政府状态的、以私有制为基础的资本主义市场经济,建立社会主义计划经济体制。

依据生产力决定论建立的这种纯粹的计划经济体制严重妨碍了社会主义经济的发展和人民群众生活水平的提高,突出表现出它的理论缺陷。因此,应当把人本史观作为改革开放这个"第二次革命"的理论基础。

(三)为新时代的改革发展提供必要的理论支持

1. 为"为人民谋幸福的经济学""幸福价值论"提供理论依据

习近平经济思想是"为人民谋幸福的经济学"。而从生产力决定论、生产关系适应生产力规律的传统经济理论来看,经济学是以生产关系为研究对象的科学。因此,习近平经济思想只能以人本史观为理论依据,以它为指导。不言而喻,"为人民谋幸福",是马克思在《论土地国有化》中所说的"人道目标"。2017 年 1 月 17 日,习近平在一次演说中强调说:"'大道之行也,天下为公'。发展的目的是造福人民"①。习近平在 2013 年 11 月 12 日的讲话中明确提出:改革要"把促进社会公平正义、增进人民福祉为出发点与落脚点"②。为此,在新时代改革不断深化的进程中,"要把促进社会公平正义、增进人民福祉作为一面镜子,审视我们各方面的体制机制和政策规定,哪里有不符合促进社会公平正义的问题,哪里就需要改革;哪个领域哪个环节问题突出,哪个领域哪个环节就是改革的重点"③。幸福学认定:社会的公平正义状况是直接影响人民幸福感的重要因素,因此,习近平总书记非常关注和重视解决社会公平正义这方面存在的问题。习近平断言:改革发展"如果不能给老百姓带来实实在在的利益,如果不能创造更加公平的社会环境,甚至导致更多不公平,改革就失去意义,

---

① 《习近平谈治国理政(第二卷)》,外文出版社,2017 年,第 482 页。
② 《习近平谈治国理政(第一卷)》,外文出版社,2018 年,第 95 页。
③ 同上,第 97 页。

也不可能持续"[①]。习近平总书记说得很清楚,改革的价值就是让人民过上美好幸福的生活。

总之,习近平"为人民谋幸福的经济学",是以人本史观为依据和指导,强调把发展生产、增加财富作为人民幸福生活的条件与手段,要服从服务于后者的需要。

2. 为新时代实现共同富裕提供理论依据

中国改革开放的"总设计师"邓小平曾强调说:共同富裕是"社会主义最大的优越性","我们允许一些地区、一些人先富起来,是为了最终达到共同富裕,所以要防止两极分化。这就叫社会主义"[②]。不难理解,这种社会主义理念,是以人本史观为基础。而列宁却认定:"社会主义就是消灭商品经济",因此,在他看来,"只要仍然有交换,那谈什么主义是可笑的"[③]。不言而喻,列宁之所以持与邓小平不同的社会主义观念,是因为他所持的是传统的生产力决定论:机器大工业的社会化性质要求实行完全的计划经济,彻底消灭商品生产的市场交换。而社会主义实践表明,没有交换的计划经济不利于生产发展,只能实现"共同贫穷",不可能实现共同富裕。

正是依据邓小平的共同富裕社会主义观念,习近平总书记在党的十九届六中全会上强调指出:"中国特色社会主义进入新时代,是全国各族人民团结奋斗、不断创造美好生活、逐步实现全体人民共同富裕的时代"。这就在邓小平共同富裕是"中心课题"思想的基础上,进一步把共同富裕作为新时代的标志和基本任务。同时,正是由于共同富裕是以人本史观为基础,是一个"人道目标",因此,为了实现人的全面发展,共同富裕不仅要求物质富裕,而且要求精神富裕;而且为了满足人民群众对于美好幸福生活的向往,把幸福作为共同富裕的本质。

---

① 《习近平谈治国理政(第一卷)》,外文出版社,2018年,第96页。
② 《邓小平文选(第三卷)》,人民出版社,1993年,第195页。
③ 《列宁全集(第十五卷)》,人民出版社,1963年,第112页。

3. 为中国共产党坚持"人民至上"的基本原则提供了有力的理论支撑

所谓人民至上，就是以全心全意为人民服务为宗旨，以为人民谋幸福为初心和使命；把人民作为创造历史的主体和推动历史前进的根本动力。而之所以要坚持"人民至上"，这是因为正如党的十九届六中全会的决议所说："党的根基在人民、血脉在人民、力量在人民，人民是党执政兴国的最大底气。"毫无疑义，把人民拥护视为我们执政兴国的"最大底气"，把得民心作为"最大的政治"，把人民群众所要求的公平正义作为"最强的力量"，这些理念显然不能用传统的历史哲学、经济理论，"生产力决定论"来解释，难以为它们提供理论依据，只能用人本史观、"人道目标"来解释，给予理论支撑。这是不言自明之理，因为这些理念本身已洋溢、凸显出人本史观的基本精神。也正是因为如此，所以，我们相信，人们会认同和接受人本史观，用它去认识"人类社会发展的规律"；用它去正确地总结历史经验；并科学地预见未来，从而使中国乃至整个人类社会得以健康发展。

之所以说人本史观有助于科学地预见未来，这是因为正如未来学家托夫勒在他的新著《财富的革命》中指出：由知识化、智能化、信息化为基础的新经济，使人与物的关系，人在生产活动中的地位与作用发生了重大变化。具体来说，人的智力资源将越来越比物质资源更重要。"竞争优势在大多数情况下与知识有关，而不是自然资源，以及现有的物质生产条件"。总之，生产的客观因素在经济发展中的作用、对人的制约作用越来越小。因此，在人本史观的指导下，有助于决定者和组织者自觉地依靠劳动者，充分发挥人在生产中的能动作用。

第二节　幸福文明

幸福是人类政治、经济、文化教育等一切社会活动的终极目的，由此决定幸福文明是人类文明建设的最高形态和终极目标。现今社会面临诸多危机,实质是文明的危机,是由于作为"目的型文明"的幸福文明未能对其他的"工具型文明"进行必要的引导和约束。认识到这一点,给幸福文明这样定性、定位,能充分发挥其在人类文明传承发展中的作用,从而有利于其他文明的健康发展。为此,应加强幸福文明建设,把它建成美丽中国、和谐社会、实现中国梦的重要战略。自觉地进行幸福文明建设,标志人类文明进入一个崭新的发展阶段,提升到应有的水准。

一、问题的提出

人类文明发展到今天,经历了诸多文明类型,既有物质文明、精神文明、社会文明、政治文明和生态文明;还有农业文明、工业文明、商业文明等。随着人类社会的发展进步,还将出现新的文明形式。党的二十大报告就提出要创造、丰富和发展"人类文明新形态"。人类社会这一系列类型的文明都是人类活动的形态与成果。而幸福文明是人类文明系列中的一个重要组成部分,其他文明都是实现幸福文明的工具、途径与方式。之所以如此,是因为幸福文明是其他文明的终极目的。幸福是人类从事的经济、政治、文化教育等一切活动的"终极目的",这就是"幸福终极目的论"。它有着深远的思想根源和重要的实践价值。"幸福终极目的论"是由古希腊的柏拉图、亚里士多德等思想家创造性地提出来的,此后,历代思想家对它予以认同并多有论述。诸如亚里士多德就曾指出:"幸福是终极的和自足的,它是行为的目的。"[①]正因为幸福是人类所从事的一切活动的目的,因此,古希腊的经济学家、农学家色诺芬在他的《经济论　雅典的收入》中认定:人类幸福的源泉是农业。这是由于在色诺芬看来,农业是最能使劳动者及其家人快乐,并且最有利于他们身心健康的部门。为

---

① ［古希腊］亚里士多德:《尼各马科伦理学》,苗力田译,中国人民大学出版社,2003 年,第 19 页。

此,色诺芬极力主张自由民去从事农业生产劳动。可以说,色诺芬是一个典型的"农业主义者"。而这又是由于他是一个"农业幸福论者"。归根到底,由于色诺芬坚持和信奉"幸福终极目的论",就是说,由于色诺芬推崇"幸福终极目的论",因此它进而倡导人们重视最能给他们带来快乐幸福的农业生产。西方主流经济学的创始人亚当·斯密也是一个"幸福终极目的论"的倡导者和忠实的信奉者。斯密倡导和坚持"幸福理论观",把哲学、伦理学、政治学、经济学都看作是以幸福为其研究对象的学科,都是以研究人的幸福为目的。他曾尖锐地指出:"如果一个社会的绝大部分成员是贫穷而悲惨的,那么这个社会绝不可能繁荣和幸福。"[①]正因为如此,他的《道德情操论》一书系统地论述了什么是幸福,怎样才能获得幸福这个根本问题。斯密看重人的道德情操修养,这是由于他信奉"道德幸福观"。关于"幸福终极目的论",斯密在他的《国富论》中有着进一步的明确论述,在该书中强调指出:经济的发展,财富的增长,目的是"公众的幸福"。为此,他把英国农村城镇工商业的发展称为"幸福革命",就是以幸福为目的的革命。也正是由于斯密的经济学坚持"幸福终极目的论",从而使他偏爱北美工业发展模式。这是因为北美的工业发展模式是以农业为基础,从而属于"自然道路"的经济模式。与之相反,欧洲的工业发展模式是"非自然属性"的发展模式,是以解决扩张和殖民地贸易为导向,而不是以农业为基础,结果成为招致农业农村破败的工业化发展模式。幸福理论告知斯密,北美符合"自然道路"的发展模式才是幸福的发展模式,这是由于它合乎幸福的本质要求。对此,有学者中肯地分析说:通读《国富论》,我们不难感受到斯密向往的生活方式,其实始终笼罩在那种恬静的乡村气氛里。斯密强调指出,幸福的真谛在于保持内心的平和,而不在于物质财富的无限集聚和挥霍。难怪后来的一些研究者认为,斯密骨子里是"农耕时代"的经济学家,

---

① ［英］亚当·斯密:《国富论(上册)》,谢祖钧译,中华书局,2018年,第70页。

不是工业时代的经济学家。总之，斯密之所以推崇乡村生活方式和以农业为基础的工业发展模式，也是因为这二者有益于人们的身心健康，使人们得以保持内心的宁静平和。而这是决定幸福感的重要因素。这表明斯密虽然是一个经济学家，但他哲学家的身份却使他成为一个主观幸福论者；同时，由于他信奉"幸福终极目的论"，从而使他倡言并力主发展符合"自然道路"的生态经济，也是符合幸福要求的幸福经济。

哲学家们更是力主"幸福终极目的论"。如古希腊柏拉图正是依据幸福终极目的论而创造性提出"幸福国家"的构想。他在《理想国》一书中是这样规定国家的目标："我们建立这个国家的目标并不是为了某一个阶级的单独突出的幸福，而是为了全体公民的最大幸福。"[①]为此，柏拉图强调说："当前我认为我们的首要任务乃是铸造出一个幸福国家的模型来"[②]。柏拉图的老师苏格拉底被世人称为"探索幸福的人"。因为他认定，哲学就是关于生活的艺术，它的目的是告诉人们什么是真正的幸福。而柏拉图的学生亚里士多德这位被马克思称为"古代世界最伟大的思想家"的人，他把伦理学视为"幸福论"。由此可见，柏拉图及其老师和学生的政治哲学与经济哲学的目的就是广大民众的幸福，因而它们本质上是幸福理论，从属幸福学。近代的不少哲学家也倡导和信奉"幸福终极目的论"，如德国哲学家费尔巴哈就认定："因为生活（自然是无匮乏的生活、健康的和正常的生活）和幸福原来就是一个东西。一切的追求，至少一切健全的追求都是对于幸福的追求。"[③]同样，马克思主义哲学的创始人马克思和恩格斯也认同并坚持"幸福终极目的论"。马克思主义哲学的"幸福终极目的论"是建立在人的需要和本质基础上。恩格斯曾明确指出：

①② ［古希腊］柏拉图：《理想国》，郭斌和、张竹明译，商务印书馆，1986年，第133页。
③ ［德］费尔巴哈：《费尔巴哈哲学著作选集》，荣震华、李金山译，商务印书馆，1984年，第543页。

"追求幸福的欲望是人生下来就有的。"①马克思则在青少年时代便立志为广大人民群众的幸福而奋斗。为此,马克思、恩格斯在他们的著作中对于违背人的幸福目的,阻碍人们追求幸福的资本主义制度进行了全面而深刻的批判,并根据幸福的本质要求及其规律对未来社会进行了探索和构建。马克思主义所预言的未来社会,也就是社会主义、共产主义社会就是符合幸福要求,遵循幸福感提升和保持的规律的幸福社会。这就决定社会主义国家才是真正能给全体公民的"最大幸福"的"幸福国家的模型",当然它还需要在其生存发展的历史进程中进行改革,不断完善。

从以上论述来看,既然人类的政治、经济、文化、教育等一切活动的终极目的是"幸福",那么,肯定和信奉"幸福终极目的论",实际是自觉不自觉地把物质文明、精神文明、政治文明、社会文明、生态文明置于幸福文明的主导、统帅地位之下,要求这众多文明为幸福文明服务,成为它的工具、手段、途径与方式。我们据此可以把文明划分为"目的型文明"与"工具型文明",并进而提出"文明目的论"和"文明手段论"。幸福文明与"文明目的论"的提出和认定具有极其重大的价值。它不仅有助于正确认识各种文明在人类文明发展史上的地位与作用,其他文明与幸福文明的关系与联系;而且对文明危机的消除和21世纪人类文明的健康发展、当代幸福文明建设的途径与战略也有着重要的指导作用。

二、文明危机与幸福文明

人类社会发展到今天,某种意义上可以说是危机四伏。这诸多危机中最为世人关注的有生态危机、道德危机、政治危机、经济危机。这些危机影响面广、危害巨大,而且日益凸显,并难以消除。这些诸多危机,实质是文明危机。如生态危机是生态文明的危机,道德危机

---

① 《马克思恩格斯全集(第二十一卷)》,人民出版社,1995年,第331页。

是精神文明的危机,政治危机是政治文明的危机,经济危机则是物质文明的危机。这一系列文明危机表明诸多文明建设出了问题,存在不足之处,从而影响人类的生存发展和文明本身的建设。

　　上述诸多文明危机产生及加剧的主要原因,是由于"工具型文明"与"目的型文明"二者之间存在矛盾与对立。唯物辩证法认定:世间万事万物,对立统一是它们存在和运动的普遍规律。这就意味着"目的型文明"与"工具型文明"之间难免发生矛盾乃至对立,而这就有可能因此酿成危机。这是指如果"目的型文明"不能有力地主导和约束"工具型文明"的话,本应为"目的型文明"服务的"工具型文明"就可能发生异化,从而使二者之间的矛盾趋于激化,形成尖锐的对立。这方面具体表现为"工具型文明"自我生存扩展,不仅不为"目的型文明"服务,而且对"目的型文明"造成直接或者间接的危害。同时,一旦"工具型文明"不服从"目的型文明"的引导和约束,就将陷入盲目发展,其结果很有可能还会危及自身的生存。这样,就将使"目的型文明"与"工具型文明"都陷入危机。人类社会在近二三十年日益陷入上述危机之中,正是由于作为"目的"的幸福文明与其"工具"的生态文明、物质文明、精神文明、政治文明、经济文明之间的矛盾不断激化,而未能实现统一的结果。也就是由于作为"目的型文明"的幸福文明未能对其他的"工具型文明"进行必要的引导和约束,从而其他文明抛开幸福这个终极目的而盲目地自行发展、自我服务。例如,西方发达国家的经济危机,其根本原因是本来应当为劳动者的生活消费服务,以增进人们幸福感为目的生产,而他们背离了这个目的而盲目增长,致使人们的劳动成果成为与之相对立的异化之物。

　　之所以幸福文明未能对于原本是它的工具、手段的其他文明形式以应有的引导和有效约束,致使出现各种文明危机,从而严重影响人类文明的健康发展,直接或间接地对人们的身心健康乃至生命带来危害,一个重要原因是幸福文明建设滞后于农业文明、工业文明等诸多文明的发展,甚至于出现幸福文明缺位的情形。这方面又突出表现在人们没有搞清楚什么是幸福,怎样获得幸福这个基本问题。

由于人们对何谓幸福没有搞清楚,从而缺乏正确的幸福观,只把物质财富的占有与消费视为幸福,过分看重物质财富,甚至疯狂地追求物质财富,结果导致道德危机、健康危机、经济危机等一系列的危机发生。因此,要缓解和消除文明危机,让人类社会的各种文明得以健康发展,亟待在理论上确认幸福文明及其在人类文明体系中的主导地位,建立正确的幸福观;在实践上则要以幸福理论为指导进行亚当·斯密所说的"幸福革命"①,也就是幸福化改革,让人们一切活动的方针、计划和措施,他们的生产、生活、学习等活动方式符合幸福文明的要求,从而实行幸福化生产和生活。

由于幸福文明建设滞后引发众多文明危机,对人们的生产、生活造成了难以忍受的不良影响,促使人们对文明建设进行反思,由此在近些年拉开了幸福文明建设的序幕,加快了幸福文明建设的步伐。这首先表现为重视幸福文化的建设,开展幸福理论的深入研究。幸福文化是幸福文明建设的关键。这是因为幸福文明建设需要科学的幸福文化作指导。在这方面的突出成果是学者梁德淳创造性地提出要建立幸福学这门具有终极意义的新学科,他指出:"全球危机日益加剧,而幸福问题的研究却严重滞后,因此,幸福学的创建具有重大的现实意义和理论价值,它将有助于人类在理性认识幸福实质的基础上获取幸福。"②幸福学的创建者和信奉者强调提出:既然人类的经济、政治、文化教育等一切活动的终极目的是幸福,那么,对于这样一个事关全局的问题,毫无疑义要建立一门以它为研究对象的新的学科,而且它应当成为其他学科的"母学",对于经济学、政治学、教育学等社会科学有着引领、裁决的地位与作用。据此,有必要在社会科学领域进行一场"幸福革命",按照幸福的本质要求改造并丰富和完善

---

① 陈湘舸、王艺:《论经济学的"幸福革命"》,《经济理论与经济管理》2009 年第 11 期,第 32 - 36 页。
② 梁德淳:《幸福学:一门待建的具有终极意义的新学科》,《上饶师专学报》1999 年第 2 期,第 32 - 37 页。

经济学、政治学、教育学等社会科学,把已经蜕变为"不幸福的经济学"改造为"幸福的经济学",并要以幸福学为指导开展幸福政治学、幸福教育学的研究。①

其次,在建设幸福文化、开展幸福理论研究的同时,在社会实际生活领域拉开了"幸福转型"、幸福化改革的序幕。这又突出表现在党的十八大以来诸多决策和中心议题所确定的目的和任务是增进"民生幸福""为中国人民谋幸福"。尤其是党的十九大报告把"为中国人民谋幸福"作为党的"初心"和"使命"。据此把各项工作的出发点和落脚点定位于人民群众的幸福生活。这是自觉地坚持和实施"幸福终极目的论"。不言而喻,由此所进行的改革和发展、新的文化建设,就它们的实质来看即为幸福文明。

进一步回顾历史,以提高人民群众幸福感为目的而进行改革发展,我们国家各级政府早在 2005 年就提到议事日程上来了。在 2005 年全国"两会"上,幸福指数已成为大会代表新的重要议题。2006 年,胡锦涛首次提出要"关注人的生活质量、发展潜能和幸福指数"。此后,在有些地方政府的发展规划中已列出民众幸福指数的增长目标。尤其是 2010 年的政府工作报告明确地提出把"让人民生活得更加幸福、更有尊严"作为社会经济发展的目标。而 2011 年的北京"两会"及地方政府的"两会",无一例外把民众的幸福问题作为热点,都一致认定:任何发展都必须考虑它的最终目的,也就是人民群众的幸福问题。为此,必须破除对 GDP 的迷恋,把发展的重点放在让它的成果惠及民生、提高广大群众的幸福感上。由此可见,重新审视中国的发展模式,经济发展要注重经济社会全面和谐发展,这一切的实质是进行幸福转型,也就是由"速度中国"向"幸福中国"转型。

为了实现发展模式的幸福转型,建设幸福中国,广东率先提出建设"幸福广东"这个新的发展目标。与此同时广东的湛江、浙江的温

---

① 陈湘舸、王艺:《论经济学的"幸福革命"》,《经济理论与经济管理》2009 年第 11 期,第 32 - 36 页。

州则率先提出建设幸福城市目标。而如今,全国已有一大批省市加入创建幸福省、市的行列。不仅如此,还有一大批企业、乡镇已经进入了幸福企业、幸福乡镇行列。这一切表明,我们国家的幸福文明建设有了长足的发展,它必定对由于它的缺位、发展滞后于其他文明形式所形成的文明危机发挥或大或小的消解作用。

三、幸福文明与生态文明

工业文明发展到今天,它的继起者是什么文明形式,这个问题对于幸福文明主导地位的确认及其建设,有着十分重要的意义。因此,对于这个问题有必要加以阐述,给予正确解答。在 20 世纪中叶,由于欧美发达国家的生态失衡日益严重,自然环境灾难给人们生活与生产造成严重危害,使具有人文关怀良知的学者自觉地进行反思,并且严厉批判曾经给人类社会带来巨大进步和空前丰裕的物质财富的工业文明。在西方学术界,这方面的代表先有保罗·伯翰南在 1971 年出版了《超越文明》一书,后有罗伊·莫里森在 1995 年出版了《生态民主》一书。顾名思义,《超越文明》一书提倡人类要超越工业文明。作者预言将在工业文明之后出现"后文明","后文明"是"后现代"性质的文明,正是遵循这一思路和提问,《生态文明》的作者将继工业文明之后的"后文明"定义为"生态文明"。在我国,叶谦吉最早论及并阐释了生态文明。他对生态文明作出了这一堪称经典的规定:"生态文明是人类既获利于自然,又还利于自然,在改造自然的同时又保护自然,人与自然之间保持和谐统一的关系。"[①]之后,学界围绕生态文明的概念与内涵进行了全面且深入的探讨,除了上述的"和谐关系说"之外,还有"措施说""途径说""社会说""理念说""阶段说"。其中的"阶段说"值得格外关注,因为它直接涉及对幸福文明及其地位与作用的评价。

---

① 转引自陈洪波、潘家华:《我国生态文明建设理论与实践进展》,《中国地质大学学报(社会科学版)》2012 年第 5 期,第 14 页。

　　生态文明"阶段说"认定：生态文明是人类文明历经原始文明、农业文明和工业文明三个文明阶段之后，在对工业文明反思的基础上迈进的一个发展新阶段。不难看出，"阶段说"认同和传承了《生态民主》的基本观点，这种观点影响很大，致使肯定和倡导幸福文明者也断言工业文明之后的继起文明是生态文明，或者说是"绿色文明"。如，有这样一种预言：在人类第四次浪潮，也就是在生态文明之后，即将到来的第五次浪潮将是"幸福文明"。①这个预言虽然肯定了幸福文明，但把它作为生态文明的后继者。

　　对于"阶段说"以及认定幸福文明是生态文明、绿色文明的继承者，也就是幸福文明"第五次浪潮说"有必要加以讨论，因为它们有以下几点值得质疑：

　　1. 把幸福文明视为生态文明的继起者，把生态文明定位于工业文明的后继者，这混淆了这些文明的性质。生态文明属于工具型文明，而幸福文明属于目的型文明。因此，二者不能是传承替代关系。关于农业文明、工业文明同生态文明的性质差异在于：前者是产业性文明，后者是环境性文明；农业文明、工业文明同幸福文明的差别则在于：前者是"工具型文明"，而后者是"目的型文明"。

　　把生态文明及幸福文明视为工业文明的继起文明形式势必带来不良后果，妨碍我们正确地认识和发展工业文明之后新的产业文明形式，也不利于确认和发挥幸福文明的终极目的的地位及对其他文明的主导、约束机制的创建，从而不利于发挥它的应有作用。归根到底，生态文明"阶段说"和幸福文明"第五次浪潮说"不利于生态文明和幸福文明各自任务与目的的实现。

　　从生态文明"阶段说"来看，它的提出和倡导者目的是用它来消除工业文明发展到今天所产生的严重的生态危机，重新实现生态平衡。但是，生态文明独自担负不起消除生态危机的重任。的确，在生

――――――――――
① 卢俊卿：《幸福文化是企业文化的制高点》，《浙江经济》2012 年第 19 期，第 34 - 35 页。

态危机日益严重,生态失衡已经给人们身心健康,也给物质生产造成严重危害的今天,亟有必要关注和加强生态文明建设。但是,从人类生存发展的需要来看,我们在关注生态危机的同时,还要关注工业文明所带来的其他危机。因为同生态危机一样,其他危机对人类的生活生产也造成了不容忽视的危害。而要解决这些危机,仅仅靠生态文明建设是不行的。因此,如果不能正确认识和揭示人类文明的发展规律,从而不能把生态文明摆在适当的位置,妥当处理与其他文明形式的关系,既不利于生态危机的消除,也不利于其他危机的缓解。而生态文明"阶段说"以及"第五次浪潮说"都未能把生态文明置于整个人类文明系统恰当的位置,过分抬高了它的地位,夸大了它的作用。

2. 从马斯洛的需求理论得知:人类文明形式发展更替的根本原因及其动力是人的需要、欲望。而人的需要的性质、内容、类型,是随着社会、经济、文化的发展变化而变化的。这就意味着,人类文明形式的形成发展是一个不断变化的过程,不断有新的文明形式登上人类文明史的舞台;而已有的文明形式的内容、特征也将不断发展、丰富,其中有些会消亡而退出文明建设历史的舞台。这已经被迄今为止的文明发展史所证实。如传统的古代农业文明已经变为现代的机械化农业文明,有机农业已经变为无机农业的现代农业文明。工业文明的发展历史也一样,已由手工业、非机械化生产发展提升为工厂化、机械化、自动化生产,从而发展为现代工业文明。总之,古代的原始文明已经消亡,已被现代文明所取代。

从人类文明形式发展的一般规律来看,工业文明发展到今天,作为继起者的新的文明形式势必出现多元化特征,而不再是文明形式的单一发展。迄今为止的文明形式基本是单线发展,即农业文明取代原始文明,又被工业文明所取代。但今天的文明形成发展的条件及其动力,决定新的文明形式将变此前的单一为多元。具体来说,在工业文明的基础上,首先是幸福文明凸显出来,其次是生态文明和文娱文明应运而生。

这三大文明凸显和产生的原因，主要是随着社会、经济、文化的迅猛发展，人们追求快乐幸福的欲望空前强烈，工作、学习等行为的幸福目的空前明确，为此形成的追求幸福的潮流正在自觉地推动中国及整个世界朝着幸福社会、幸福世界的目标迅猛前进。但是，放眼当今世界，现代工业文明在为人类生产出日益丰裕的物质财富，培育出人们极其强烈的幸福愿望的同时，却又在人类追求幸福目标的道路上设置了重重障碍，它们严重影响了人类幸福感的提升及保持，以至于出现西方学者们所说的"幸福悖论"，即人类进行生产劳动的目的是增进幸福，但其结果并非如此，人们的幸福感并没有随着经济增长而相应提升，甚至出现不升反降的现象，致使"丰裕社会"出现"幸福贫困"，使人们成为财产的富人、幸福的穷人，人类面临幸福危机。尤其在2008年席卷发达国家的金融危机中，"痛苦指数"飙升，幸福指数急剧下降，以至于发达国家的经济成为"幸福短缺经济"，或者如提勃尔·西托夫斯基所说的"无快乐的经济"，也就是不幸福的经济。不幸福的经济的出现，意味着今日的物质文明、工业文明已成为不幸福的文明。

这样，人们日益强烈的幸福愿望与幸福短缺、"幸福悖论"之间的矛盾，成了现代工业文明最主要的问题。这个问题能否解决，它直接关系着工业文明在21世纪的前途与命运，也关系着以现代工业文明为其物质基础的社会和国家的前途与"合法性"。因为这个矛盾如果不能解决，任其不断激化的话，现代工业文明的价值在哪里？它存在的合理性也就不复存在了，并且失去了继续发展的动力，它迫使人类去探索新的幸福之路。

当年，为了解决农业文明条件下人类的幸福欲望与物质短缺之间的矛盾，工业文明应运而生。今天，为了解决工业文明条件下人类的幸福欲望与幸福短缺、"幸福悖论"之间的矛盾，必须高度重视和大力进行幸福文明建设。这是由于只有幸福文明才能有效地缓和并可望化解这个矛盾,化解人类在今天所面临的幸福危机,消除"幸福悖论"。这是由于在工业文明下的"丰裕社会"中出现"幸福贫困",其重要原因之一是工业文明高度发达而幸福文明建设滞后,从而使得幸福文明未能给予工业文明必不可少的引导和约束。这样一来,工业文明就难免偏离幸福目的而陷入自我服务、为生产而生产、为增长而增长这种盲目发展的歧途。这种盲目发展给人类带来的很可能是痛苦而不是幸福。具体来说,由于不是按照幸福的要求而盲目发展,不恰当地扩大生产规模,势必或迟或早会出现生态危机,工业"三废"污染超过自然的自净能力,从而使得人类生产生活的环境遭到严重的破坏。而幸福学认定:良好的生态、优美的环境是人们幸福感提升的重要因素。因此,如果生态失衡,环境恶化,势必导致幸福感下降,甚至无幸福感可言。

因此,为了应对现代工业文明所引发的幸福短缺、幸福危机,极有必要加速幸福文明建设,改变长期以来幸福文明建设滞后,乃至幸福文明缺位的不良状态,让幸福文明占据人类文明形态体系的主导地位,充分发挥它对人类文明建设的引导和约束作用,从而使各种文明形态得以按照幸福的本质要求和增长规律进行谋划和建设,以便有效地防止文明建设偏离幸福这个人类一切活动应为之服务的终极目的。

在加强幸福文明建设的同时,有必要加强生态文明和文娱文明这两种新型文明的建设。因为它们对于进一步发挥幸福文明的引领作用,强化幸福文明的主导地位,有着十分重要的价值。从生态文明来说,上面已指出,良好的生态、优美的自然环境,是提高和保持人们幸福感的重要因素之一,因此,加强生态文明建设,有助于幸福文明建设。而这就决定:进行生态文明建设,是幸福文明建设题中应有之义,也可以说是它的一个重要组成部分与战略举措。从这个意义上说,生态文明就是幸福文明。但是生态文明建设的健康发展,需要幸福文明的指导,并从幸福文明建设中获得动力。这就意味着,只有在幸福文明建设的进程中，或者在发达的幸福文明条件下，才能搞好生态文明建设。至于文娱文明，它与幸福文明同样有着密切的关系和联系，对于幸福文明有着极其重大的促进作用。这是由于正如《无快乐的经济：人类获得满足的心理学》一书所指出的那样：在工业文明、工业化高度发达的条件下，物质财富的占有与享用给予人们快乐幸福的作用变得极其有限，并且正在不断减少。①经济学家正是据此把当今发达的经济批评为"无快乐的经济"。我们由此可以断言：当代工业文明已成为"无快乐的工业文明"。《无快乐的经济：人类获得满足的心理学》一书的作者得出这个结论的依据是：作为快乐幸福来源的"新奇性刺激"，物质产品所提供的是有限的。这是由于一方面，在市场经济条件下，由于规模效益及生产技术的迅速快捷，一种新产品很快便会在较大范围内得到普及。这样一来，它给予人们的"新奇性刺激"便会减弱乃至消失。另一方面，由于情感适应作用在物质生活领域得以充分发挥，这使得包括只有少数人才能享用的包括奢侈品在内的物质产品的新奇性刺激易于减弱和丧失。但是，属于文娱文明，即文化娱乐文明成果的文学艺术作品的本质是创新，并且各具特点，尤其是优秀的文学艺术作品内涵丰富、旨趣盎然，使人常读常新；同时，优秀的文学艺术作品给予读者的新奇性刺激不容易受情感适应和社会比较的影响而降低。上面这些分析无疑是中肯的，它们为"幸福悖论"现象产生的原因提供了有价值的答案。

　　为了给予人们新的幸福源泉，并且是永不衰减枯竭的幸福源泉，《无快乐的经济：人类获得满足的心理学》的作者把眼光转向文化艺术领域，把文学艺术作品及其活动视为新的可靠的快乐幸福源泉，为此倡言要对人们进行博雅教育即文学艺术的教育，以提高他们的文学艺术修养，使之成为新型的"文化人"，即具有从文化艺术娱乐领域获取幸福能力的有文学艺术修养的人。

---

① ［美］提勃尔·西托夫斯基：《无快乐的经济：人类获得满足的心理学》，高永平译，中国人民大学出版社，2008年。

如果按照《无快乐的经济:人类获得满足的心理学》一书作者所设想的那样,在工业文明之后把文学艺术娱乐领域确定为新的幸福源泉,让人们因此而成为新型的"文化人",那么大力发展文学艺术娱乐产业,重视和加强文娱文明建设,也就势在必行。近些年,国内外文娱产业成为朝阳产业之一,甚至成为一些国家的支柱产业,或者即将成为支柱产业这个事实也证明了这点。文学娱乐活动给人们带来物质资料消费所不能给予的新的快乐幸福,更是证明了文娱文明是新的幸福性质的文明。当然,文娱文明也需要幸福文明的引领和约束,只有在幸福之道和幸福之术的指引下,才能防止和尽可能减少"文化垃圾"的出现,使人们具有良好的文化审美观和审美能力,从而能够从文学艺术娱乐生活中获得高雅的享受,得到真、善、美的熏陶,由此获得更多并且持久的快乐幸福,由"文化人"变为"幸福人"。

四、结论与建议

人类文明形态的发展具有规律性,文明形态是不断变化的,但它是由人类生存发展的需要,由人的欲望与追求决定的。而人的需要、欲望和追求,又是由人类自身和社会经济状态决定的。因此,人类文明形态的发展变化具有规律性。为此要求依据人类不同历史时期所处社会经济状态去揭示和确认人类文明形态的发展规律。

"幸福终极目的论"中肯地指出:人类的经济、政治、文化教育等一切活动的终极目的是幸福。这是由于人类在不同历史时期的各种社会经济状态中所产生的不同需要、欲望与追求,归根到底是为了获得快乐幸福。而这是因为享受快乐幸福是人类的本质要求,是人的天性。因此可以说,人类的文明史就是一部谋求和享受幸福快乐的历史。而这就意味着,文明形态的发展变换、改造更新是由人的幸福需求决定的。由此决定不仅存在幸福文明,而且它是人类文明体系中的主导、统帅和约束者。

幸福的性质、特征、内容、形式是由人类在一定的社会经济条件下所形成的特定的幸福意愿决定的,这就要求根据不同历史时期人们的幸福意愿预见、探索和确认文明形态,由此把握一定历史时期文明形态发展变化的趋势。人类幸福的内在要求决定,在 21 世纪,人类文明形态的发展将出现新的特征,由过去农业文明承接原始文明,工业文明承接农业文明这种单线发展变为多元发展、多元承接。这是由于工业文明发展到今天,已出现日益凸显的"幸福悖论",乃至幸福危机,致使丰裕社会出现"幸福短缺""幸福贫困"的不正常现象。这使得在发达工业文明中的人类所具有的日益强烈的幸福意愿同丰裕社会中的"幸福短缺""幸福贫困"之间的矛盾日趋尖锐。为了缓解消除这个矛盾,较好地满足人类的幸福意愿,实现人们的幸福目标,极有必要进行幸福文明建设,并且以它为统帅进行生态文明建设和文娱文明建设。这是由于生态文明和文娱文明是新的历史时期极为重要的幸福源泉,是消除"幸福悖论"不可或缺的重要条件,二者对于幸福文明建设有着极为重要的促进作用。

　　21 世纪,人类面临生态危机、道德危机,为此更加需要加强幸福文明对其他文明形态的引领和制约作用,使它们不会背离幸福这个人类活动的终极目的,从而得以健康、持续的发展。文娱文明是产业文明,它是同为产业文明的工业文明的后继者。至于生态文明,正如一些学者所认定的那样,它是继物质文明、精神文明、政治文明之后的第四种文明。这四大文明一起支撑起和谐社会的大厦,也就是幸福社会大厦。而物质文明、生态文明只有在幸福文明的指导下,才能在建设过程中不会误入歧途,不走弯路,避免失误。这是由于幸福文明中的幸福文化、幸福理论全面认识、把握决定影响幸福的诸因素,从而让人们得以正确评价物质文明、生态文明对于幸福感提升的作用。基于这种认识,人们在物质文明、生态文明建设中,就将进行科学的决策和行动,不会犯片面性的错误。这就要求 21 世纪在人类文明建设中以幸福文明为统帅,依据幸福文明建设的终极目的所决定的总目标进行物质文明、生态文明等其他文明的建设。唯有如此,人类社会才能走上健康发展之路。

为了尽快改变幸福文明滞后甚至缺位的现象,在理论上要重视幸福文明的研究,为此应确认和完善幸福学这门具有终极意义的学科,发挥它在社会科学中的指导作用;在实践上则要充分发挥幸福文明的引领与约束作用,为此一方面按照幸福的要求对于社会、经济、文化体制进行幸福化改革,对于生产、生活方式和发展模式进行"幸福转型"。这包括建设幸福城市、幸福乡村、幸福企业;发展幸福经济、幸福政治和幸福教育。它们是加强幸福文明建设的重要举措;另一方面,自觉地加强生态文明和文娱文明这两个新型文明形态的建设,为幸福文明建设助力,充分发挥二者对于消除"幸福悖论"、化解幸福危机的作用。"美丽中国"就其实质来说是幸福中国,"中国梦"是幸福中国之梦,归根到底是实现中华民族千百年来对于美好幸福生活的理想追求。为此要大力开展幸福文明建设。发达的幸福文明建成之日,就是美丽中国、和谐社会建成、中国梦实现之时。

第三节　自觉社会

21世纪,人类社会将完成由现在的"盲目社会"进入"自觉社会"这一巨大的历史性转折。发生这一重大转折的根本原因是经济、政治和文化发展的盲目性与人类自身健康并持续发展要求之间的矛盾日趋激烈,从而导致人类社会将发生整体性的革命。就是说,自觉社会是整体性革命的结果。通过对有关自觉社会产生的原因、创建的途径与方式、发展的阶段性、主要类型及其历史作用等问题进行初步探析,试图为自觉社会的建立构建一个理论框架。

一、问题的提出

自觉性问题已成为当今人类社会一个生死攸关的问题。世界各国的学者在各自的领域展开对于人类经济、社会活动自觉性问题的研究,旨在减少盲目性,增强自觉性。日本学者岸根卓郎郑重指出,当今世界,尤其是西方国家由于盲目扩大生产规模、实行高消费而使自然环境遭到严重的破坏,致使出现了威胁人类生存和可持续发展的"生态危机"。他还进一步强调说,对人类与自然关系的认识和处理上的这种盲目性由来已久。主要是西方倡言与自然对抗的"二元论"①。基督教从"万有在神论"立场出发,允许人类支配自然。突出表现在《创世记》第三章第十九节竟毫无顾忌地说:"出生吧!增加吧!满足吧!统治地球上所有的生物吧!"不言而喻,这就必然使人类在认识和行动上陷入盲目性,结果导致生态危机的出现。总之,西方国家在这种具有浓厚的盲目性的宗教观的误导下,必然使自然环境遭到难以预料的严重破坏。②而欧美学者更加尖锐地批评说,在发达的工业化、市场化社会,人们的生产与消费已深陷于盲目性之中。生活消费应当由人们的感觉需求与审美旨趣起支配作用,原本是一种有意义的、创造性的和人性化的体验过程,消费者从中能够得到一种享受性的满足。但是,正如弗洛姆所指出的那样,现代西方人实行最大限度的消费原则,拥有与享用最多最好的物品成了生活宗旨,消费在偏离人的真正需要的过程中,已异化为工业生产获取更多利润而外在地强加于人的需要。这样一来,由于人们狂热的占有和消费,结果沦落为无目的的"消费机器"。这种疯狂的占有和消费,不仅会损害人的身心,使消费者百病缠身,并且失去人性,丧失道德和正确的人生观与价值观。

总之,在社会生产力迅猛增长的新的历史条件下,人类思维活动和经济活动的盲目性,将有可能在身体与精神两个方面致使人类灭亡。而这就决定了资本主义及整个人类社会的出路只能是设法走出盲目性的泥沼,早日到达自觉性的彼岸。为此,首先,要变革思想观

---

①② [日]岸根卓郎:《环境论——人类最终的选择》,何鉴译,南京大学出版社,1999年,第5-6页。

念。这是因为"正是对人与自然、人与社会、人与人相互关系的盲目理解，才导致了今日的严重困境"①。所以，人类必须进行严肃深刻的自我反省与检讨。"只有彻底破除那些导致盲目行动的盲目文化观念，树立起自觉而合理的绿色文化观念，才能为消除危机提供正确的观念导引。"②其次，要改变现有的经济、社会活动的方式与战略。人类为了实现某种目标，需要采取有效的活动方式与战略。但是，从历史经验来看，人类活动的方式与战略往往具有不同程度的盲目性，从而带来了不良的后果。例如，众所周知，西方国家在很长一个时期里，在社会发展的方式与战略上，选择了以发展生产、增长经济、积累财富为至高无上的目的，以经济价值为最高价值的这种主导性活动方式与战略。由于这种具有片面性的活动方式与战略缺乏科学的统一计划和应有的协调措施，因而，虽然使西方国家的经济迅速发展、物质日渐丰裕，但是却使贫富差距不断增大，导致社会矛盾日益激化；并且产生了严重的生态危机与道德危机，失去了精神家园，致使西方社会成为危机四伏的社会。由此可见，西方国家的主导性活动方式和战略具有盲目性。而这又来自它们只是片面地看重某个方面的重要性而忽视了其他方面的价值。当然，还可以说，这种盲目性在一定程度上来自主导性活动方式与战略缺乏前瞻性，不能预见人类活动与战略可能带来积极与消极的后果。人类对于自己的活动，尤其是经济活动，必须正确地预见它将产生的各种结果，否则就可能是盲目的活动。这种具有片面性、缺乏前瞻性的盲目活动所产生的消极影响与不良后果，往往在很大程度上抵消了它的积极影响和作用。尤其是当社会发展到机械化、工业化时期，特别是知识经济时期，人类改造自然、进行物质生产的能力空前地提高了。在这种情况下，盲目行动所带来的负面影响、对人类自身的危害也就空前增大，不仅抵消了它们的积极作用，而且很可能会对行动主体遭遇毁灭性的灾难。

---

①② 郝永平、冯鹏志：《地球告急：挑战人类面临的 25 种危机》，当代世界出版社，1998 年，第 53 页。

这种情况无疑要求人们尽可能克服一切活动中的盲目性，增加自觉性。而这就要求我们创建自觉性社会。

不言而喻，人类社会最理想的状态就是经济、政治和文化领域的一切活动具有高度的自觉性，最大限度地消除盲目性。当前，资本主义国家的社会经济、文化发展中存在比较严重的盲目性，这自不待言。社会主义国家建设的经验表明，在建设社会主义的方式与战略上也存在一定的盲目性。正是这种盲目性对社会主义国家建设造成了严重的影响，乃至致命的后果。所以，社会主义国家也需要由盲目阶段转变为自觉阶段。因此，如果从自觉性角度来看，社会主义国家和资本主义国家近二三十年所进行的改革，都可以称为"自觉性"改革。因为他们改革的内容与任务，主要是为了克服文化观念、制度安排和行动方式等方面的盲目性，力求达到自觉境界，从而使自己得以健康、持续地发展。邓小平多次强调说，对于什么是社会主义，怎么建设社会主义这个问题，我们并没有真正搞清楚。他还多次指出，我们过去违反了经济规律的要求。这就意味着，对于社会主义的认识与建设，存在严重的盲目性。党的十七大报告强调指出要以科学发展观为指导，全面建设小康社会，让中国社会经济和谐持续发展，这是克服盲目性，增加自觉性的重要举措。全面建设小康社会与和谐社会，从自觉性角度来看，正是属于自觉社会。因此可以说，我们国家进行改革，实质就是为了消除社会主义制度安排和建设方式上的盲目性，从而把社会主义社会推进到自觉阶段。

总之，在目前这种盲目性日益严重，但也呈现出一缕自觉性曙光的形势下，从自觉性角度来认识和看待人类社会，无疑有着重要的理论与实践意义。

二、自觉社会与整体革命

20 世纪末，由于知识经济的发展，人类的生产能力大大提升，这使得经济活动的盲目性给人类带来的危害也空前增大，从而使人类的经济、社会、文化活动与其预想的结果之间的矛盾，也就是手段与目的间的矛盾日益尖锐。这就决定以自觉社会为目标的新的社会变革，或者说社会革命的时机已经到来，并且必不可免。但是，这种以自觉社会为目标的革命，即自觉社会革命的性质、内容与具体形式、途径，同人类历史上过去的革命有着明显的区别。

自觉社会革命是"整体革命"。这是与其他革命的一个显著的不同点。所谓"整体革命"，是指社会的各个阶层、集团无一例外都参加的革命。自觉社会革命之所以属于整体革命，是因为在一定的历史条件下，包括原本是革命对象在内的整个社会的一切阶层与集团都具有不同程度变革社会现状、创建新的生产和生活方式的意愿与要求，有着共同的奋斗目标。而以知识经济为基础的信息社会，就具备这种特定的历史条件。这是由于在知识经济时代，人类受"科学万能论"、物质主义、消费主义以及极端自由主义等盲目文化的误导，而在经济、政治、文化、教育等领域所进行的盲目性决策和行动引发了生态危机、经济危机、信仰危机、道德危机、幸福危机等一系列危机。而这些危机都属于整体性危机。整体性危机是指不只是给一部分社会成员、某些阶层和集团造成不堪忍受的痛苦和灾难，而且危及全体社会成员，给一切阶层和集团，给整个人类带来灾难。既然人们的思想和行动的盲目性所产生的这种整体性危机使全体社会成员、一切阶层、集团都无一例外面临困境，这就决定，人们都会进行深刻的反思，从而团结合作，一起参与社会变革，清除文化思想和行动中的盲目性，以消除共同面临的各种危机，创建一个新的自觉社会。所以说，进行自觉社会革命，建设自觉社会，或者说向自觉社会方向前进，这是当代世界所有国家和地区的一切阶层、集团的共同愿望。

但是，任何社会变革，或者说社会革命要想得以顺利地进行，并取得预想的结果，必须选择适宜的形式，也就是选择和制定切实可行而又有效的革命道路、方式和战略。人类社会在今天这种发达的经济、文化条件下，选择正确的革命形式与方式，尤为重要。而正确的革命形式与方式,必须适应形势,并能因势利导,最大限度地调动一切积极因素,化消极因素为积极因素,以此增强革命的力量,减少革命的阻力。因此,创建自觉社会,进行整体革命,关键是要探索和选择适宜的形式。对于这个问题的探索,西方的学者已取得了重大的成果。这主要是指他们把企业社会责任运动作为新的历史时期进行整体革命,也就是自觉社会革命的主要方式。这又是因为企业社会责任运动正是以清除社会生活中的盲目性,把资本主义推进到新的自觉资本主义时代为目的的。美国学者 W.E.哈拉尔在他的代表作《新资本主义》一书中指出,企业社会责任运动将有可能逐渐地把传统的旧资本主义推进到"新资本主义"。①美国的另一位学者和社会活动家大卫·施沃伦则把企业社会责任运动等同于"自觉资本主义"。他是认定通过开展企业社会责任运动,将使资本主义由现在的盲目时代进入自觉时代。

　　W.E.哈拉尔和大卫·施沃伦之所以把企业社会责任运动作为新的历史条件下进行社会革命、创建新的自觉社会的整体革命的具体形式,首先,因为企业社会责任运动具有革命的性质。在一般人看来,企业社会责任运动只不过是企业家做些扶危济困的好事,多给员工一些福利而已。但是,哈拉尔和施沃伦却指出并认定这种新的企业运动具有革命性质,认定他具有改造社会的功能。例如,哈拉尔就曾深刻而明确地指出:当企业参与社会责任运动,使得"在为人民需要服务的企业基础上向真正的人类社会转变是如此深刻,所以是革命性的"。因此,它可能是"彻底实现'第一次美国革命'初始目标的'第二次美国革命'"。②施沃伦则借用他人的话指出:"我们正经历一场新的强有力的技术革命。这场革命预示着一种历史上前所未有的巨大转变。"③而在他看来,这场历史上的"巨大转变",也就是社会革

---

①② ［美］W.E.哈拉尔:《新资本主义》,冯韵文、黄育馥等译,社会科学文献出版社,1999 年,第 463 页。
③ ［美］大卫·施沃伦:《财富准则——自觉资本主义时代的企业模式》,王治河译,社会科学文献出版社,2001 年,第 167 页。

命,正是依靠广泛深入地开展企业社会责任运动完成的。

但是,不能笼统地讲企业社会责任运动能够导致社会发生"巨大转变",具有革命本质。实际上,只有企业社会责任运动的高级阶段才具有革命的本质。企业社会责任运动的低级阶段,革命特征并不明显,准确地说还不具备革命的本质。因为在这个阶段,企业所担负的社会责任主要是对股东负责,此外做一些关爱弱小的好事。只有当它发展到高级阶段之后,旨在清除人类社会中的盲目文化和盲目活动,创建自觉文化及在其指导下进行自觉活动,从而把人类社会由盲目状态引向自觉状态,把市场经济推进到自觉时代时才具有革命的性质。

其次,因为企业社会责任运动切实可行而又富有成效。这是由于:

1. 企业社会责任运动能够得到各个阶层和社会集团的支持。这是因为企业社会责任运动倡导并要求企业尽可能承担社会责任。这不仅对社会有利,对企业自身也有利。这已为大量的事实反复证明,因此已被日益增多的企业家所认同。企业社会责任运动之所以也有利于企业自身的健康发展,这是由于企业社会责任运动实质上是一种"自觉运动"。也就是上面所说的,是清除企业的盲目文化和盲目活动的运动。显然,这对于企业自身的生存发展必定有着积极作用。例如,企业社会责任运动清除人与自然关系认识上的盲目性,按照自然规律的要求自觉地处理人与自然的关系,从而有利于保护和改善自然环境。显然,这有利于企业持续发展;又如,企业社会责任运动还清除了企业与社会、企业与员工、企业与利润等关系上的盲目性,增加了自觉性。这一切不仅对社会有利,对企业本身更为有利。企业社会责任运动这种两全其美、二者兼顾的品格与功能,不仅能调动一切积极因素,而且能化消极因素为积极因素。它作为社会革命具有整体性,能够使包括与企业有关的一切阶层、社会集团都支持并且参与其中,从而可以最大限度地排除这场运动的阻力,增强推动这场运动的力量。

2. 市场经济条件下的社会变革必须以企业为主体。在西方发达国家,要解决好"共同体"的问题,"企业界是社会中最有条件承担这一重要角色的部分"。[①]原因是,"在今后的若干年中,企业界将是最有效率的。这意味着真正的变化将从这里发生。企业有知识、资金、关系和技术领导社会奔向新的未来"[②]。的确,在目前这种经济、社会、文化条件下,"真正的变化",即社会变革,只能从企业这里发生。这不仅是因为"企业有知识、资金、关系和技术",从而有物质条件"领导社会奔向新的未来",而且如上面所指出的那样,为了自身健康地生存发展,企业也需要进行变革;同时,由于经济是整个社会的基础,决定和影响着上层建筑,因此企业的变革将会引起整个社会的变革。此外,在未来的社会中,市场经济将会继续存在。这也就决定了必须进行以企业为主体的革命。因为这种以企业为主体的革命无疑有助于切实地按照企业发展规律的要求进行改革,从而使新的文化思想与制度安排有利于企业在市场经济条件下健康持续地生存发展,并且,也使社会其他非经济领域得以健康地发展。

3. 企业社会责任运动是属于渐进式变革,或者说渐进式革命。上面已提到,企业社会责任运动分为低级阶段和高级阶段,是逐渐深化的。而且,即使在高级阶段,进行的方式也是渐进式,而不是急剧式的。总之,企业社会责任运动这种渐进式革命是逐步把企业主和利益相关者阶层、集团引上革命的道路,是通过少数先进企业示范,逐步地扩展到全部企业。这又是由于企业是自主经营和决策的经济主体,因此由他来发动、组织和实行社会变革,不可能像其他的社会革命那样,是暴风骤雨式地搞"一风吹"。实际上,在新的历史条件下已不存在过去那种暴风骤雨式的革命条件了。在今天这种经济、社

---

① [美]大卫·施沃伦:《财富准则——自觉资本主义时代的企业模式》,王治河译,社会科学文献出版社,2001年,第110页。

② 同上,第111页。

会、文化条件下,社会变革只能是渐进式的。这是由于不仅在今日的发达国家和地区,由于社会生产力的迅猛发展,物质已日益丰裕,使各个阶层、社会集团已过上比较富裕的生活,而且在大多数发展中国家和地区,由于生活水平逐步提高,各个阶层、社会集团也基本上解决了生存问题。因此,今天人类社会的主要问题是环境、信仰、道德方面的危机。显然,解决这些问题适宜的社会变革形式由急剧式变为渐进式,以及由非整体性变为整体性。这是革命活动本身的一个历史性进步,提高到一个新的发展阶段,趋于完善和成熟。革命作为一种社会活动与现象,必定像其他社会活动与现象一样,也是随着社会的进步,随着经济、政治和文化生活的发展而变化的。因此,这就要求我们以发展的眼光看待、选择和评价革命的方式和特征。这样,我们也就不难理解,为什么说企业社会责任运动是今天这种新的社会条件下切实可行而又有效的革命形式,在人类社会的革命史上有着十分重要的地位与作用。可以说,只有充分认识了企业社会责任运动的革命本质与作用,才可以说真正认识和把握了今天和未来的社会革命及其发展趋势。马尔库塞、赵永植等人虽然也倡导并力求改造现存的社会,重建人类社会,而且要建设"真正的人类社会",但是,由于他们没有认识和把握企业社会责任运动的革命本质,因而,找不到有效地实现社会变革、创建新社会的革命形式与途径。

实践是检验真理的唯一标准。目前,企业社会责任运动虽然总的来说,还处于低级阶段,只有在少数发达国家和地区进入了高级阶段,但是,它已经使资本主义国家的一部分企业发生了一定程度的根本性变化。这些变化涉及企业宗旨、发展目标、价值观念、产权制度和管理思想与方法等众多方面。资本主义企业的新旧模式的诸多变化具有革命的性质,是资本主义企业乃至整个资本主义社会的一个巨大转变。目前,加入企业社会责任运动,从而不同程度发生了上述革命性变化的企业,在欧美发达国家日益增多。

　　这些改革运动影响到我们国家的企业界，尤其是私营企业。2003年北京的"两会"出现这样一个新的动向：在以前的"两会"上，非公有制经济人士一般只是呼吁在外部环境上为私营企业创建良好的条件；而在这次"两会"上，相当一部分提案讲的是私营企业应当承担起社会责任。一些企业家代表发言，专门谈论企业怎样增强社会责任感；有的企业家还明确指出："当社会企业家"，为造福社会办企业。为此，私营企业及其他企业还成立了"光彩事业促进会"。该会旨在引导更多的企业投入企业社会责任运动。这一切表明，我们国家的企业社会责任运动已初步形成，并将出现高潮。而这对于我国私营企业的健康发展，国家的长治久安；同时，对于经济、社会的发展减少盲目性、增强自觉性无疑有着重大意义。

三、自觉社会与"环境时代"

　　为了进一步深入认识自觉社会的历史必然性及其地位，还有必要分析人类社会目前所处时代和共产主义社会具有的自觉性特征。20世纪末，美国权威刊物《外交政策》邀请了一批在世界上最具挑战性的思想家分析现状，展望未来，认定人类社会已进入了新时代；并预见人类社会将通向何处，以及再给后冷战世界一个合适的命名。其中哈佛大学爱德华·威尔逊（Edward Wilson）教授就撰文指出，在即将过去的这个世纪，由于技术的不断进步，人们盲目地生产和消费，结果使自然环境遭受了严重的破坏，已威胁到人类的生存与生产的可持续发展，因此断言："我们已进入环境时代，在这个时代，最近的将来类似一种瓶颈。科学技术以及缺乏自知之明使我们处于目前的困境。现在，科学技术必将以其远见卓识帮助我们走出这种困境。"①爱德华·威尔逊把我们所处的新时代称为"环境时代"，是由于他抓住人类社会当今的主要矛盾，以及由这个主要矛盾所决定的人

① 顾信文：《世譬纷说新时代》，《国外社会科学文摘》2001年第1期，第5页。

类社会所面临的主要任务和要达到的主要目标。具体来说，人们盲目地生产和生活而导致生态日益失衡，致使环境问题已直接威胁到整个人类社会的生存和生产的可持续发展，从而使人类的环境需要与生产、消费活动之间的矛盾已成为主要矛盾。这个新的主要矛盾决定生态价值为最高价值，保护和恢复生态平衡成为人类的首要任务，并且要求按照生态优先规律的要求进行决策。①

而以保护环境为首要任务的"环境时代"取代过时了的以发展经济为首要任务的"经济时代"，实际上是以"自觉时代"取代"盲目时代"。也就是说，环境时代实质上是自觉时代。因为"环境时代"要求人们自觉地认识和处理人与环境之间的关系，严格按照生态规律的要求进行决策。这就要求人们克服盲目性，自觉地从事生产和消费活动。这样，"环境时代"的社会也就成为自觉社会。在这里还有必要指出，不仅当今"环境时代"的社会是自觉社会，而且未来的共产主义社会，实质上也是自觉社会，并且是高级阶段的自觉社会。共产主义社会属于自觉社会范畴，共产主义社会具有自觉性特征，在马克思主义创始人那里说得甚为明确。

自觉社会，顾名思义，是清除了人们在思想和行动上的盲目性，能够自觉地按照经济、政治和文化教育发展规律的要求办事，并遵循生态规律和人自身发展规律的要求进行决策和开展活动的社会。因此，自觉社会是人类社会发展史上最理想的社会。这就必然使历史上那些杰出的思想家和政治家在理论上论证它，在实践上追求它。马克思主义的创始人马克思和恩格斯就是这方面的代表人物。

马克思和恩格斯把具有自觉性视为人类思维和社会活动的最高境界，把克服盲目性作为共产主义革命的主要任务。因此，他们所预言和设想的未来社会，即共产主义社会是典型的自觉社会。马克思曾经指出，在人类未来社会，也就是共产主义社会的经济生活中，"这

---

① 刘长明：《生态是生产力——兼论生态优先规律》，《文史哲》2000 年第 3 期，第 107 页。

个领域内的自由只能是：社会化的人，联合起来的生产者，将合理地调节他们和自然之间的物质变换，把它置于他们的共同控制之下，而不让它作为盲目的力量来统治自己；靠消耗最小的力量，在最无愧于和最适合于他们的人类本性的条件下来进行这种物质变换"①。马克思在这里预言的未来社会，人们将"合理地调节他们和自然之间的物质变换"，也就是通晓并按照经济发展规律的要求自觉地进行决策和从事生产活动，从而消除了生产力"作为盲目的力量来统治自己"的现象。可见，马克思预言的未来社会正是克服了经济活动的盲目性的自觉社会；至于恩格斯对于未来社会的自觉性的论述则更加明确。他关于未来的自觉社会有一系列著名的设想。例如，恩格斯曾预言：当生产资料实行社会所有，并且实行计划经济之后，"社会生产内部的无政府状态将为有计划的自觉的组织所代替。个体生存斗争停止了。于是，人在一定意义上才最终地脱离了动物界，从动物的生存条件进入真正的人的生存条件"。"人们第一次成为自然界的自觉的和真正的主人"②。恩格斯还曾预言，在未来的社会主义与共产主义社会，人们将"熟练地运用""人们自己的社会行动的规律"，从而使"一直统治着历史的客观的异己的力量，现在处于人们自己的控制之下了。只是从这时起，人们才完全自觉地创造自己的历史；只是从这时起，由人们使之起作用的社会原因才大部分并且越来越多地达到他们所预期的结果。这是人类从必然王国进入自由王国的飞跃"③。在上面这些预言中，恩格斯说得很清楚，在社会主义制度下，将由"自觉的组织"领导社会进行生产活动；人们掌握并能熟练地运用自然规律和社会规律。因此，在那时人们能够"完全自觉地自己创造自己的历史"，从而成为社会和自然"自觉的"主人。不难理解，这里所说的共产主义社会正是典型的自觉社会。马克思、恩格斯的这些论述揭示了人类社会的发展规律，指出了人类社会发展的方向与归宿，将由盲目社

① 《资本论（第三卷）》，人民出版社，2018年，第928-929页。
②③ 《马克思恩格斯选集（第三卷）》，人民出版社，2012年，第671页。

会转变为自觉社会。

四、结论与建议

在人类思想史上,任何有生命力的新的理论都是理论界对时代的呼唤的回应。自觉社会理论正是这样应运而生的。人类社会的经济、政治和文化发展到今天,对于未来社会的探索和预言,最有感召力的理论就是自觉社会理论。这是因为社会发展到今天,人类必须克服日益严重危害自身生存与发展的盲目性。否则,正如许多有识之士所尖锐指出的那样,这将导致人类在肉体上灭亡于生态失衡,而在心灵上则灭亡于生产与消费的非人化,以及信仰与道德的危机,也就是灭亡于精神家园的丧失。因此,今天,人类只有自觉地进行生产与消费活动,努力探索和创建新的自觉社会,才能持续发展,健康地生存下去。总之,盲人瞎马,必坠深渊,自觉行动,才有生路。而且人类社会发展到知识经济时期,无论在客观上还是在主观上,已基本具备了创建自觉社会的条件。因此,我们要抓住时机,让人类尽可能早日脱离盲目性的泥潭,进入自觉社会。为此,在今后一个时期,一方面要进一步扩展并深化企业社会责任运动,让我们国家和西方发达国家出现众多的"社会责任企业";另一方面,提升人们的价值追求。因为人们的价值追求不仅对自身的发展有着极大的决定作用与激励作用,而且对整个社会的发展有极大的影响。所以,要建设自觉社会必须提升人们的价值追求。人的价值包括自发价值,或者说盲目价值和自觉价值两种基本类型。自觉价值是价值的高级形态。它是指人们在正确认识事物的本质和规律的基础上,主动、积极、清醒地追求功利与真善美的统一,个人利益与社会利益的统一,眼前利益与长远利益的统一。不言而喻,自觉价值是自觉文化的核心,是自觉社会的指导思想。可以说,自觉社会是人们追求自觉价值的结果。因此,为了建立并巩固、完善自觉社会,还需要进行自觉价值建设,广泛持久地开展自觉价值教育,清除自发性的盲目价值,建立自觉价值理念。只要坚持不懈地做好这两项工作,就将最终把人类社会推进到理想的自觉社会。

20 世纪的人类社会,是充满盲目性的社会。盲目性对人类已经造成难以承受的严重后果。因此,在 21 世纪,我们必须逐步清除盲目性,增强自觉性,把人类社会推进到崭新的自觉社会。

第三章　理论源流

只有承前,才能兴后。当代中国,也需要进行"文化复兴",弘扬优秀传统文化。古老的农耕文化,是中华优秀传统文化的重要组成部分。中华优秀传统文化是中华民族的"根"和"魂",为此要自觉地卫根护魂。

第一节　亚当·斯密经济学说的幸福学解读

当前,我们国家正在下一盘新的"大棋":实现共同富裕。这是党和政府在全面建成小康社会,在全国范围内实现脱贫、消除绝对贫困之后所肩负的更为伟大而艰巨的历史重任。当此之际,在幸福学的烛照下,我们发现亚当·斯密这位人类思想理论界的先驱也曾倡导共同富裕。他山之石,可以攻玉。斯密的共同富裕理论及实践,对于我们在新时代实现共同富裕目标也许有所裨益。

一、问题的提出

马克思主义有三个来源、三个组成部分。马克思主义政治经济学的直接理论来源是英国古典经济学。而亚当·斯密正是英国古典经济学的代表人物。这意味着马克思主义与斯密的经济学说有着密切的关系。亚当·斯密首先致力于道德哲学的学习研究。这种"学术出身"和学术立场,决定他如同古希腊的苏格拉底、柏拉图一样,是个志在追求公众幸福的学者。斯密指出:"对于公众幸福,这真是一种极重要的革命,但完成这种革命的,却是两个全然不顾公众幸福的阶级。"①"我从来没有听说过,那些假装为公众幸福而经营贸易的人做了多少好事。"②为了追求公众幸福,斯密提出和倡导共同富裕。为了实现共同富裕,斯密创建了自己的政治经济学说。这就决定了亚当·斯密的"经济人假设""看不见的手"只是赶快地发展生产,增加财富,实现共同富裕,进而实现公众幸福目的的有效方法与工具。斯密还认定:不同阶层的富裕程度是有差别的。而适当的富裕差别可以维护经济社会的平衡。无独有偶,我们今天的共同富裕理论,也与斯密的学说有着直接或间接、自觉或不自觉的关系,同是人类思想长河中追逐共同富裕目的的两朵浪花。斯密的共同富裕理论已形成以"公众幸福"为目的,以"经济人"为主体,以"看不见的手"为方法的理论体系。

因此,全面了解、深入认识、正确评价斯密的共同富裕理论,应当是思想理论界一项不无价值的工作。但是,这项研究工作无疑是非常复杂而艰巨的。它需要弄清楚斯密提出、倡导共同富裕的思想根源、理论底蕴及其实质等问题。弄清楚这些问题,就会明了它们在斯密"学说体系"中的地位;对西方主流经济学及非主流经济学的影响;与我们的共同富裕思想的异同,以及给我们实现共同富裕提供哪些正反两个方面的经验。

为此,首先有必要指出:亚当·斯密的两本传世巨著,即《道德情操论》和《国富论》洋洋洒洒百十万字,形成一片文字海洋、学问深潭,真可谓博大精深。而要想面对它时不入迷途歧路,能够抵达它的根基深处、思想核心,正确的道路和方法是从他的共同富裕理论入手,把它作为进入斯密学说宝库的入口。而这又要求我们从斯密《道德

---

① [英]亚当·斯密:《国民财富的性质和原因的研究(上卷)》,郭大力、王亚南译,商务印书馆,1972年,第379页。
② [英]亚当·斯密:《国民财富的性质和原因的研究(下卷)》,郭大力、王亚南译,商务印书馆,1974年,第27页。

情操论》的道德哲学入手,尔后再探究他的《国富论》的经济学说。只有循此路径,才能正确认识、评价斯密的共同富裕理论;也才能真正读懂《国富论》,正确把握斯密的经济学说。这是由于只有首先研究斯密《道德情操论》的道德学说,才能弄明白斯密为什么独树一帜,与众人唱反调,把世人唾弃的自私自利、自爱的品性情感也视为"低级的美德";并垂青"经济人",依仗"看不见的手"。其原因是,在斯密看来:作为一个严谨的学者,不能脚踏云头唱高调,而是应当实事求是,从实际出发。他认定:"公众利益""人民富裕""公众幸福""普遍幸福""人类幸福",只有依靠具有"低级美德"的"经济人"和"看不见的手"才能实现。亚当·斯密曾经叹息世人不懂他的良苦用心。

二、斯密经济学说中的共同富裕理论

亚当·斯密经济学说中的共同富裕理论,具有显著特色,已形成比较完整的体系。共同富裕理论贯穿于斯密的伦理学和经济学中,以及他力求创建的"学说体系"中。具体来说,它贯穿于斯密的《道德情操论》和《国富论》两本巨著中,是两书一贯的基本思想。两书就是围绕如何实现共同富裕,旨在解决这个根本问题的。斯密在《国富论》中分析指出:"被看作政治家或立法家的一门科学的政治经济学,提出两个不同的目标:第一,给人民提供充足的收入或生计……第二,为国家或社会提供充分的收入,使公务得以进行。"因此,对于政治经济学,"它的目的是要使人民和君主两者都富裕"。[①]不难看到,斯密的经济学说的确是围绕共同富裕展开的。

斯密共同富裕理论体系由以下三个方面的内容构成:

1."公众幸福"是共同富裕的最终目的

斯密在《国富论》中断言:"如果一个社会的绝大部分成员是贫穷而悲惨的,那么这个社会绝不可能繁荣和幸福。"[②]这是斯密以幸福论

---

① [英]亚当·斯密:《国富论(上册)》,谢祖钧译,中华书局,2018年,第377页。
② 同上,第70页。

为指导,站在公众的立场上,从反面提出并认定共同富裕的。在斯密看来:一个社会只有实现共同富裕,绝大部分成员都富裕而有尊严,这个社会才能"繁荣和幸福"。这就是说,共同富裕是公众幸福的内在要求。而从共同富裕的角度来看,公众幸福则是它的实质,是它的目的,是它的使命。

应当说,斯密这样看待和规定共同富裕的实质是深刻而正确的。它与我们在这个问题的看法上有着共识。马克思曾预言,在未来的新社会制度中,"生产将以所有的人富裕为目的"①。列宁进一步指出,就是"使所有劳动者过最美好的、最幸福的生活"②。党的十九届四中全会把"坚持以人民为中心的发展思想,不断保障和改善民生,增进人民福祉,走共同富裕道路"列为我国国家制度和国家治理体系的显著优势之一。这意味着"走共同富裕道路",就是"增进人民福祉"的道路。

斯密虽然不是社会主义者,但是他自始至终关心和支持公众幸福。为此,斯密倡导共同富裕,反对贫富悬殊和两极分化。至于斯密为什么那么执着地关心、支持和极力维护公众幸福,这有多方面的原因:

首先,由斯密的学术出身、学术立场决定,由于受到道德哲学的深刻影响。斯密是西方古典经济学的创始人、奠基者,以经济学闻名于世。但他是从道德哲学走入学术研究殿堂的,首先是一个哲学家,主攻道德哲学。而道德哲学本质上是幸福学,是以研究幸福问题,探讨人类的幸福之路,建设幸福社会、幸福国家为目的与任务的。《哲学的慰藉》一书的作者阿兰·德波顿认为:哲学的最大功能就是以智慧来慰藉人生的痛苦,是人生痛苦的解脱之道。换而言之,哲学就是谋求幸福的智慧,指引人类追求幸福道路的思想明灯。为此,古希腊的大哲学家苏格拉底就被称为探索幸福的人,而他的学生柏拉图撰

---

① 《马克思恩格斯选集(第二卷)》,人民出版社,2012年,第787页。
② 《列宁全集(第三十四卷)》,人民出版社,2017年,第356页。

写的《理想国》,实质是"幸福国"。这本哲学名著旨在构建一个为全体公民谋求幸福生活的"幸福国家"。据此,斯密提出并认定:"人的幸福和圆满到底是什么? 当然这里所思考的人不仅是一个单个的个体,而是作为家庭、国家和人类这个大社会的一个成员的人,是古代道德哲学所力求探讨的对象。在那个哲学里人生的职责是作为从属于人生的幸福和圆满这个主题而进行研究的。"①在这里斯密说得很清楚,道德哲学是以"大社会的一个成员的人"的幸福,也就是整个人类的幸福、公众幸福为对象和目的的科学。为此,斯密批评:可是"在大多数场合,诡辩术和苦行的道德构成了学校中道德哲学的主要内容。哲学所有不同分支中最重要的东西就以这种方式变成了最被歪曲了的东西"②。由此可见,斯密的道德哲学这种学术出身决定了他的学术立场是以幸福为对象和目的,从而使他忠实于和坚持道德哲学固有的幸福本质。这就进而决定了斯密采用"立言"的方式,用学术、理论为工具为公众利益、人类幸福服务。

其次,由于富有"同情"这种人的本性。"同情"这个品德、情感,在斯密的伦理学中有着重要地位,对他关心和执着公众幸福、人类的幸福有着不容忽视的影响。可以说,把"公民的幸福生活"作为斯密的伦理思想的目标,在一定程度上,是由于他是一位极富同情心的典型人物;是一位有着浓厚同情心的学者。

斯密对于"同情"这种品德、情感给予了很高的评价,把它提升到人性、人类本性的高度,看作是人的重要美德。《道德情操论》的第一篇第一章就是以"论同情"为主题,开头的第一句话就开门见山直奔这个主题:"无论人们认为某人怎样自私,这个人的天赋中总是明显地存在着这样一些本性,这些本性使他关心别人的命运,把别人的幸福看成是自己的事情,虽然他除了看到别人幸福而感到高兴之外,一

———————————

①② [英]亚当·斯密:《国富论(下册)》,谢祖钧译,中华书局,2018年,第683页。

无所得。这种本性就是怜悯或同情。"①由此可见,正是由于亚当·斯密具有"怜悯或同情"这种宝贵的人类本性,因此,"这些本性使他关心别人的命运,把别人的幸福看成是自己的事情"。作为研究道德哲学与政治经济学的学者,在他的眼中,这个"别人"不限于左邻右舍、亲朋好友,而是整个人类、人民群众、广大公众。的确,斯密从内心里同情关心劳动者的疾苦和利益。他在论及经济增长情形的变化对广大工人的影响时强调说:"所有者阶层也许从社会的繁荣中所获得的东西可能多于劳动者阶层,但是没有哪一个阶层从社会的衰退中所遭受的痛苦比劳动者阶层更大。"②

为了深入了解和弄清楚斯密关心和执着于维护公众幸福的原因,这里谈谈马克思在这个问题上与之相似之处。众所周知,马克思关心和执着于维护人民群众、整个人类的幸福,并为之奋斗一生。究其原因,马克思同斯密有着一样的学术出身和学术立场,也是从哲学入门进入学术殿堂、理论天地。马克思首先是一个哲学家。因此,马克思及恩格斯同古希腊的哲学家一样,把幸福看作是人类经济、政治、文化、艺术等一切社会活动的终极目的,坚持"幸福终极目的论"。在他们看来,创建社会主义、共产主义社会,最终目的是让"虚幻幸福"变为"现实幸福";让广大劳动群众过上幸福生活。正因为这样,进而决定马克思同斯密一样,由哲学园地转身进入经济学园地,力图通过自己创建的政治经济学寻求"增进社会幸福的办法"③。当然,由于两人的经济学说有根本区别,因此寻求"增进社会幸福的办法"不同。至于同情心这个方面,马克思与斯密一样,也极富同情心。早在中学时代,作为人道主义者的少年马克思目睹当时劳动者的贫穷与痛苦,立志要为广大人民群众的幸福生活奋斗终身,让他们脱离苦难屈辱的生活。当然,在马克思成为马克思主义者之后,他是站在唯物史观

---

① [英]亚当·斯密:《道德情操论》,商务印书馆,1997年,第5页。
② [英]亚当·斯密:《国富论(上册)》,谢祖钧译,中华书局,2018年,第227页。
③ [英]亚当·斯密:《道德情操论》,商务印书馆,1997年,第232页。

的立场看待和解决劳动群众的苦难和幸福问题。

2."看不见的手"是实现共同富裕的方法和工具

斯密创造性地提出"看不见的手"这个极为重要的范畴。但是，斯密实际有两种性质不同的"看不见的手"，但是在他看来，二者都是实现共同富裕的有效工具，其他的东西不可替代。

第一种"看不见的手"是在《道德情操论》中提出来的。斯密在论述富人由于不知道"什么才是自己的幸福所真正需要的东西"，结果盲目追求财富和地位这些身外之物时突发奇想地提出："一只看不见的手引导他们对生活必需品作出几乎同土地在平均分配给全体居民的情况下所能作出的一样的分配，从而不知不觉地增进了社会利益，并为不断增多的人口提供生活资料。"[①]斯密的这段论述包含两种不同的共同富裕，一种是依靠直接把"土地在平均分配给全体居民的情况下"，而使生活资料满足全体社会成员的生活需要，让人们过上富足生活的共同富裕；另一种则是由"看不见的手"的作用而使全体社会成员过上富足生活的共同富裕。斯密相信第二种共同富裕。

关于这种"看不见的手"到底是什么，它如何实现共同富裕？斯密的思路是："在任何时候，土地产品供养的人数都接近于它所能供养的居民人数。"[②]至于通过什么方式方法让土地能"供养的居民人数"得到土地所能提供的产品而过上富足的生活呢？斯密的回答是：占有大量财富的地主为了消费掉它们，也为了更好地满足自己的欲望与生活需要，"他不得不把自己所消费不了的东西分给用最好的方法来烹制他自身享用的那点东西的那些人；分给建造他要在其中消费自己的那一小部分收成的宫殿的那些人；分给提供和整理显贵所使用的各种不同的小玩意儿和小摆设的那些人"。[③]对此斯密总结说："就这样，所有这些人由于地主生活奢华和具有怪癖而分得生活必需

---

① ［英］亚当·斯密:《道德情操论》，商务印书馆，1997 年，第 230 页。
②③ 同上，第 229 页。

品，如果他们期待他的友善心和公平待人，是不可能得到这些东西的。"①由此可见，富人生活的欲望和多方面的需求，就是亚当·斯密在这里所说的"看不见的手"。正是依靠这只"看不见的手"，而把富人的财富转移到为他服务的厨师、建筑工人和各种工艺品匠人那里，使他们过上温饱乃至富足的生活。

第二种"看不见的手"是在《国富论》中提出来的。斯密分析指出：资本家将手中的一部分资财作为资本用于产业的发展，它所算计的只是自身的利益，而不是促进公共利益。但其结果却"像在其他许多场合一样，他受着一只看不见的手的指导，去尽力达到一个并非他本意想要达到的目的。也并不因为事非出于本意，就对社会有害。他追求自己的利益，往往使他能比在真正出于本意的情况下更有效地促进社会的利益"②。这里所说的"看不见的手"，是指市场经济体制。总之，在斯密看来，自由的市场机制既能促进社会财富迅速增长，又使广大劳动者、公众过上比较富足的生活，实现共同富裕。斯密在《国富论》中还以当时北美地区的工人生活的富裕状况为例，用以证明"看不见的手"对于社会利益、共同富裕的确具有积极作用。斯密说，由于财富的迅速增长、极为丰富，使得当时的北美地区的公众"即使在最坏的季节，虽然出口少了一些，他们也有充足的食品维持生活"。"在那里劳动的报酬优厚，多子女不但不是一个负担，反而是父母富裕和家庭兴旺的源泉。"③

3. 自利、自爱的本性为实现共同富裕提供了强大的动力

斯密认定，"自爱"是人的本性。他曾倡言："像斯多葛学派的学者常说的那样，每个人首先和主要关心的是他自己。"这是由于"每个人对自己快乐和痛苦的感受比对他人快乐和痛苦的感受更为灵敏。前者是原始的感觉；后者是对那些感觉的反射或同情的想象。前者

---

① ［英］亚当·斯密：《道德情操论》，商务印书馆，1997年，第229页。
② ［英］亚当·斯密：《国民财富的性质和原因的研究（下卷）》，郭大力、王亚南译，商务印书馆1974年，第27页。
③ ［英］亚当·斯密：《国富论（下册）》，谢祖钧译，中华书局，2018年，第62—63页。

可以说是实体；后者可以说是影子"①。"每个人对自己快乐和痛苦的感受"是人的"原始的感觉"，这意味着关心并追求自身的幸福快乐是人的本性、人类的本性。由它产生第二个人类本性，即自利。人为了谋求幸福快乐而执意追求物质财富、经济利益。正是由于这个原因，而使斯密把追求、偏好幸福和利益都视为人的本性。为此，他对二者都持肯定态度："对我们自己个人幸福和利益的关心，在许多场合也表现为一种非常值得称赞的行为原则。"②他还告诫世人："我们并不动辄猜疑某人存在自私自利这种缺陷。它决不是人类天性中的弱点或我们易于猜疑的缺点。"③

当然，斯密正视并肯定人的自私自利并不仅因为它是人的本性，更为重要的原因，是因为斯密认定：它为实现富裕，进而实现公众幸福提供了强大动力。对此，斯密是这样阐述的：由于人们并不真正懂得"什么才是自己的幸福所真正需要的东西"④。因此为喜好幸福，进而追求财富的利己的"天性"所欺骗。"正是这种蒙骗不断地唤起和保持人类勤劳的动机。正是这种蒙骗，最初促使人类耕种土地，建造房屋，创立城市和国家，在所有的科学和艺术领域中有所发现、有所前进。这些科学和艺术，提高了人类的生活水平，使之更加幸福多彩。"⑤不言而喻，激烈的自由市场竞争机制，进一步"唤起和保持人类勤劳的动机"，使社会财富迅速增加，让物质财富逐渐丰裕起来；并且把幸福的生活资料分配给广大劳动者，从而实现共同富裕的目标。纵观上述三部分内容，已经形成共同富裕理论。

三、斯密共同富裕理论的评析

要准确地看待和评价斯密的共同富裕理论，这实在是一件不容易的

① ［英］亚当·斯密：《道德情操论》，商务印书馆，1997 年，第 282 页。
② 同上，第 400 页。
③ 同上，第 401 页。
④ 同上，第 228 页。
⑤ 同上，第 229 页。

事情,因为这要改变乃至推翻过去对斯密的伦理学说、经济学说所作批判的不实之词;尤其是那些已形成共识、众所周知的传统看法和结论。

在如何得以准确看待和评价斯密共同富裕理论这个问题上,我们应当从实际出发,坚持实事求是的思想路线与工作方法,不唯上,不唯书,不搞本本主义。从本质、整体看问题;从大局、全局看问题;全面而不片面地看问题,更不要抓住一点不计其余。坚持从实际出发、实事求是的思想路线和工作方法,不唯上,不唯书,就将使我们具有重新评价斯密其人与其学说的理论底气与勇气,敢于提出并思考这个复杂而艰巨的问题。如果我们进一步从实质、根本、总体、全局、全面地看待斯密其人与其学说,就可能得出下面符合实际的看法与结论:

1. 斯密实际上是人类、公众的哲学家、经济学家,而非资产阶级代言人、经济学家。要认识并认定斯密的共同富裕理论,关键是正确判断他及其学说的社会属性问题。

长期以来,资本主义国家政府,以及"右"与"左"的理论家们都异口同声称斯密为资产阶级经济学家,认定他是资本家在经济学界的代言人,为资本家的利益服务。因此,斯密的经济学说成为资本主义国家的官方经济学,他被尊崇为西方主流经济学的奠基人。

不言而喻,如果上述看法和结论真正符合实际,是正确的话,那么,斯密根本不可能提出并倡导共同富裕理论。如果不唯上、不唯书、实事求是地考察斯密的学说,全面而不是片面地探析斯密的一思一言,不难得出与上述看法和结论不同的符合实际的结论:斯密不是资产阶级经济学的开山奠基人,实际上是如同苏格拉底、柏拉图那样的哲学家,是为人类、公众、人民的幸福这个终极目的探索幸福的人。斯密的目的超越了柏拉图,柏拉图的目的只是建立一个为各个阶级、全体公民的幸福、美好生活服务的"幸福国家",而斯密不厌其烦,十几次、几十次明确提出、阐释"公众幸福""社会幸福""整体的幸福""人类幸福"。可见他的目的是建立新的幸福社会、幸福世界。明白了这一点就不难了解并认定斯密在撰写《道德情操论》之后,接着撰写《国富论》,创建新的经济学说,其目的是寻找"增进社会幸福的办法"。这意味着,斯密提出和倡导的"看不见的手""经济人",以及以二者为基础的生产、生活方式,只是"增进社会幸福"的方式和方法、手段与工具而已。他曾经批判有些人忘记了公众幸福这个最终目的,把实现它们的手段当作目的。斯密的后继者,真正的资产阶级利益的代言人、经济学家又犯了这个错误,忘记了公众幸福,把增加财富这个手段当成经济发展的最终目的,并进而把经济效用、物质财富的增长作为经济学的主题与内容,把人类、公众、人民的幸福这个由古希腊哲学家提出,并得到斯密肯定的人类经济、政治、文化等社会活动的终极目的排挤出了经济学领域。总之,由于斯密身后的真正的资产阶级经济学家没有真正理解、准确把握、乃至有意无意歪曲篡改了斯密的经济学说,因此把他归入资产阶级经济学家的行列。这不合乎斯密的本意及其经济学说的宗旨和目的。

从实际情况来看,不仅由于斯密的道德哲学家这种学术出身、学术立场决定了他与苏格拉底、柏拉图的哲学思想一脉相承,以谋求公众幸福为最终目的,而且由于斯密是极富同情心,并坚持公平公正原则的学者,因此,他对于广大劳动群众、亿万公众的快乐与痛苦非常关心,极力维护公众、劳动者的利益,为此曾严厉批评地主、资本家等一切富人对劳动群众的欺压行为。可以说是立场坚定,旗帜鲜明。例如,斯密分析指出,在委托职业经营者管理生产的公司里,"尽管这里的资本所有者的劳动几乎等于零,他仍然要求利润和他的资本保持一定的比例"。"这样一来,劳动的全部产品并不总是属于劳动者。在绝大多数情况下,他必须与雇用他的资本所有者分享。"[1]在这里,斯密明确而中肯地揭示了资本家的剥削行为。斯密还尖锐地指出与北美地区不同,"在其他国家地租和利润吃掉了工资,人民中的两个上层阶层压迫着下面的一个阶层"[2]。在这里,斯密更明确地揭示了

---

[1] [英]亚当·斯密:《国富论(上册)》,谢祖钧译,中华书局,2018年,第43页。
[2] [英]亚当·斯密:《国富论(下册)》,谢祖钧译,中华书局,2018年,第504页。

地主和资本家这两个"上层阶层"对工人群众这个"下层阶层"的压迫与剥削。对于这种压迫和剥削，斯密批评说："哪里有巨大的财产，哪里就有极大的不平等。因为有一个很富的人，起码就要有 500 个穷人。少数人的富裕意味着多数人的贫穷。富人的富裕激起穷人的愤恨，匮乏经常驱使穷人嫉妒，经常促使穷人去侵犯富人的财产。"①在这里，斯密不仅揭示了剥削，而且说明了"富逼民反"的理由，表明他对穷人的同情、理解和道义上的支持；也告知世人：贫富差距过大，社会难以安宁的道理。尤其是亚当·斯密曾尖锐地指出：在自由市场经济中，"买卖人的利益在任何一个商业或制造业部门总是在某些方面与公众利益不同，甚至相对立"②。据此，他郑重建议说："听取这个阶层提出的关于任何商业新法或法规的建议应当极为慎重。而且在没有经过长时期的认真考察后不应轻易接受；在考察时不仅应以最大的细心，甚至还应抱以最大的怀疑。"③为了让人们重视和接受他的建议，他进一步批评说："因为这个阶层的人的利益从来不与公众利益相一致，而且他们通常热衷于欺骗、甚至压迫公众。在许多场合他们既欺骗了公众，又压迫了公众。"④我们相信，不仅雇佣工人，就是一般公众看了这些话也会拍手叫好，感谢斯密这个有良知的学者仗义地为他们说话。当然，那些"买卖人""经济人"们则会摇头叹气，甚至会反驳斯密，认为斯密说话一点不顾及他们的利益，也不为他们留一点脸面，屁股完全坐到雇工、公众那一边去了。

2. 斯密的共同富裕学说并非纸上谈兵的东西，而且是依据事实提出来的，并且已为实践所证明。

马克思主义的唯物辩证法、唯物主义认识论认定：实践是检验真理的唯一标准。这就决定了我们考察评价一切理论、理念是否正确，是否为真理，应当让事实说话，要以事实为准绳。为此要根除各种本本主义、教条主义、主观主义；也不要满足于一知半解而轻率下结论；更不要有任何先

---

① ［英］亚当·斯密：《国富论（下册）》，谢祖钧译，中华书局，2018 年，第 631 页。
②③④ ［英］亚当·斯密：《国富论（上册）》，谢祖钧译，中华书局，2018 年，第 228 页。

入之见。这都是邓小平倡导的科学方法和态度所要求和给予我们的启示。

正是依仗这种正确的研究方法和科学态度,使我们在考察和研究斯密问题时,不至于由于先入之见,或者以偏概全,抑或为表面现象所迷惑而妄下结论,从而得以认识和把握斯密共同富裕理论的真实面目及其结果。

斯密无疑是一位研究方法科学、态度认真严谨的学者。他把"看不见的手""经济人"视为实现共同富裕,进而"增进公众幸福"的方式方法、主客观因素,不是凭主观想象、凭逻辑推导,而是首先以耳闻目见的事实为依据。在《国富论》论述雇佣劳动者的工资问题时,斯密正是目睹了当时已出现在波士顿、纽约、费城等一批"普通劳动工资很高的地方"这个事实而得出结论:"丰厚的劳动报酬既是不断增长的财富的结果,同样也是人口增长的原因"。"应该指出,看来是在社会向获取更大的财富阔步前进的进步状态中,而不是在社会已经获得最大财富时,穷苦的劳动大众——人们中的大多数生活得最幸福,也最舒适。""社会的进步状态实质上是全社会所有不同阶层的人都欢乐和舒心的时候。停滞状态是没有欢乐的,衰退状态则是使人抑郁的。"①由此可见,斯密同邓小平一样,认定"发展是硬道理",只要生产发展、经济繁荣、财富增长,从而实现共同富裕,雇佣劳动者可以得到"丰厚的劳动报酬"。在此基础上,能够进而实现"公众幸福":"穷苦的劳动大众——人们中的大多数生活得最幸福"。

而在《国富论》问世后的 200 多年中,实事求是地说,欧美国家和地区在某些时期,基本上解决了斯密给政治经济学这门学科提出的"人民富裕""给人民提供充足的收入或生活资料"这个问题,②也就是实现了共同富裕。这方面有两个事实可以佐证,一是有数据显示,从 1975 年到 1998 年,在这 20 多年间,尽管出现了所谓的"幸福悖论",但美国收入排名最后 1/4 的人,其中非常幸福者和相当幸福者还占

---

① [英]亚当·斯密:《国富论(上册)》,谢祖钧译,中华书局,2018 年,第 72 页。
② 同上,第 377 页。

69%,不太幸福者占 31%。美国收入排名最后者的幸福感还有这么高,显然是由于人们的收入水平普遍比较高,生活比较富裕的原因。据此可以说实现了共同富裕。

另一个事实是,欧美发达国家和地区出现或者曾经出现了一个庞大的中产阶层,形成两头小中间大的橄榄型社会结构。顾名思义,中产阶层比上不足,比下有余,是比较富有者;而且世人公认他们的幸福指数比较高。斯密批评大富翁,也看好中产阶层。学术界认定:人数众多的中产阶层的出现,表明已实现了共同富裕。正是因为这个原因,我们今天把实现共同富裕的希望寄托于中产阶层,即中等收入群体。为此,2021 年 8 月 17 日中央财经委第 12 次会议提出:"扩大中等收入群体比重,增加低收入群体收入,合理调节高收入,取缔非法收入,形成中间大、两头小的橄榄型分配结构。"更有学者设想,如果把刚脱贫的一亿农村人口培育成中等收入群体,"将又创造一个共同富裕的奇迹"。

根据上面的分析,我们的结论是:斯密不仅提出而且倡导共同富裕理论。这个重大理论已经产生了巨大影响,为实践所初步证明。为了更加准确地认识和评价斯密的共同富裕理论,不妨把共同富裕分为低级与高级两种类型。斯密所构想的共同富裕,属于前一种,是低级共同富裕。我们这样看待斯密所说的共同富裕,合乎他的思想。低级共同富裕概念是受斯密的有关论述启迪,由他的思想衍生出来的。在斯密看来,人的美德可以分为低级与高级两种,前者是指希腊式的感情——爱、友谊和感激之情,也就是利他的品德;后者是斯密在批判哈奇森的美德理论不承认自爱,即自私自利也是"一种能促成具有美德行为的动机"时进而提出:这是因为"它没有充分解释我们对谨慎、警惕、慎重、自我克制、坚持不懈、坚定不移等较低级的美德的赞同从何而起"[1]。这是指哈奇森不了解,斯密之所以把自私、自爱的品德情感也视为美德,是由于它们借助"看不见的手"能更好地增

---

[1] 〔英〕亚当·斯密:《道德情操论》,商务印书馆,1997 年,第 400 页。

加公众利益。当然,较之前者,它只是一种"低级美德"。

这样,在斯密学说中实际存在两种社会,一种是由高级美德维系的社会,另一种是由低级美德维系的社会。关于后一种社会,斯密作了这样的构想:"社会可以在人们相互之间缺乏爱或感情的情况下,像它存在于不同的商人中间那样存在于不同的人中间;并且,虽然在这一社会中,没有人负有任何义务,或者一定要对别人表示感激,但是社会仍然可以根据一种一致的估价,通过完全着眼于实利的互惠行为而被维持下去。"①而这就意味着,由高级美德维系的社会的共同富裕是高级共同富裕;由低级美德维系的社会的共同富裕,则是低级共同富裕。斯密倡导的是低级共同富裕,它是靠人的利己之心这种低级美德实现的。

四、结论与建议

1. 斯密提出并倡导共同富裕。这表现在他明确提出:政治经济学旨在解决"如何使人民富裕起来这个问题"。他不满足于少数人富裕。斯密之所以提出并倡导共同富裕,这与他的学术出身、学术立场有重要关系。他首先是研究道德哲学。而这是一门以幸福为主要内容和目的的学问。这使斯密如同古希腊的哲学家苏格拉底一样,也是一个志在探索人类幸福、公众幸福的人。正是为了让公众得以幸福生活,斯密进而提出并倡导共同富裕。这是因为他深刻地认识到,只有实现共同富裕,才能实现公众幸福。斯密的伦理学与经济学旨在探索"增加公众幸福的办法",让人民富裕,从而过上幸福美好的生活。斯密站在人民的立场,极力维护劳动群众的利益。为此,他尖锐地揭露和批评了有产阶级"在许多场合他们既欺骗了公众,又压迫了公众"的品德和行为。总之,须知正是由于斯密不是资产阶级经济学家,而是属于人类的、公众的、人民的思想家和学者,他才提出并倡导共同富裕,把公众幸福作为他所追求的最终目的。

---

① [英]亚当·斯密:《道德情操论》,商务印书馆,1997 年,第 106 页。

2. 只有站在共同富裕的角度,并以它为切入点,才能正确理解斯密的道德哲学和经济学说。共同富裕是斯密"学说体系"的出发点和落脚点,是最终归宿和目的所在。在斯密的心目中,所谓的"经济人""看不见的手",只是实现共同富裕、公众幸福的方法、手段、工具。斯密也信奉"发展是硬道理"。因为在他看来,只有生产发展、经济增长,劳动者才能过上富裕与幸福的生活。而要使生产快速发展,财富不断增长,需要依靠自利自爱的"经济人"与"看不见的手"。正是由于这个原因,当其他学者和世人斥责富人的自私自利的品质情感时,他却为之辩护,将其称为"低级美德"。可见,斯密与其他人颂扬富人、有产者是有区别的。而斯密的"看不见的手"这个市场竞争的形象说法,与邓小平的市场经济只是更有利于生产发展的方法的"市场经济方法论",无疑有某种相同之处。两人都把市场体制机制视为发展生产的一种有效方法,而不是基本社会制度。

3. 共同富裕要经历由低级再到高级这样两个阶段。这也可以说是共同富裕发展的一般规律,或者说必经的道路。斯密虽然与众不同,把"经济人"的自利、自爱视为一种美德,但却认为只是"低级美德"。为此,斯密清醒地认识到,依靠这种"低级美德"所维系的社会的经济增长所带来的共同富裕是有局限性的,程度水平不是那么高的,只能是低级的。因为在以自利的"经济人"为主体,以"看不见的手",即自由市场体制机制为工具的经济形式中,必然存在对共同富裕不利的因素。斯密敏锐地观察到了它们:一是"买卖人"与公众利益存在"对立";而且"买卖人"这个阶层在经济权利与政治权利上都处于强势地位;二是用"看不见的手"调节的市场经济是风险经济,是波浪式发展的经济。在经济繁荣,快速发展时固然能让"穷苦的劳动大众——人们中的大多数生活得最幸福";但是,"当社会处于停滞状态时,贫苦劳动大众的生活是艰苦的;而当社会处于衰退状态时,就是悲惨的了"①。

---

① [英]亚当·斯密:《国富论(下册)》,谢祖钧译,中华书局,2018年,第72页。

从我们国家目前的实际情况来看,是以多种经济形式并存为基础的市场经济,因此有可能出现上述这两个问题。当然,我们是社会主义国家,实行以人民为中心的高质量发展,使这两个问题不会像斯密所说的那么严重。但是,人们自觉不自觉地把我们国家今后一个时期的共同富裕视为低级共同富裕。当然,由于社会主义制度的本质要求,中国共产党人的初心和使命,这一切决定随着社会生产力的不断发展,财富的不断增长,经济体制的不断完善,共同富裕的程度将会不断提高,从而使低级共同富裕逐步提升到高级共同富裕。

4. 西方主流经济学应当回到斯密那里去,进行幸福化改革。从古希腊的亚里士多德到费尔巴哈,都明确指出并认定:幸福是人类一切活动的终极目的。斯密的伦理学、经济学秉承幸福终极目的论,矢志追求公众幸福、社会幸福。而当今西方主流经济学的研究者自称是斯密经济学说的传人。既如此,他们就应当回到斯密那里去,把公众幸福作为经济学的出发点和落脚点。而这就要求对现有的以物质财富为出发点和归宿的经济学进行幸福化改革。不言而喻,对当今的主流经济学进行幸福化改革,有利于实现共同富裕这个斯密所追求的目标。为此,理论家和政治家们应牢记斯密这一金玉良言:"任何改善大部分人生活条件的东西都绝不能视作对整体的一个不利。如果一个社会的绝大部分成员是贫穷而悲惨的,那么这个社会绝不可能繁荣和幸福。"[①]

第二节 "第二次结合"

毛泽东是马克思主义基本原理同中国具体实际相结合的倡导者和实践者。当我们国家在 20 世纪 50 年代进入社会主义社会时,他又提出"第二次结合"。这是相对于新民主主义时期所进行的"第一次结合"而言的又一次新的结合。两次"结合"相互衔接,但结合的目

---

① [英]亚当·斯密:《国富论(上册)》,谢祖钧译,中华书局,2018 年,第 70 页。

的、对象、方式、程度都有所不同。在改革开放新的历史条件下,邓小平和习近平是"第二次结合"的杰出代表,对于毛泽东拉开序幕的"第二次结合",在恢复和发展上面作出了重要的贡献。

一、马克思主义结合论

毛泽东是中国共产党的重要创始人与领导者。在长期革命与建设的实践中,面对错综复杂的形势、种种艰难险阻,毛泽东认真总结正反两个方面的经验并深刻认识到:中国共产党作为马克思主义政党,一方面要坚持马克思主义,把它作为"指导我们思想的理论基础";另一方面,为了让马克思主义更好地指导中国革命与建设的实践,必须把马克思主义基本原理同中国具体实际紧密结合。这就是毛泽东创造性提出的"马克思主义结合论"。

"马克思主义结合论"具有重要的理论与实践价值。它翻开了马克思主义与中国社会主义革命和建设关系史上新的一页;拉开了马克思主义中国化的序幕,让中国化的马克思主义,即毛泽东思想由此萌芽。它之所以对于中国革命与建设具有如此重要的作用,是因为它为中国共产党提出新的思路,从而使中国共产党得以开辟正确的革命与建设道路,并采取有效的方略。而这又是由于"马克思主义结合论"摆正了马克思主义和中国革命与建设实际二者之间的位置。早在井冈山时期,毛泽东就旗帜鲜明地反对"本本主义"、教条主义。借用邓小平的话来说,毛泽东认定:马克思主义必须"管用"。否则,对中国革命就没有实际价值。几十年以后,邓小平说出了毛泽东当时的心里话:"我们坚信马克思主义,但马克思主义必须与中国实际相结合。只有结合中国实际的马克思主义,才是我们所需要的真正的马克思主义。"①毫无疑义,毛泽东、邓小平的这种科学的马克思主义观念,完全符合实践是检验真理的唯一标准、实事求是的思想路线;同时,"马克

---

① 《邓小平文选(第三卷)》,人民出版社,1993 年,第 213 页。

思主义结合论"还蕴含着这个重要理念：马克思主义基本原理同中国具体实际相结合的过程，是进行和推动马克思主义发展创新的过程。这是由于要让二者真正紧密结合，必须进行理论创新。换言之，二者只有以新的理论为纽带才能结合起来。具体来说，在马克思主义这个方面，实现了马克思主义中国化，从中国实际中获得新的理论因素；而从中国革命与建设这个方面来说，以马克思主义为基础和指导，将发生理论上的飞跃，中国革命、建设和改革的实践和历史经验上升为新的理论，取得了包括毛泽东思想、邓小平理论和习近平新时代中国特色社会主义思想这三个有代表性的理论成果。

正是由于上述原因，因此，在看待和处理马克思主义与中国革命和建设实际之间的关系这个问题上，毛泽东自始至终倡导和坚持"结合论"。也正是由于这个原因，当我们国家完成社会主义改造，迈步进入社会主义社会，开始进行社会主义建设新的历史时期，毛泽东又适时地提出"第二次结合"。

二、"第二次结合"的续接与深入

作为土地辽阔、人口众多、经济文化落后且发展不平衡的中国的领导人，毛泽东认识到，不仅夺取政权、搞社会主义革命要立足国情，从实际出发，探索开辟有中国特色的革命道路；而且在新中国成立之后，进行社会主义经济、政治和文化的现代化建设，同样也要立足国情，实事求是，探索开辟有中国特色的建设道路。在经过第一个五年计划建设的实践后，积累了一些正反两个方面的经验；加之经过苏联共产党第二十次代表大会，暴露了它们的一些缺点和错误之后，毛泽东探索开辟有中国特色的社会主义建设道路的理念更加明确、坚定、迫切。他在认真总结苏联共产党的经验教训之后对党内同志说："他们走过的弯路，你还想走？过去我们就是鉴于他们的经验教训，少走了一些弯路，现在当然更要引以为戒。"①这表明，以毛泽东同志为主

---

① 《毛泽东文集（第七卷）》，人民出版社，1999年，第23页。

要代表的中国共产党人决心探索适合国情的社会主义建设道路。而这就意味着,在社会主义建设新的历史时期,马克思主义基本原理与中国具体实际相结合,将进入一个新的历史阶段,进行新的更加全面且深入的结合。正是在这种时代背景下,毛泽东又一次适时地提出"第二次结合"这个伟大理论。

1956年4月,在中共中央书记处会议上讨论《关于无产阶级专政的历史经验》时,毛泽东作了重要发言。他强调指出:"我认为最重要的教训是独立自主,调查研究,摸清本国国情,把马克思列宁主义的基本原理同我国革命和建设的具体实际结合起来,制定我们的路线、方针、政策。"据此,毛泽东进一步指出:"民主革命时期,我们走过一段弯路,吃了大亏之后才成功地实现了这种结合,取得革命的胜利。现在是社会主义革命和建设时期,我们要进行'第二次结合',找出在中国进行社会主义革命和建设的正确道路。"①毛泽东的这个重要讲话,全面阐述了"第二次结合"的原因、内容、方式、目的与任务,由此形成了一个比较完整成熟的"第二次结合"理论。它是新民主主义革命时期形成的"第一次结合"理论的继续,是它深入发展的必然结果。毛泽东曾说,新民主主义革命的胜利,那只是中国革命万里长征的第一步。毛泽东"第二次结合"理论的提出则表明,"第一次结合"那只是马克思主义基本原理与中国具体实际相结合的万里征途中的第一步。"第二次结合"的路程更长,任务更艰巨。这是由于中国进行社会主义经济、政治和文化的现代化建设,无疑比夺取政权,建立新中国需要更长的时间。

人类思想发展史上的无数事实表明,提出一个伟大的思想、理论、理念诚然不易,而要让它由口头、书本进入实践;由精神变为物质更非易事。中国还有一句可谓千锤百炼的成语:好事多磨。毛泽东的"第二次结合"这个正确而伟大的思想与理念,再一次印证了中国这句

① 吴冷西:《十年论战——1956—1966中苏关系回忆录(上)》,中央文献出版社,1999年,第23-24页。

成语。这也可谓是一个宝贵的中国智慧。懂得好事多磨这个道理,就不会失去信心,就会不断总结经验,不断努力,或迟或早把好事做成。

1957 年"第二次结合"提出一年之后,在探索社会主义建设道路的进程中,由于受国内外各方面原因的影响,马克思主义基本原理同中国具体实际相结合才拉开序幕,便被中断了。这一断长达二十年。直到 1978 年党的十一届三中全会之后,才由中国改革开放的"总设计师"邓小平把它重新续接起来,并在新的历史条件下深入下去,并取得了伟大的成果。

邓小平作为一位具有远见卓识的思想家、政治家,同毛泽东一样,也深刻地认定:在中国搞社会主义现代化建设,必须走有中国特色的道路。他曾经多次明确地指出,包括农村改革在内的中国改革是由于"走自己的路,取得成功的"。[①]而要"走自己的路",不言而喻,必须反对"本本主义",进行理论创新,用符合中国实际的马克思主义,也就是中国化的马克思主义为指导。而这就需要继承并发展毛泽东的"第二次结合"理论。对此,邓小平曾经明确而郑重地指出:"把马克思主义的普遍真理同我国的具体实际结合起来,走自己的道路,建设有中国特色的社会主义,这就是我们总结长期历史经验得出的基本结论。"[②]为了让全党全国广大人民群众深刻认识在改革开放历史时期坚持马克思主义基本原理与中国具体实际相结合的必要性及其重大意义,邓小平曾尖锐地批评有些人虽然口头上天天讲毛泽东思想,而在行动上"却往往忘记、抛弃甚至反对毛泽东同志的实事求是、一切从实际出发、理论与实践相结合的这样一个马克思主义的根本观点、根本方法"[③]。邓小平进一步精辟地指出,对于马克思主义、毛泽东思想,是坚持从实际出发,理论与实际相结合,还是搞本本主义,照

---

① 《邓小平文选(第三卷)》,人民出版社,1993 年,第 95 页。
② 同上,第 3 页。
③ 《邓小平文选(第二卷)》,人民出版社,1994 年,第 114 页。

抄照搬,这是"涉及怎么看待马列主义、毛泽东思想的问题"①。不难理解,对于马克思主义、毛泽东思想,邓小平创造性地提出并倡导一种新的观念:实践马克思主义观。正是依据这种科学地实践马克思主义观,所以邓小平认定,"只有结合中国实际的马克思主义,才是我们所需要的真正的马克思主义"②。

但是,在新的历史时期,要进行并坚持"第二次结合",同实行"第一次结合"一样,必须解放思想,大胆地突破传统观念,勇敢地进行理论创新。在这方面,邓小平堪称光辉典范。他有代表性的理论创新成果有以下几点:

1."基本点"理论

为了彻底清除改革开放理论上的障碍,让广大干部和群众从"两个凡是"的束缚下解放出来,邓小平深刻而又中肯地指出:"毛泽东思想的基本点就是实事求是,就是把马列主义的普遍原理同中国革命的具体实践相结合。"③在这里,邓小平把"马列主义的普遍原理同中国革命的具体实践相结合"作为实事求是原则的要求和具体形式。而它是"毛泽东思想的基本点"。邓小平创造性地提出和倡导的这个"基本点"理论,无疑具有重要的理论与实践价值。它为我们提供了崭新的看待、评价马列主义、毛泽东思想的立场、观点、方法和标准。它们有利于人们正确地对待马列主义、毛泽东思想;极大地提高了全党全国人民把马克思主义基本原理同中国具体实际相结合的自觉性和积极性,并鼓励人们大胆地进行理论创新。

2.精髓论

马克思主义、毛泽东思想"精髓论"是在实践马克思主义观和"基本点"理论的基础上提出来的,是它们的升华与发展。1978 年 6 月,

---

① 《邓小平文选(第二卷)》,人民出版社,1994 年,第 114 页。
② 同上,第 213 页。
③ 《邓小平文选(第二卷)》,人民出版社,1994 年,第 126 页。

邓小平强调说:"实事求是,是毛泽东思想的出发点、根本点。"①以此为基础,一个月后,即该年七月的另一次讲话中,邓小平强调说:"真正的理论在世界上只有一种,就是从客观实际抽出来又在客观实际中得到了证明的理论。"②根据这种标准,他进而明确指出,实事求是是"毛泽东思想的精髓"。③在1992年初南方谈话时,邓小平再次强调说:"实事求是是马克思主义的精髓。要提倡这个,不要提倡本本。我们改革开放的成功,不是靠本本,而是靠实践,靠实事求是。"④不难理解,在"基本点"理论的基础上,"精髓论"极大地提高了从实际出发、实事求是思想路线和工作方法在马克思主义、毛泽东思想中的地位。

3. 市场经济方法论

邓小平作为中国改革开放的"总设计师"深知:市场经济的兴起、发展、壮大,这是改革的关键,最大的突破口。为此,必须在理论上破除市场经济等于资本主义,计划经济等于社会主义这个根深蒂固的传统观念。邓小平以大无畏的理论勇气果断地宣称:"计划多一点还是市场多一点,不是社会主义与资本主义的本质区别。"因为"计划经济不等于社会主义,资本主义也有计划;市场经济不等于资本主义,社会主义也有市场。计划和市场都是经济手段"⑤。在另一次讲话中,邓小平还解释说:"计划和市场都是方法嘛。只要对发展生产力有好处,就可以利用。"⑥

4. 共同富裕"捷径"构想

共同富裕是马克思主义的一个基本原理。邓小平把它上升到社会主义本质的高度。他曾明确地指出,"社会主义的本质,是解放生

---

① 《邓小平文选(第二卷)》,人民出版社,1994年,第114页。
② 同上,第117页。
③ 同上,第126页。
④ 《邓小平文选(第三卷)》,人民出版社,1993年,第382页。
⑤ 同上,第373页。
⑥ 同上,第203页。

产力,发展生产力,消灭剥削,消除两极分化,最终达到共同富裕"①。
邓小平在这里说得很清楚,共同富裕是以发展生产力,物质比较丰富
为前提条件。因为"贫穷不是社会主义"②。正是基于这种理念,邓小
平提出实现共同富裕的"捷径"构想。

1986年8月19—21日,在视察天津的谈话中,邓小平创造性地
提出:"我的一贯主张是,让一部分人、一部分地区先富起来,大原则
是共同富裕。一部分地区发展快一点,带动大部分地区,这是加速发
展、达到共同富裕的捷径。"③这就是邓小平关于共同富裕的"捷径"构
想。为了实现这个"构想",邓小平曾提出"可以设想,在本世纪末达
到小康水平的时候,就要突出地提出和解决这个问题"。他还满怀信
心地预言:"总之,就全国范围来说,我们一定能够逐步顺利解决沿海
同内地贫富差距的问题。"④

2020年,我们国家如期实现贫困地区、贫困人口脱贫致富这一不
仅是中国历史上,而且是世界范围内的伟大事业、宏伟目标。广大西
部地区在东部的带动和支持下,也加快了经济、社会发展的步伐,迅
速改变了昔日一穷二白的面貌,呈现出令人振奋的欣欣向荣的兴旺
景象。这一切表明,邓小平的"捷径"构想是切实可行,富有成效的。

上述邓小平的"基本点"理论、"精髓论"等四个创新成果。使被
中断了的"第二次结合"不仅续接、恢复起来,而且更加广泛、深入。
它们使马克思主义进一步中国化,显示了马克思主义在新的历史条
件下仍然具有旺盛的生命力。在"第二次结合"中形成的邓小平理
论,再一次显示了中国共产党人卓越的理论创新能力,它是继毛泽东
思想之后,马克思主义基本原理同中国具体实际相结合又一个重大
的理论成果。

---

① 《邓小平文选(第三卷)》,人民出版社,1993年,第373页。
② 同上,第64页。
③ 同上,第166页。
④ 同上,第374页。

三、新时代的"第二次结合"

党的十八大以来，中国改革开放进入了中国特色社会主义新时代。"第二次结合"也随之进入了新时代。在新时代，马克思主义基本原理同中国具体实际相结合，在邓小平理论的基础上，又取得了习近平新时代中国特色社会主义思想这个新的理论成果。

2021年11月11日，党的十九届六中全会通过的《中共中央关于党的百年奋斗重大成就和历史经验的决议》，对于党的十八大以来的中国特色社会主义新时代的内涵与特征作了全面阐释、明确规定：中国特色社会主义新时代是承前启后、继往开来、在新的历史条件下继续夺取中国特色社会主义伟大胜利的时代，是决胜全面建成小康社会、进而全面建设社会主义现代化强国的时代，是全国各族人民团结奋斗、不断创造美好生活、逐步实现全体人民共同富裕的时代，是全体中华儿女勠力同心、奋力实现中华民族伟大复兴中国梦的时代，是我国不断为人类作出更大贡献的时代。

为了实现新时代的宏伟目标，完成所担负的历史使命，需要继续进行"第二次结合"，以进一步开辟中国特色社会主义道路；科学回答新时代应当坚持和发展什么样的中国特色社会主义，怎样坚持和发展中国特色社会主义等重大时代课题。就这些时代课题的实质来看，可以归结为在当前极其复杂的条件下，怎样继续坚持中国特色社会主义道路。对于这个全局性问题，2021年3月22日，习近平在福建武夷山考察时强调说："我们走中国特色社会主义道路，一定要推进马克思主义中国化。"① 对于如何推进马克思主义中国化？习近平强调说："我们要特别重视挖掘中华五千年文明中的精华，把弘扬优秀传统文化同马克思主义立场观点方法结合起来，坚定不移走中国

---

① 杜尚泽、颜珂等：《"这里的山山水水、一草一木，我深有感情"——记"十四五"开局之际习近平总书记赴福建考察调研》，《人民日报》2021年3月27日。

特色社会主义道路。"①在这里,习近平创造性地提出"把弘扬优秀传统文化同马克思主义立场观点方法结合起来"。相对于马克思主义基本原理同中国具体实际相结合,这是一个新的结合。在庆祝中国共产党成立100周年大会上的重要讲话中,习近平再次更加明确地指出,在新的征程上,"坚持把马克思主义基本原理同中国具体实际相结合、同中华优秀传统文化相结合,用马克思主义观察时代、把握时代、引领时代,继续发展当代中国马克思主义、21世纪马克思主义!"②

习近平这两次有关马克思主义基本原理同中华优秀传统文化相结合的谈话,极大地丰富发展了毛泽东的马克思主义结合论,为"第二次结合"增添了新的重要内容。它们使"第二次结合"由马克思主义基本原理同中国的具体实际相结合这一个结合变为"两个结合"。习近平之所以把马克思主义基本原理同中国具体实际相结合的范围扩大到中华优秀传统文化,首先是由于一个国家的经济、政治和文化三位一体,相互决定和影响;作为上层建筑之一的文化对经济具有反作用。因此,三者不可分离。据此可以说,是由中国的经济、政治和文化三者构成中国的"实际"。而这就意味着,要求马克思主义基本原理同中国具体实际相结合,包括同中华优秀传统文化相结合。这是题中应有之义。如果不与中华优秀传统文化结合,可以说,这种结合是不全面的,有缺陷的,欠深入,不彻底。这是因为中华优秀传统文化,尤其是居于主体地位的儒家文化,几千年来,对于中国的经济、政治、人们的思想和生活影响至深至细,给它们打上了鲜明的传统文化烙印。因此,马克思主义基本原理要想深入密切地同中国经济、社会实际结合,必须同中华优秀传统文化相结合。

其次,实行"两个结合",有助于理论创新,丰富发展中国化的马

---

① 杜尚泽、颜珂等:《"这里的山山水水、一草一木,我深有感情"——记"十四五"开局之际习近平总书记赴福建考察调研》,《人民日报》2021年3月27日。

② 习近平:《在庆祝中国共产党成立100周年大会上的讲话》,人民出版社,2021年,第13页。

克思主义。众所周知,马克思主义有三个组成部分与三个来源。作为马克思主义三个组成部分之一的哲学来源于德国的古典哲学;政治经济学来源于英国的古典经济学;科学社会主义则来源于法国的空想社会主义。毫无疑义,要完成发展"当代中国马克思主义、21世纪马克思主义"这个伟大的思想理论建设任务,极有必要开源节流。具体来说,一方面遵循理论来源于实践这一唯物主义认识论原则,从中国改革开放的实践中汲取有价值的东西;另一方面则从古今中外优秀文化宝库中吸取理论营养。对此,习近平曾中肯且明确地指出:包括马克思主义在内的"哲学社会科学的现实形态,是古往今来各种知识、观念、理论、方法等融通生成的结果"。因此,要"善于融通古今中外各种资源",以"不断推进知识创新、理论创新、方法创新"。①为此,习近平强调提出"特别是要把握好3方面资源":"一是马克思主义的资源","二是中华优秀传统文化的资源","三是国外哲学社会科学的资源"。②这就进一步凸显了马克思主义基本原理同中华优秀传统文化相结合的必要性与意义。

习近平之所以将"中华优秀传统文化的资源"作为特别"要把握好"的"3方面资源"之一,这是因为中华优秀传统文化中有一系列符合时代需要的有价值的东西。对于传统文化中有价值的东西,习近平作了全面、科学的梳理:"包括大道之行、天下为公的大同理想,六合同风、四海一家的大一统传统,德主刑辅、以德化人的德治主张,民贵君轻、政在养民的民本思想,等贵贱均贫富、损有余补不足的平等观念,法不阿贵、绳不挠曲的正义追求,孝悌忠信、礼义廉耻的道德操守,任人唯贤、选贤与能的用人标准,周虽旧邦、其命维新的改革精神,亲仁善邻、协和万邦的外交之道,以和为贵、好战必亡的和平理念"③等重要思想理念。习近平认为,它们对于马克思主义在中国大

---

① ② 《习近平谈治国理政(第二卷)》,外文出版社,2017年,第338 - 339页。
③ 《习近平谈治国理政(第三卷)》,外文出版社,2020年,第120页。

地上得以生根、开花结果,形成中国化的马克思主义,起了重要的促进作用。在习近平看来,"马克思主义传入中国后,科学社会主义的主张受到中国人民热烈欢迎,并最终扎根中国大地、开花结果,决不是偶然的,而是同我国传承了几千年的优秀历史文化和广大人民日用而不觉的价值观念融通的"①。由此可见,习近平认为,中华优秀传统文化与马克思主义有相同相通之处。对此,习近平援引马克思的有关思想与论述:"马克思对我国古代农民起义提出的具有社会主义因素的革命口号有过敏锐的观察。他说,'中国社会主义之于欧洲社会主义,也许就像中国哲学与黑格尔哲学一样'。"②

所以说,在一个结合的基础上实行"两个结合",有利于"发展当代中国马克思主义、21世纪马克思主义";并且有利于马克思主义进一步中国化,丰富习近平新时代中国特色社会主义思想。第三,实行"两个结合",有利于提高制度自信和文化自信。2019年10月31日,习近平在论述坚定中国特色社会主义制度自信问题时强调指出:"制度优势是一个国家的最大优势,制度竞争是国家间最根本的竞争。"③在习近平看来,中国的制度优势是毫无疑义的。这表现在"中华民族之所以能迎来从站起来、富起来到强起来的伟大飞跃,最根本的是因为党领导人民建立和完善了中国特色社会主义制度"④。但是,这种具有显著优势的"中国特色社会主义制度"不是凭空想出来的,也不是天上掉下来的,而是植根于中国经济、文化的沃土。习近平深刻地指出:"中国特色社会主义制度和国家治理体系具有深厚的历史底蕴。"⑤而又是由于"一个国家选择什么样的国家制度和国家治理体系,是由这个国家的历史文化、社会性质、经济发展水平决定的。"⑥在这里,习近平说得很明确,"中国特色社会主义制度"与中国的"历史文化"之间有着密切关系,后者是前者的决定性因素之一。而"中国特色社会主义制

①②《习近平谈治国理政(第三卷)》,外文出版社,2020年,第120页。
③④⑤⑥ 同上,第119页。

度"是有"历史底蕴"的制度,这无疑有助于提高人们的制度自信。

"两个结合"对于增强文化自信,同样有着十分重要的作用。习近平十分重视文化自信的作用。这是由于在习近平看来,"我们说要坚定中国特色社会主义道路自信、理论自信、制度自信,说到底是要坚定文化自信"①。而这又是由于"文化自信是更基本、更深沉、更持久的力量"②。"优秀传统文化是一个国家、一个民族传承和发展的根本,如果丢掉了,就割断了精神命脉。"③因此,增强文化自信是一个关键性问题。不言而喻,这就要求把"马克思主义基本原理同中华优秀传统文化相结合",以此提高广大干部群众的文化自信。这是因为扩大"第二个结合"的范围,实行"第二个结合",空前提高了中华优秀传统文化的地位,进一步显示了它在新时代丰富和发展了马克思主义的重要作用。以上分析表明,在新时代,习近平审时度势,把马克思主义基本原理同中国具体实际相结合由经济、政治领域推进到优秀传统文化领域,开拓性地实行"两个结合",由此便由毛泽东拉开序幕,邓小平续接和深入的"第二个结合"更加全面、紧密和彻底。从这个意义上来说,中国特色社会主义新时代,是"第二次结合"的新时代。

第三节　第二个结合

"把马克思主义基本原理同中华优秀传统文化相结合",这是继"第一个结合",即马克思主义基本原理与中国具体实际相结合理论问世之后的"第二个结合"。这一创造性理论的提出,使马克思主义同中国社会实际得以全面结合,从而进一步推进了马克思主义中国化;极大地丰富发展了中国特色社会主义理论。"文化灵魂论""文化自信持久论""传统文化根本论"等为"第二个结合"提供了基石。对

①②《习近平谈治国理政(第二卷)》,外文出版社,2017年,第339页。
③ 同上,第313页。

优秀传统文化进行深入挖掘、科学梳理和"创造性转化、创新性发展",则是实现"第二个结合"的战略举措。

一、"两个结合"的关系

在新时代,如何推进马克思主义中国化,坚定不移地走中国特色社会主义道路,2021年3月22日习近平在福建武夷山"朱熹园"考察调研时,创造性地提出了新的基本思路和战略构想:马克思主义基本原理同中华优秀传统文化相结合。他说:"我们走中国特色社会主义道路,一定要推进马克思主义中国化。如果没有中华五千年文明,哪里有什么中国特色?如果不是中国特色,哪有我们今天这么成功的中国特色社会主义道路?我们要特别重视挖掘中华五千年文明中的精华,把弘扬优秀传统文化同马克思主义立场观点方法结合起来,坚定不移走中国特色社会主义道路。"①此后,习近平又在庆祝中国共产党成立100周年大会的重要讲话中再次强调指出:在新的征程上,我们必须"坚持把马克思主义基本原理同中国具体实际相结合、同中华优秀传统文化相结合,用马克思主义观察时代、把握时代、引领时代,继续发展当代中国马克思主义、21世纪马克思主义!"②

习近平在这里创造性地提出"两个结合"理论。"第一个结合"是"马克思主义基本原理同中国具体实际相结合","第二个结合"是"马克思主义基本原理"同"中华优秀传统文化相结合"。

"第二个结合"与"第一个结合"二者之间有着密切的关系与联系。总的来说,"第二个结合"是以"第一个结合"为基础,是对其的继承与发展。它使马克思主义同中国具体实际相结合的范围和领域更加广泛、更加全面、更加深入。而要切实弄清楚并把握"第一个结合"与"第二个结合"的关系,首先应弄清楚"第一个结合"。关于"第一个

① 《"这里的山山水水、一草一木,我深有感情"——记"十四五"开局之际习近平总书记赴福建考察调研》,载《人民日报》2021年3月27日。
② 习近平:《在庆祝中国共产党成立100周年大会上的讲话》,人民出版社,2021年,第13页。

结合",有代表性的观点认定：一方面，马克思主义作为无产阶级的世界观、方法论，是无产阶级和被压迫民族争取解放的思想武器。因此，中国共产党自成立之日起，就把马克思主义写在自己旗帜上，确认指导我们思想的理论基础是马克思列宁主义。中国革命需要马克思主义来指导；另一方面，中国的独特国情和革命实践决定必须用中国化的马克思主义指导中国革命与建设，而不能教条主义式地照抄照搬马克思主义的条条与字句。而中国化的马克思主义是马克思主义基本原理与中国具体实际相结合的产物。马克思主义与中国具体实际相结合的过程，就是马克思主义中国化的过程。二者的"结合"使马克思主义与中国具体实际成为一个不能分离的统一体。

关于中国革命的"实际"，即马克思主义与之相结合的"实际"，人们是这样理解、把握和规定的：作为中国革命对象的旧中国，是以农民为主体，经济文化十分落后的半殖民地半封建社会；而且由于列强宰割、军阀割据，使得经济社会发展不平衡，政权不统一。而在马克思主义与中国落后的经济文化这种"实际"结合的过程中，大多数人只注意经济这个方面的"实际"，忽略了文化这方面的"实际"。应当说，这是美中不足之处。但是，毛泽东以他卓越的马克思主义水平，高度的传统文化修养，洞察一切的眼光，慧眼识珠，发现中国传统文化纵然"落后"，却有不少有价值的东西。正是这个原因，使得作为我们党内最早明确提出马克思主义中国化的领导人毛泽东，在其长期理论创新与实践中，对于包括中国传统文化在内的一切文化采取批判地继承的正确态度和方针，能够舍弃其糟粕，吸取其精华，力求作到古为今用、洋为中用。这方面具体表现在：毛泽东用东汉班固所著的《汉书·河间献王传》中的"实事求是"来概括党的思想路线；用"天不变，道亦不变"为例，批评"形而上学"；用"兼听则明，偏听则暗"来论证全面看问题的必要性；用"相反相成"来说明矛盾的同一性。值得一提的是，毛泽东还借用《列子》中的"愚公移山"的故事来说明只要坚定不移地进行斗争，就有最后推翻帝国主义、封建主义和官僚资本主义"三座大山"的必然性,以此增强广大人民群众夺取革命胜利的信仰、信念、信心,坚定人们将革命进行到底的决心。再者,毛泽东巧妙地利用民间艺人制作的"纸老虎",形象、生动而又中肯地揭示了帝国主义和一切反动派势力外强中干的虚弱本质,给予国内外广大革命群众极大鼓舞。尤其是毛泽东还从古人的"大同""天下为公"的思想中吸收理论营养。这一切表明:毛泽东作为马克思主义中国化的倡导者和实践者,已拉开了"第二个结合"的序幕。习近平正是在此基础之上明确地提出了"第二个结合"。

"第二个结合"同"第一个结合"一样,也是一种全面系统、深入彻底的结合,从而是有机的结合、一体化的结合。这方面集中表现在习近平博大精深的治国理政的理念中。习近平对于极其丰富的传统文化进行了艰苦、细致、深入的"创造性转化、创新性发展",将中华优秀传统文化中的"小康""大同"构想、"天下为公""和而不同"等理念概括、提升为中国价值、中国方案和中国智慧。它们已被写入党的十九大报告等重要文献,成为习近平新时代中国特色社会主义思想的重要组成部分,是中华优秀传统文化同马克思主义立场观点方法有机结合的光辉典范和重要成果。它们表明:将中华优秀传统文化同马克思主义基本原理相结合,以此作为新时代、新的历史条件下推进马克思主义中国化,坚持走中国特色社会主义的基本思路与战略构想是正确的,并且是切实可行的。

"第二个结合"与"第一个结合"的密切关系,不仅表现在承前启后上,而且表现在前者有助于后者更好地结合上。这是由于作为观念形态的中国传统文化具有相对独立性,并且对经济、政治、教育等社会生活有着重要的反作用,不可轻视的影响力。可以说,如果不懂得、不熟悉中国传统文化,就难以正确、深入地了解、把握中国的经济、政治、文化教育的形成、发展与变化。更为重要的是,通过对中国传统文化进行全面、深入的"创造性转化、创新性发展",把它"同马克思主义立场观点方法结合起来",才能不断深入挖掘、开发利用中国传统文化精华对于中国经济发展、社会进步的积极作用。不言而喻，这有助于巩固和加强马克思主义基本原理同中国具体实际相结合，从而使它更好地发挥在思想理论和经济政治生命中的指导作用。

总之，由于实现"第二个结合"，既能开发利用传统文化中的精华，又能清除、扬弃其糟粕，乃至化消极因素为积极因素，从而为"第一个结合"提供了正确的思想指导。由此可见，从"第一个结合"的角度来看，"第二个结合"也具有重要价值，有其必然性。

但是，"第二个结合"与"第一个结合"既具有相同之处，也有不同之处。相同之处主要表现在：二者有着共同的任务与目的，都是为了实现并推进马克思主义中国化，开辟并坚持走中国特色的社会主义道路；二者的不同之处也值得认真关注，它们主要是指在二者结合的过程中，马克思主义处于不同的地位，有着不同的作用。邓小平曾明确地提出："马克思主义必须与中国实际相结合。只有结合中国实际的马克思主义，才是我们所需要的真正的马克思主义。"[1]由此决定，在"第一个结合"及其结合的实践中，中国革命与建设的实际是基础、依据和评价标准；而在"第二个结合"及其结合的过程中，从毛泽东的"指导我们思想的理论基础是马克思列宁主义"这一重要思想来看，马克思主义是基础、依据和评价标准。由此可以说，在毛泽东思想的基础上，习近平创造性地提出"第二个结合"，使马克思主义同中国经济、政治、文化最终实现全面深入结合。

二、"第二个结合"的理论底蕴

"第二个结合"是习近平在新时代治国理政的实践中长期思考的重大理论成果。它有着非常深厚的理论底蕴，具有牢固的理论基石。它们是"文化灵魂论""文化自信持久论""传统文化根本论"，"第二个结合"就是构建在这三块理论基石之上的。

---

[1]《邓小平文选（第三卷）》，人民出版社，第213页。

关于"文化灵魂论"，习近平谈治国理政的论述中多次涉及。以习近平同志为核心的党中央一直高度重视文化事业的生存发展。习近平强调说："正本清源、守正创新，一个国家、一个民族不能没有灵魂。"①而"文化是一个国家、一个民族的灵魂"②。他还进一步指出："黄河文化是中华文明的重要组成部分，是中华民族的根和魂。"③上面这些论述表明了习近平对于包括中华传统文化精华在内的文化事业的根本看法。总之，对文化在我们国家与中华民族的生存发展进程中的地位与作用，给予了很高的评价，将它们奉为国家与民族的"灵魂"，由此形成关于文化的一个十分重要的理念，即"文化灵魂论"。而我们国家正在开创有中国特色社会主义的伟大事业。这个事业和中华民族的"文化灵魂"，只能由中国特色的社会主义文化来铸造。这就需要努力建设中国特色社会主义文化。为此，应当如习近平赴福建考察调研时所言，"把弘扬优秀传统文化同马克思主义立场观点方法结合起来"，实现传统文化的"创造性转化、创新性发展"，由此建设中国特色的社会主义文化。

关于"文化自信持久论"，习近平也有不少重要论述。为了坚定不移地走中国特色社会主义道路，巩固和发展中国特色的社会主义伟大事业，他创造性地提出"道路自信"等"四个自信"这一重大战略举措。但在提出和论述"四个自信"时，习近平多次强调指出："我们说要坚定中国特色社会主义道路自信、理论自信、制度自信，说到底是要坚定文化自信。文化自信是更基本、更深沉、更持久的力量。"④"文化自信是一个国家、一个民族发展中更基本、更深沉、更持久的力量。"⑤习近平在这些论述中提出确认了这样一个新的重要理念："文化自信持久论。"理论的力量在于彻底。"文化自信持久论"正

---

① 《习近平谈治国理政（第三卷）》，外文出版社，2020年，第322页。

② 同上，第32页。

③ 同上，第379页。

④ 《习近平谈治国理政（第二卷）》，外文出版社，2017年，第339页。

⑤ 《习近平谈治国理政（第三卷）》，外文出版社，2020年，第18页。

是具有理论的彻底性。这表现在坚持"四个自信"归根结底是坚持"文化自信",明确提出,"说到底是要坚定文化自信",是因为"文化自信是更基本、更深沉、更持久的力量"。这样一来,就把文化自信置于"四个自信"的关键地位,要求它发挥关键性作用。

"文化自信是更基本、更深沉、更持久的力量",这是一个经过长期实践检验的科学论断。"文化自信"所说的"文化",是指中国特色社会主义文化。这是一个博大精深的思想文化体系,既包括马克思主义、社会主义、共产主义思想,也包括在长期革命斗争中产生发展起来的革命文化,还包括中华优秀传统文化。自"十月革命"以后,马克思主义、科学社会主义作为一种新的思想文化传播到中国,至今已历百余年。在这百余年中,它在中国大地上生根、开花、结果,在它抚育下成长壮大起来的中国共产党在 2021 年迎来了百年华诞。它指导中国人民开辟并坚定不移地在中国特色社会主义道路上胜利前进。"砍头不要紧,只要主义真。""敌人只能砍下我的头颅,不能动摇我的信仰。"革命先烈这些铮铮誓言,充分显示了文化自信的确是"更基本、更深沉、更持久的力量"。

至于中华优秀传统文化,已历经五千多年漫长激烈的历史风雨,大浪淘沙,一直在中国大地上生存发展,尤其是改革开放以后这 40 多年,不仅让科学进入春天,也让传统文化进入春天。传统文化重新焕发了青春活力,发挥空前巨大的影响力。从个人层面来说,优秀的传统文化仍然是中国广大人民群众的道德准则、行为规范、思维方式;从社会、国家,乃至世界层面来说,作为中华传统文化精华的"天下为公""和而不同""以和为贵"等思想观念对于建设"一带一路"、构建人类命运共同体等重大决策和战略,都发挥了直接间接的潜移默化、润物无声的作用与影响。中华优秀传统文化中的"天下为公""以和为贵""家国一体""天人合一"等精华已经成为中华民族的"基因",融入了中国人的血液,铸造了中国人的灵魂,上升到中国人的信仰层面。既然中华优秀传统文化同马克思主义、科学社会主义思想文一样,是"文化自信"的重要因素,是"更基本、更深沉、更持久的力量",这就要求实行"第二个结合","把弘扬优秀传统文化同马克思主义立场观点方法结合起来",使它成为中国特色社会主义文化体系的组成部分,由此进而成为中国广大干部群众建立文化自信的重要基础。

而文化自信之所以可以成为"更基本、更深沉、更持久的力量",是由于文化具有相对独立性和科学性。所谓独立性,是指文化作为意识形态的东西,它可以脱离原来的政治体制、经济体制、生产生活方式而独立存在或长或短的时间。而传统文化在新的经济基础上生存发展的状况与时间,则在很大程度上取决于它的科学性。一般来说,如果是一种具有科学性的先进文化,它在人类社会生产、生活变迁历史上存留及发挥作用的时间就比较"持久"。毫无疑义,若同"马克思主义立场观点方法结合",将进一步增强中华优秀传统文化的科学性。这是由于即使是优秀传统文化,也难免或多或少具有某些封建主义的灰尘或唯心主义的色彩。而这些东西只有在与马克思主义的结合中才能彻底清除。这就意味着,从"文化自信持久论"的角度来看,也应当进行"第二个结合"。

关于"传统文化根本论",习近平在论及传统文化时强调提出:"优秀传统文化是一个国家、一个民族传承和发展的根本,如果丢掉了,就割断了精神命脉。"[1]的确如此,因为世界上包括人在内的万事万物,都有"根",也都需要"根"。因为对于自然界的生物来说,根深才能叶茂,根粗才能苗壮。这是由于根系发达,才能广泛吸收,从而得以为生物的生长发展提供良好条件与丰富营养。而对于个人、国家、民族来说,"根"主要是传统文化。传统文化精华中的家国理念、人生信仰、行为规范形成人们的精神家园,使人们有精神寄托,有生活追求,有畏惧,有爱有恨,由此形成一个国家、一个民族,也包括一个人、一个家庭的精神命脉。正是这一切使小到一个人、一个家庭,

---

[1]《习近平谈治国理政(第二卷)》,外文出版社,2017年,第313页。

大到一个国家、一个民族得以长久传承和发展。所以,习近平告诫人们,传统文化不能丢,"如果丢掉了,就割断了精神命脉"。这方面的历史经验值得注意;尤其是反面的经验,给予我们的教育会更大、更深刻。回顾百年历史,我们曾经两次不分良莠优劣"丢掉"了传统文化,几乎"割断了精神命脉"。第一次是五四运动时期,在"打倒孔家店"的口号声中,传统文化受到了严重冲击。诚然,传统文化中有这个方面那个方面的糟粕,但今天的事实表明,它其中还有诸多精华,因而在新的历史条件下能重铸辉煌;对于中国社会乃至全人类的发展进步、缓解人类面临的危机能够发挥重要的积极作用。但是,"五四"时期对旧文化的批判,却犯了以偏概全、良莠不分,把孩子与脏水一起泼掉的错误。这种错误从五四时期一批文化界的代表人物的言论行为中可以看到。他们为了全面彻底地否定传统文化,竟连汉字也遭痛批,极力主张将之废弃而代以拼音文字;又如为了否定传统文化中的伦理观念,竟连尊老敬贤、孝敬长辈的观念也加以批判。这些错误的言论行动,在当时不仅遭到保守派人士的激烈反对,也遭到广大群众的拒绝。令人欣慰的是,改革开放这场中国的"第二次革命",旗帜鲜明地提出要拨乱反正,正本清源,从而成为传统文化的"第二个春天",把被丢掉的优秀传统文化重新拾取,赓续了被割断了的"精神命脉"。

中华优秀传统文化的失而复得、断而复续的事实表明:中华优秀传统文化的确是我们国家、中华民族不能"丢掉",也不可能"丢掉"的"根本";不能"割断"、也不可能"割断"的"精神命脉"。它们也告诉我们:在任何时候、任何情况下,对于优秀传统文化,一定要精心培育、着意保护。总之,培"根"、护"根"是一代代中国人的神圣使命。因为优秀传统文化与中国人命运与共、血肉相连。为了做好培"根"、护"根"工作,也就需要实行"第二个结合"。因为通过"第二个结合",马克思主义使中华优秀传统文化实行"创造性转化、创新性发展",从而得以提升和完善,使之进一步科学化。这一切无疑有助于我们坚守优秀传统文化这个"根本"。

以上论述表明:"文化灵魂论""文化自信持久论""传统文化根本论"的提出与确立,为"第二个结合"提供了坚实的理论基础,它们不仅催生了"第二个结合",使之水到渠成、瓜熟蒂落;而且使"第二个结合"坚如磐石,不可动摇,令人信服,让人接受。

三、实现"第二个结合"的战略构想

2021年2月20日,习近平在《在党史学习教育动员大会上的讲话》中指出:"在近代中国最危急的时刻,中国共产党人找到了马克思列宁主义,并坚持把马克思列宁主义同中国实际相结合,用马克思主义真理的力量激活了中华民族历经几千年创造的伟大文明,使中华文明再次迸发出强大精神力量。"①而如今"把弘扬优秀的传统文化同马克思主义立场观点方法结合起来"的"第二个结合",将"使中华文明再次迸发出强大精神力量"。但是,它既是个严肃的理论问题,更是个复杂的实际问题,是一项伟大的系统工程。因此,它是中国共产党在新时代所担负的又一项光荣而艰巨的课题与任务。为了成功地实现"第二个结合",需要做好以下工作:

第一,开展广泛深入的宣传动员工作,不断提高广大干部群众投身"第二个结合"的自觉性与积极性。"第二个结合"是一场伟大的思想文化变革。要切实完成这一场思想文化变革,需要社会各界人士、广大干部和群众积极参加。为此,要求开展广泛深入的宣传动员工作,让人们正确深刻地认识进行"第二个结合"的重大意义。这场宣传动员工作,重点宣传"文化灵魂论""文化自信持久论""传统文化根本论",借此提高广大干部和群众开展和投身"第二个结合"这场新时代思想文化变革的自觉性和积极性,增强人们的紧迫感。

第二,贯彻实行以中华优秀传统文化为基础,以马克思主义为主

---

① 习近平:《在党史学习教育动员大会上的讲话》,人民出版社,2021年,第12页。

导的方针。两种事物的结合,首先要认识并确立二者各自在结合中的地位与作用。这是由于各种结合的性质与目的不同,因而结合双方的地位与作用随之有别。正是由于这个原因,"第二个结合"与"第一个结合"各自双方的地位与作用便有所区别。具体来说,根据邓小平"只有结合中国实际的马克思主义,才是我们所需要的真正的马克思主义"①这一科学的马克思主义观念,在马克思主义基本原理同中国具体实际相结合中,由于要求马克思主义符合中国具体实际,由此决定起主导作用的是中国具体实际。因为只有中国具体实际在结合中居于主导地位、起主导作用,它才能要求马克思主义与之相符合。但是,"把弘扬优秀传统文化同马克思主义立场观点方法结合起来"的"第二个结合",由于如毛泽东所说:"指导我们思想的理论基础是马克思列宁主义"②,这就要求"弘扬优秀传统文化"符合"马克思主义立场观点方法"。而这就意味着,在"第二个结合"中,马克思主义是主导,起主导作用。通过二者的结合,目的是要让中华优秀传统文化这块丰厚坚实的基础、土壤生长出中国化马克思主义、社会主义之苗,结出丰硕的中国化马克思主义、社会主义之果。不言而喻,这就需要"第二个结合"在马克思主义主导、指导下进行。所以,对于"第二个结合",要求贯彻实行以马克思主义为主导,以中华优秀传统文化为基础的方针。

第三,坚持理论与实际相结合的基本原则与方法,在实践中实现"第二个结合"。马克思主义基本原理同中国具体实际相结合,即"第一个结合"是理论与实际的结合,它是在中国革命、建设、改革的伟大实践中完成的。"把弘扬优秀传统文化同马克思主义立场观点方法结合起来"的"第二个结合",虽然就其对象、内容来说是"文化"与"理论"的结合,但这个结合将同样是在新时代开辟和坚持中国特色社会

---

① 《邓小平文选(第三卷)》,人民出版社,1993年,第213页。
② 《中华人民共和国第一届全国人民代表大会第一次会议开幕词》,载《人民日报》1954年9月16日。

主义道路,中华民族伟大复兴及构建人类命运共同体的伟大实践中实行和完成的。所以,从这个意义上说,"第二个结合"也是理论与实践的结合。

之所以如此,首先是由于根据实事求是的思想路线与方法,实践是检验真理的唯一标准。因此,只有在文化建设、思想理论建设以及经济建设、政治建设的实践中,才能挖掘中华五千年文明、传统文化中的精华、科学的东西;同样,也才能不断深入认识和确定"马克思主义立场观点方法"。不言而喻,这两个方面是搞好"第二个结合"的重要前提条件。其次,由于"把弘扬优秀传统文化同马克思主义立场观点方法结合起来",不能是少数文化人、理论工作者闭门造车,孤立进行,而是要依靠广大干部群众参加的一场群众性变革;是在马克思主义中国化、中国特色社会主义文化建设的实践中进行的。因此,为了搞好"第二个结合",我们要自觉贯彻实行理论与实际相结合这一基本原则与方法,依靠实践、立足实践、深入实践、投身实践,通过实践发现问题、提出任务、确定目标、寻找解决问题的方法,求得问题解决的答案。

第四,对传统文化进行深入挖掘、科学梳理。只有这样,才能全面、深刻地认识和把握它的精华。习近平在福建考察调研时强调提出:"我们要特别重视挖掘中华五千年文明中的精华。"而中国传统文化是一个极其宏大的宝库,内容非常丰富。上下五千年,纵横百十国,承接几十代,罗列若干家,真可谓是流派纷呈,大家辈出。因此,要全面挖掘中华五千年文明中的精华,这是一项十分浩大的文化工程。更何况还有不少珍贵的文化思想文献遭受各种毁损与流失;尤其是各种有意无意地篡改、歪曲与抹黑,不是实事求是地批评与责难。这一切使传统文化蒙上了浓厚的历史的、思想的灰尘,乃至污垢而失去了本来面目。为此,挖掘中华五千年文明中的精华,弘扬优秀传统文化,首先要正本清源,为其正名,恢复名誉;其次,对于传统文化浩瀚的文献、极其丰富的思想内容进行全面梳理。在这两个方面,习近平率先垂范,做了大量卓有成效的工作。

习近平总书记在论及中华文明、传统文化的问题时曾明确地指出:"文化兴国运兴,文化强民族强。"①而中国特色社会主义文化,首先是"源自中华民族五千多年文明历史所孕育的中华优秀传统文化"②。他还强调说:"中国特色社会主义不是从天上掉下来的",而是从中国长期的革命、建设与改革的伟大实践中得来的,"是对中华文明5 000多年的传承发展中得来的"③。这些重要论述彻底清扫了传统文化上面的各种污泥浊水,还它以本来面目,彰显了它们的光辉形象,给它正了名。在此基础上,习近平对于浩如烟海、博大精深的传统文化进行了全面梳理。他对中华文明作了这样的高度概括:"亲仁善邻、协和万邦是中华文明一贯的处世之道,惠民利民、安民富民是中华文明鲜明的价值导向,革故鼎新、与时俱进是中华文明永恒的精神气质,道法自然、天人合一是中华文明内在的生存理念。"④他还总结说:"在几千年的历史演进中,中华民族创造了灿烂的古代文明,形成了关于国家制度和国家治理的丰富思想。"⑤习近平将它们提炼归纳为:"大道之行、天下为公的大同理想,六合同风、四海一家的大一统传统,德主刑辅、以德化人的德治主张,民贵君轻、政在养民的民本思想,等贵贱均贫富、损有余补不足的平等观念,法不阿贵、绳不挠曲的正义追求,孝悌忠信、礼义廉耻的道德操守,任人唯贤、选贤与能的用人标准,周虽旧邦、其命维新的改革精神,亲仁善邻、协和万邦的外交之道,以和为贵、好战必亡的和平理念,等等。"⑥习近平对此评价说:"这些思想中的精华是中华优秀传统文化的重要组成部分。"⑦应当说,习近平对中华优秀传统文化的总结是全面的,评价是中肯的,对中华五千年文明精华的挖掘是有成效的,对传统文化的梳理是科学的。

---

①② 《习近平谈治国理政(第三卷)》,外文出版社,2020年,第32页。
③ 同上,第70页。
④ 同上,第471页。
⑤ 同上,第119页。
⑥⑦ 同上,第120页。

　　第五，进行"创造性转化、创新性发展"。为了让中华优秀传统文化更好地为现实服务，习近平曾多次强调指出，要努力"推动中华优秀传统文化创造性转化、创新性发展"①。"创造性转化、创新性发展"，无疑是中华优秀传统文化同"马克思主义基本原理"结合的基本途径、有效方式。对此，习近平说得很清楚："推动中华优秀传统文化创造性转化、创新性发展"，必须"坚持马克思主义"②，"以马克思主义为指导"③。"以马克思主义为指导"所开展的"中华优秀传统文化创造性转化、创新性发展"的成果，必定能够同马克思主义基本原理很好地结合起来。

　　例如，习近平创造性地提出并努力实践，从而已得到联合国诸多组织机构与国际社会认同和欢迎的"人类命运共同体"理念，在一定程度上，它就是中华优秀传统文化的"天下为公""四海一家""亲仁善邻""以和为贵""和而不同"等理想追求、思想观念，也就是中国价值、中国方案、中国智慧的"创造性转化、创新性发展"的一个重要成果；又如，在党的十九大报告等文献中创造性提出的美丽中国、健康中国和平安中国的构想与目标，它们同样在一定程度和意义上是传统文化中"天人合一""道法自然""敬天法祖"和"以民为本""民贵君轻""政在养民"等精华在马克思主义指导下进行"创造性转化、创新性发展"的重要成果。

　　上面这些成果已成为习近平总书记的治国理政思想体系中的重要理念，是习近平新时代中国特色社会主义思想的重要组成部分。它们表明，"第二次结合"已取得重要的成绩。这也表明，"第二个结合"的提出是十分必要的。因此，它应当成为我们党和国家政治、经济、思想文化生活中的一项重要任务。正因为这样，所以，习近平总书记在庆祝中国共产党成立100周年大会上的重要讲话和《中共中央关于党的百年

①②《习近平谈治国理政（第三卷）》，外文出版社，2020年，第18页。
③ 同上，第32页。

奋斗重大成就和历史经验的决议》中,都确认马克思主义基本原理要"同中华优秀传统文化相结合"。为此,在目前和今后一个时期内,为了进一步搞好"第二个结合",我们应当努力把上述五个方面的工作做深做细。它们是成功实现"第二个结合"的重要战略举措。

第四节　中国共产党百年理论创新成果

习近平在党史学习教育动员大会上指出:"我们党的历史,就是一部不断推进马克思主义中国化的历史,就是一部不断推进理论创新、进行理论创造的历史。"[1]中国共产党已度过百年华诞,但仍保持着青春活力,原因在于中国共产党是一个有着强烈的创新意识、卓越的创新能力的创新型政党。中国共产党的历史是一部不断创新的历史。中国共产党集中了全党、全国人民的智慧,进行了一系列伟大的理论创新,取得了影响至深至远的重要成果。其成果集中表现在毛泽东、邓小平和习近平三位杰出的代表人物身上。毛泽东的马克思主义中国化理论、邓小平的社会主义本质论、习近平的"人类命运共同体"理念,就是中国共产党创新成果的主要代表。21世纪,中国共产党将继续保持创新意识和创新能力,在新的征途上继续开拓创新,必将取得更加丰硕的创新成果。

一、毛泽东的主要创新成果

中国共产党的历史是一部不断创新、不断攻坚克难的历史。在漫长曲折的创新之路上,党和国家领导人在带领全党全国各族人民进行了波澜壮阔的创新实践,取得了丰硕的创新成果。

社会主义革命和建设是人类历史上空前伟大而又十分艰巨的事业,毛泽东指出:我们必须担负起"创造新鲜事物"的责任和重担,"特

---

[1] 习近平:《在党史学习教育动员大会上的讲话》,人民出版社,2021年,第12页。

别像中国这样大的国家,应该'标新立异'"①。毛泽东的创新成果主要有以下几方面。

（一）马克思主义中国化理论

一个革命政党要进行革命斗争,取得斗争胜利,必须有正确的理论指导。但是,在20世纪20年代末30年代初,中国革命却缺乏正确的理论指导。当时,处于幼年的中国共产党内存在把马克思主义教条化、十月革命经验绝对化、共产国际指示神圣化的错误倾向。身处革命斗争第一线的毛泽东反对这种错误思潮,并且在实际工作中予以坚决抵制。1930年5月,毛泽东在《反对本本主义》中第一次明确提出从实际出发,而不要从本本出发的思想路线。根据这一正确的思想路线,1938年10月,毛泽东在党的六届六中全会上创造性地提出马克思主义中国化这一重要理论,把它作为全党思想战线上的首要任务。此后,毛泽东对马克思主义中国化理论作了深刻阐述和明确规定。毛泽东解释说:"马克思主义中国化就是马克思主义普遍真理跟中国革命具体实践的统一。"②这种统一是通过二者的结合实现的。但是,马克思主义基本原理同中国具体实际相结合,必须"坚持原则和独创精神"③。对于这个问题,在遵守马克思主义基本原理的前提下,毛泽东进一步提出,"任何国家的共产党,任何国家的思想界,都要创造新的理论,写出新的著作,产生自己的理论家,来为当前的政治服务,单靠老祖宗是不行的"④。

（二）中国式革命道路

实践推动理论创新。第一次国共合作破裂后,中国革命需要新的理论。特殊国情和革命实践要求中国共产党在中国革命的道路上进行创新,开辟有中国特色的革命道路。它既不能照搬马克思主义经典作家以工业化、城市化发达的欧美国家为依据所设想的革命方式,

---

① 《毛泽东文集（第七卷）》,人民出版社,1999年,第80页。
② 《毛泽东年谱（1949—1976）（第四卷）》,中央文献出版社,2013年,第526页。
③④ 《毛泽东文集（第八卷）》,人民出版社,1999年,第109页。

也不能照抄列宁所领导的十月革命所开辟的革命道路。在严峻的革命条件和形势下,以毛泽东为代表的中国共产党人认真总结和吸取了第一次大革命失败,以及南昌起义、广州起义失败的血的教训,自觉对中国式革命道路进行了艰苦卓绝的探索。

毛泽东在八七会议上明确提出"枪杆子里面出政权"这一重要思想,并于会后领导了秋收起义。秋收起义后,他率领红军上了井冈山,拉开了"工农武装割据"的序幕。在朱毛红军胜利会师后,中国共产党巩固并扩大了井冈山革命根据地,迈出了农村包围城市、武装夺取政权这条革命道路的坚实的第一步。井冈山工农武装割据的初步成功给了中国共产党进行道路探索和实践的底气和动力。1928 年 10 月、11 月,毛泽东在连续撰写的《中国的红色政权为什么能够存在?》《井冈山的斗争》中正确分析、精辟总结了工农武装割据产生、存在、发展的原因与条件。在此基础上,毛泽东创造性地提出:中国革命要走农村包围城市,最后武装夺取全国革命胜利的道路。他指出:"现在中国革命形势是跟着国内买办豪绅阶级和国际资产阶级的继续的分裂和战争,而继续地向前发展的。所以,不但小块红色区域的长期存在没有疑义,而且这些红色区域将继续发展,日渐接近于全国政权的取得。"[1]在中国式革命道路指引下,新民主主义革命最终取得了伟大胜利。

(三)"生命线"理论

早在 1932 年,中国共产党就提出了"生命线"理论,强调在革命战争年代,革命的"政治工作不是附带的,而是红军的生命线"[2]。在社会主义建设时期,毛泽东又指出"政治工作是一切经济工作的生命线"[3]。总之,在长期的革命与建设中,毛泽东对政治工作作为生命线体验尤深。这个"生命线"理论把政治工作的地位和作用提升到关系

---

① 《毛泽东选集(第一卷)》,人民出版社,1991 年,第 50 页。
② 《中共中央文件选集(第八册)》,中共中央党校出版社,1991 年,第 310 页。
③ 《毛泽东文集(第六卷)》,人民出版社,1999 年,第 449 页。

党及其领导的事业生死存亡的高度。实际上,毛泽东把政治工作视为各项工作的生命线。1937 年 10 月 25 日,他在与英国记者贝特兰谈话时指出:早在 1924—1927 年的第一次革命战争时期,军队中便开始建立中国历史上从未有过的党代表制度和政治部制度,"靠了这种制度使军队一新其面目。1927 年以后的红军以至今日的八路军,是继承了这种制度而加以发展的"①。他还进一步强调:"人民解放军建立了自己的强有力的革命的政治工作,这是我们战胜敌人的重大因素。"②

值得强调的是,20 世纪 50 年代中期,毛泽东曾分析说:"在知识分子和青年学生中间,最近一个时期,思想政治工作减弱了,出现了一些偏向。"③他在历数一些青年学生淡忘政治、理想与祖国,只关心个人前途与利益的不良思想倾向后批评说:"没有正确的政治观点,就等于没有灵魂。"④这是告诉人们:政治工作也是教育工作的生命线。总之,"生命线"理论无疑也是中国共产党创新史上一个意义深远的成果。

(四)跳出历史兴亡周期率构想

在社会主义国家,如何防止从事管理工作的少数人由社会公仆变为社会主人,从而导致国家变质,乃至政权垮台,这是以创建社会主义新型国家为革命目的的中国共产党必须未雨绸缪认真思考解决的根本性问题。

1945 年 7 月,黄炎培在与毛泽东谈话时提出:不知中国共产党能否跳出"其兴也勃焉""其亡也忽焉"这个人类社会演变史上的"兴亡周期律"。毛泽东深谋远虑后回答说:"我们已经找到新路,我们能跳出这周期率。这条新路,就是民主。只有让人民来监督政府,政府才

---

① 《毛泽东选集(第二卷)》,人民出版社,1991 年,第 380 页。
② 《毛泽东选集(第四卷)》,人民出版社,1991 年,第 1248 页。
③ 《关于正确处理人民内部矛盾(1957 年 2 月 27 日)》,人民出版社,1957 年,第 22 页。
④ 同上,第 23 页。

不敢松懈。只有人人起来负责,才不会人亡政息。"①毛泽东把发扬民主作风,实行人民民主,作为跳出历史兴亡周期率的新路,也就是基本思路和战略举措。

为了开辟能够跳出历史兴亡周期率的新路,巩固人民当家作主的地位,毛泽东可谓呕心沥血。例如,毛泽东力主在党内实行民主集中制,实行少数服从多数原则,他曾严厉批评说:"如果不是这样,就是一人称霸。这样的第一书记,应当叫作霸王,不是民主集中制的'班长'。"②为了贯彻民主集中制原则,他还创造性地提议:"是否可以仿照人民代表大会的办法,设党的常任代表。"因为"有了常任代表制度,每年就非开会不可"③。党的"代表大会常任制的最大好处,是使代表大会可以成为党的充分有效的最高决策机关和最高监督机关"。因此,"这种改革,必然可以使党内民主得到重大的发展"④。又如,毛泽东提出,"我们要求所有的人都遵守革命法制"⑤。而健全的法制有助于保障广大群众和干部参政议政的民主权利。再如,为了克服脱离人民群众的官僚主义,防止干部对人民群众进行瞎指挥,"以其昏昏,使人昭昭",毛泽东要求广大干部钻研专业知识,尤其是科学技术,成为自己工作领域的专家:"中央委员会中应该有许多工程师,许多科学家",而"现在的中央委员会,我看还是一个政治中央委员会,还不是一个科学中央委员会"⑥。

(五)"纸老虎"理念

毛泽东曾教育干部和战士:"我们看事情必须要看它的实质,而把它的现象只看作入门的向导,一进了门就要抓住它的实质,这才是

---

① 《毛泽东年谱(1893—1949)(中卷)》,中央文献出版社,1993年,第611页。
② 《毛泽东文集(第八卷)》,人民出版社,1999年,第294-295页。
③ 《毛泽东文集(第七卷)》,人民出版社,1999年,第54页。
④ 《建国以来重要文献选编(第九册)》,中央文献出版社,1994年,第141页。
⑤ 《毛泽东年谱(1949—1976)(第三卷)》,中央文献出版社,2013年,第71页。
⑥ 《毛泽东文集(第七卷)》,人民出版社,1999年,第102页。

可靠的科学的分析方法。"①毛泽东由此创造性地提出"纸老虎"理念。1948年8月6日,毛泽东在延安向美国记者安娜·路易斯·斯特朗发表谈话时指出:"一切反动派都是纸老虎。看起来,反动派的样子是可怕的,但是实际上并没有什么了不起的力量。从长远的观点看问题,真正强大的力量不是属于反动派,而是属于人民。"②这是毛泽东在战略上藐视敌人、战术上重视敌人这个重要军事思想的形象说法。它透过帝国主义强大的外表而洞察了其虚弱的本质,是毛泽东看待、评价敌人的基本观点。1958年12月1日,毛泽东在《关于帝国主义和一切反动派是不是真老虎的问题》一文中重申当年提出的"纸老虎"理念。

毛泽东的"纸老虎"理念解放了也武装了中国人民和世界上一切进步人士的思想,增强了人们战胜各种反人民、反进步的敌对势力的信心,极大地鼓舞了人们的斗志。在处于百年未有之大变局的今天,毛泽东的"纸老虎"理念依然是"不惹事,也不怕事"的中国人民强大的精神支柱。

（六）社会主义基本矛盾论

马克思、恩格斯在《资本论》和《社会主义从空想到科学的发展》中,列宁在论述新经济政策及其他有关社会主义革命和建设的论述中,都没有论及社会主义社会的基本矛盾问题。但恩格斯指出:"所谓'社会主义社会'不是一种一成不变的东西,而应当和任何其他社会制度一样,把它看成是经常变化和改革的社会。"③列宁也说:"把社会主义看成一种僵死的、凝固的、一成不变的东西的这种观念,是非常荒谬的。"④可见,恩格斯和列宁把社会主义社会看作一个不断变化、发展、前进着的社会形态。这就意味着,社会主义社会仍然存在

① 《毛泽东选集（第一卷）》,人民出版社,1991年,第99页。
② 《毛泽东选集（第四卷）》,人民出版社,1991年,第1195页。
③ 《马克思恩格斯文集（第十卷）》,人民出版社,2009年,第588页。
④ 《列宁专题文集:论社会主义》,人民出版社,2009年,第39页。

矛盾,并且表现在经济、政治、文化各个领域。运动就是矛盾,必定产生并激发矛盾。由此可见,社会主义社会在不断发展变化即运动中,其生产力和生产关系、经济基础与上层建筑之间难免不断产生矛盾,旧的矛盾解决了,新的矛盾又形成了。因此,毛泽东在《关于正确处理人民内部矛盾的问题》中指出,"在社会主义社会中,基本的矛盾仍然是生产关系和生产力之间的矛盾,上层建筑和经济基础之间的矛盾"①。这就是毛泽东的社会主义基本矛盾论,它是一个重要的理论创新。在马克思主义发展史上,毛泽东第一次创立了社会主义社会矛盾的学说。

与过去社会相比,社会主义的生产关系、经济基础、上层建筑具有科学性、先进性,本质是进步的,因此,社会主义社会的基本矛盾是非对抗性的,并且主要表现为人民内部矛盾。因此,它们可以通过社会主义制度内在的自我完善、自我纠错机制来解决,这就为社会主义改革奠定了重要的理论基础。

（七）社会主义改革论

毛泽东是我国社会主义改革的倡导者和先行者。在我国进入社会主义社会之后,毛泽东一再提出并倡导进行新形势下的改革。1957年3月,他在一次讲话中号召并勉励广大党员和干部,"中国的改革和建设靠我们来领导"②。1958年1月,他又一次宣称,"共产党准备大改革"③。

毛泽东之所以强调社会主义社会的改革问题,是因为在他看来,"根据生产力迅速发展的要求,对生产关系和上层建筑进行不断的改革,就为生产力的不断发展开辟了广阔的道路。而生产力的不断发展,又迫使生产关系和上层建筑不能不进行不断的改革"④。由此可

---

① 《建国以来重要文献选编（第十册）》,中央文献出版社,1994年,第71页。
② 《毛泽东文集（第七卷）》,人民出版社,1999年,第275页。
③ 《建国以来毛泽东文稿（第七册）》,中央文献出版社,1992年,第43页。
④ 《建国以来毛泽东文稿（第九册）》,中央文献出版社,1996年,第109页。

见,毛泽东的社会主义改革论是建立在他的社会主义社会基本矛盾论的基础上,是以社会主义基本矛盾论为依据提出来的。因此,他多次强调"现在必须加以改革"①。他还具体指出:社会主义改革主要包括经济体制改革和政治体制改革两个方面。关于经济体制改革,毛泽东提出,"要解决中央同地方分权的问题"②,还有工农业生产的民主管理问题,旨在通过改革让企业与劳动者拥有一定的自主权和利益。如在工业领域,毛泽东否定了苏联的"马钢宪法",支持中国的"鞍钢宪法",要求实行广大职工群众参加企业管理和监督的制度。关于经济方面的改革,毛泽东遵循从实际出发、实事求是的原则,提出在社会主义条件下"可以消灭了资本主义,又搞资本主义","自由市场"可以存在,"地下工厂"应当"合法化,可以雇工"。它们"因为社会有需要,就发展起来"③。关于政治体制改革,例如,在准备召开中共八大时,毛泽东就明确指出:"党章确实应当充分体现纪律性和创造性,体现群众路线。没有纪律是不行的。但是纪律太死了也不行,妨碍创造性的发挥,这样的纪律是不好的,应当不要。"④

二、邓小平的主要创新成果

改革开放时期是中国共产党历史上又一个创新的黄金时代。经过真理标准的大讨论,清除了"左"倾思潮的影响,解放了人们的思想观念,为创新提供了良好的社会环境,从而使广大干部和群众的创新意识、创新热情、创新的主动性和积极性空前增强,充分激发了人们的创新潜能。作为中国改革开放"总设计师"的邓小平审时度势,在社会主义改革开放进程中带领全党全国各族人民进行了一系列创新实践,取得了下列重要创新成果。

---

① 《毛泽东文集(第八卷)》,人民出版社,1999 年,第 348 页。
② 《毛泽东文集(第七卷)》,人民出版社,1999 年,第 53 页。
③ 同上,第 170 - 171 页。
④ 同上,第 54 页。

(一)马克思主义精髓论

邓小平曾多次指出,过去对于"什么是社会主义,怎样建设社会主义"这个问题,我们并没有搞清楚。其中一个重要原因就是未能弄清楚什么是马克思主义,怎样坚持马克思主义和怎样真正高举毛泽东思想旗帜这个根本问题。为此,邓小平在改革开放初期十分重视理论上拨乱反正,正本清源。这一伟大工作最重要的理论创新成果就是确立实事求是是马克思主义、毛泽东思想的精髓。"马克思主义精髓论"是邓小平在批判"两个凡是"时提出来的。邓小平指出:"毛泽东思想的基本点就是实事求是,就是把马列主义的普遍原理同中国革命的具体实践相结合。"[1]他进一步指出:"毛泽东同志在延安为中央党校题了'实事求是'四个大字,毛泽东思想的精髓就是这四个字。"[2]在他看来,"毛泽东同志之所以伟大,能把中国革命引导到胜利,归根到底,就是靠这个"[3]。因此,邓小平强调:"我们高举毛泽东思想的旗帜,就是在处理各种方针政策问题时,都要坚持从实际出发。"[4]20 世纪 80 年代末 90 年代初,由于"左"与"右"的错误思潮的严重干扰,我国改革开放再一次遇到严重的思想障碍。为了扫除思想障碍,更好地坚持马克思主义,坚定不移走中国特色社会主义道路,邓小平在 1992 年初南方谈话时再次明确指出:"马克思主义是很朴实的东西,很朴实的道理。""实事求是是马克思主义的精髓。要提倡这个,不要提倡本本。"[5]正是邓小平重新提出,一再肯定实事求是的精髓地位,人们得以从根本上清除了对马克思主义、社会主义的错误认识,使我国改革开放事业继续深入发展。

马克思主义精髓论实际上是一种科学的毛泽东思想观、马克思主义观。它要求我们以精髓为视角和标准去看待和评价是真高举还是假高举毛泽东思想伟大旗帜,是真坚持还是假坚持马列主义。在它

---

[1][2][3]《邓小平文选(第二卷)》,人民出版社,1994 年,第 126 页。

[4] 同上,第 127 页。

[5]《邓小平文选(第三卷)》,人民出版社,1993 年,第 382 页。

的指导下,我们才能正确地回答什么是社会主义、怎样建设社会主义这个根本性问题。总之,马克思主义精髓论为社会主义改革和中国特色社会主义建设提供了科学的理论依据和行动指南。

(二)社会主义本质论

历史唯物主义认为,资本主义必将为社会主义、共产主义所取代。这是由于社会主义制度比资本主义制度更有利于生产力发展。因此,比资本主义更快地发展社会生产力是社会主义制度的本质要求,是它的生命力所在。据此,邓小平进而指出,这是社会主义优越性的集中表现。

邓小平指出:"按照历史唯物主义的观点来讲,正确的政治领导的成果,归根结底要表现在社会生产力的发展上,人民物质文化生活的改善上。如果在一个很长的历史时期内,社会主义国家生产力发展的速度比资本主义国家慢,还谈什么优越性?"[1]在这里,邓小平确认更快地发展社会生产力,提高人民群众的生活水平是社会主义的本质要求,并且将它同社会主义优越性直接联系起来,作为判断社会主义优越性的基本标准。为此,邓小平严厉批评"宁要社会主义低速度,不要资本主义高速度"的谬论。为了让人们进一步深刻了解并认同社会主义与优越性之间的关系,在理论上与实际工作中重视发挥社会主义的优越性,邓小平强调:"不解放思想不行,甚至于包括什么叫社会主义这个问题也要解放思想。经济长期处于停滞状态总不能叫社会主义。人民生活长期停滞在很低的水平总不能叫社会主义。"[2]"根据我们自己的经验,讲社会主义,首先就要使生产力发展,这是主要的",因为"只有这样,才能表明社会主义的优越性"[3]。

为了扫除改革开放的思想阻力,彻底解决"姓'资'还是姓'社'的

① 《邓小平文选(第二卷)》,人民出版社,1994年,第128页。
② 同上,第312页。
③ 同上,第314页。

问题"①，邓小平在 1992 年初南方谈话时进一步明确指出，"社会主义的本质，是解放生产力，发展生产力，消灭剥削，消除两极分化，最终达到共同富裕"②。这是邓小平对社会主义本质明确且完整的表述。社会主义本质论包括手段与目的两个方面的内容。为了进一步解放发展生产力，邓小平提出坚定不移实行改革开放，而要最终达到共同富裕，"一部分地区有条件先发展起来，一部分地区发展慢点，先发展起来的地区带动'后发展'的地区，最终达到共同富裕"③。他还提出，"社会主义最大的优越性就是共同富裕，这是体现社会主义本质的一个东西"。"共同致富，我们从改革一开始就讲，将来总有一天要成为中心课题。"④如今，以习近平同志为核心的党中央秉承邓小平的这一教导和殷切期待，带领全国人民迈步走向共同富裕。

（三）市场经济方法论

我国经济体制改革以社会主义市场经济体制为目标，市场经济方法论对社会主义经济改革的作用不可低估。可以说，在中国共产党百年创新史上，市场经济方法论无疑是位居前列的理论创新成果。提出和确立市场经济方法论，堪称攀登理论高峰与险峰。因为此前很长一段时期，无论是理论界还是实务界，都认定市场经济是资本主义的东西，计划经济是社会主义的。这些观念可谓根深蒂固。

邓小平则以大无畏的创新精神、卓越的创新能力，突破前人的传统认识，明确提出市场经济方法论。它使人们抛弃了错误的市场经济制度论，把人们的思想从市场经济等于资本主义、计划经济等于社会主义的传统观念的禁锢中解放出来，从而壮大了胆子、放开了步子，在以市场经济为导向的改革开放道路上快速迈进，奔向社会主义市场经济的新天地。

---

① 《邓小平文选（第三卷）》，人民出版社，1993 年，第 372 页。
② 同上，第 373 页。
③ 同上，第 374 页。
④ 同上，第 364 页。

1979 年 11 月 26 日,邓小平在同外宾谈话时指出:"说市场经济只存在于资本主义社会,只有资本主义的市场经济,这肯定是不正确的。"①邓小平断然否定了市场经济等于资本主义的传统观念,其依据就是市场经济方法论。邓小平明确指出:"计划和市场都是方法嘛。只要对发展生产力有好处,就可以利用。"②"社会主义和市场经济之间不存在根本矛盾。问题是用什么方法才能更有力地发展社会生产力。"③"计划多一点还是市场多一点,不是社会主义与资本主义的本质区别。计划经济不等于社会主义,资本主义也有计划;市场经济不等于资本主义,社会主义也有市场。计划和市场都是经济手段。"④这一系列论述,对于市场经济方法论作了全面、深入的阐释和明确规定。

我国改革开放 40 多年的成功事实雄辩地证明:市场经济的确是一种方法,而且是一种发展经济、提高效益的好方法。坚持以市场为导向的改革,既坚持了社会主义道路,又使中国经济以空前未有的速度发展。正如党的十九届四中全会明确指出的:"公有制为主体、多种所有制经济共同发展,按劳分配为主体、多种分配方式并存,社会主义市场经济体制等社会主义基本经济制度,既体现了社会主义制度优越性,又同我国社会主义初级阶段社会生产力发展水平相适应,是党和人民的伟大创造。"⑤

（四）第一生产力论

社会生产力是一个有机系统,由多种要素构成。所谓第一生产力,就是在生产力系统中居于首位的要素。邓小平明确指出:"马克思说过,科学技术是生产力,事实证明这话讲得很对。依我看,科学技术是第一生产力。"⑥他进一步解释:"马克思讲过科学技术是生产

① 《邓小平文选(第二卷)》,人民出版社,1994 年,第 236 页。
② 《邓小平文选(第三卷)》,人民出版社,1993 年,第 203 页。
③ 同上,第 148 页。
④ 同上,第 373 页。
⑤ 《党的十九届四中全会〈决定〉学习辅导百问》,党建读物出版社、学习出版社,2019 年,第 14 页。
⑥ 《邓小平文选(第三卷)》,人民出版社,1993 年,第 274 页。

力,这是非常正确的,现在看来这样说可能不够,恐怕是第一生产力。将来农业问题的出路,最终要由生物工程来解决,要靠尖端技术。"因此,他强调,"对科学技术的重要性要充分认识"①,"从长远看,要注意教育和科学技术"②,加强这两个方面的投入。

邓小平的第一生产力论是对马克思主义生产力理论的继承和发展,它进一步提高了科学技术在社会生产力发展中的地位。近几十年来,以信息化、智能化为主要内容和目标的技术革命对世界各个国家与地区生产、生活方式进步和经济增长的巨大推动作用,雄辩地表明邓小平的第一生产力论是正确的。当前,我国正在实施科教兴国战略,生产方式由中国制造向中国创造转变,就是在新时代进一步贯彻邓小平的"科学技术是第一生产力"这一重要理论。

三、习近平的主要创新成果

当前世界正处于百年未有之大变局,而在中国,改革进入了深水区。正是这种时势机遇给予以习近平同志为核心的党中央以巨大的创新动力,促使中国共产党将创新能力提升到空前的高度,取得了一系列重大的创新成果。它们集中表现为习近平总书记关于新时代治国理政的一系列新理念。

(一)初心论

在习近平理论创新,乃至党的百年理论创新中,初心论都有着重要地位,它是党的十九大报告所明确规定的主题。党的十九大报告明确大会的主题是:"不忘初心,牢记使命,高举中国特色社会主义伟大旗帜,决胜全面建成小康社会,夺取新时代中国特色社会主义伟大胜利,为实现中华民族伟大复兴的中国梦不懈奋斗。"③习近平指出,"党的初

①《邓小平文选(第三卷)》,人民出版社,1993年,第275页。
② 同上,第274页。
③《习近平谈治国理政(第三卷)》,外文出版社,2020年,第1页。

心和使命是党的性质宗旨、理想信念、奋斗目标的集中体现"①。而在实践上,亦如党的十九大报告所言,中国共产党成立 100 年来,"为了实现中华民族伟大复兴的历史使命,无论是弱小还是强大,无论是顺境还是逆境,我们党都初心不改,矢志不渝,团结带领人民历经千难万险,付出巨大牺牲,敢于面对曲折,勇于修正错误,攻克了一个又一个看似不可攻克的难关,创造了一个又一个彪炳史册的人间奇迹"②。从这个意义上来看,中国共产党发展壮大的成长史,从失败走向胜利的革命史,以及不断扫除障碍,克服阻力,阔步迈进新时代的历史,就是一部"不忘初心、牢记使命",为坚守初心、实现使命而不懈奋斗的历史。

正是由于"这个初心和使命是激励中国共产党人不断前进的根本动力"③,中国共产党人才能够攻坚克难,取得社会主义革命和现代化建设的巨大成就;正是由于"牢记初心和使命,推进党的自我革命"④,我们党才能够认真总结历史经验,吸取教训,探索和开辟新的正确的前进道路,能够"自我净化、自我完善、自我革新、自我提高"⑤。党的十八大以来,我们党空前加强了反腐倡廉、整顿党内不良作风的力度,坚定了反对腐败的决心,无疑也是受到"不忘初心、牢记使命"理念的激励,从中获取了不断前进的动力。

由于"不忘初心、牢记使命"重要论述对新时代的建设与改革具有极其重大的积极作用,习近平强调:"不忘初心、牢记使命,必须作为加强党的建设的永恒课题和全体党员、干部的终身课题常抓不懈。"⑥他告诫全党,如果广大党员"忘记初心和使命,我们党就会改变性质、改变颜色,就会失去人民、失去未来"⑦。

（二）政治生态论

把自然生态理论引入政治生活领域,明确提出政治生态论,也是

---

① 《习近平谈治国理政(第三卷)》,外文出版社,2020 年,第 538 页。
② 同上,第 12 页。
③ 同上,第 1 页。
④⑤ 同上,第 534 页。
⑥⑦ 同上,第 538 页。

一大理论创新。2014年6月30日,在中共中央政治局第十六次集体学习时,习近平提出:加强党的建设,必须营造一个良好的从政环境,也就是要有一个好的政治生态。将政治生活领域的风气习惯、工作作风,人们的思想精神与道德状态等视为如同自然界万物生长消亡的状态,即自然生态,这既是一个形象的比喻,也是一个科学的概括和提升。它把政治生活提升到如同自然界万物生长的环境,是一个受客观规律支配的有机体这样的高度。这就要求人们像看待自然界的生态问题一样看待社会政治生活,尤其是党内政治生活,把它视为政治生态。

政治生态直接关系人心向背,从而关系我们党的生存发展,干部的成长任用,以及整个社会风气等各个方面状况的好坏。习近平指出:"自然生态要山清水秀,政治生态也要山清水秀。"①"政治生态好,党内就会正气充盈;政治生态不好,党内就会邪气横生。党的十八大之前一个时期,一些地方和单位政治生态严重恶化,涣散了人心、带坏了社会风气,极大损害了人民群众对党的信任。"②因此,习近平把涵养政治生态作为推进党的政治建设的重要环节。他清醒地认识到:"营造良好政治生态是一项长期任务,必须作为党的政治建设的基础性、经常性工作,浚其源、涵其林,养正气、固根本,锲而不舍、久久为功。"③

对此,他提出三个战略性举措:第一,加强党内政治文化建设。在习近平看来,"党内政治文化'日用而不觉',潜移默化影响着党内政治生态"。因此,"要加强党内政治文化建设,让党所倡导的理想信念、价值理念、优良传统深入党员、干部思想和心灵。要弘扬社会主义核心价值观,弘扬和践行忠诚老实、公道正派、实事求是、清正廉洁等价值观,

---

① 人民论坛编辑部:《品读2015全国两会代表委员100个精彩观点》,《人民论坛》2015年第3期,第48页。
② 《习近平谈治国理政(第三卷)》,外文出版社,2020年,第95页。
③ 同上,第96页。

以良好政治文化涵养风清气正的政治生态"①。第二,加强党的组织建设。习近平指出:"在党的组织建设方面,要健全党的组织体系,整顿软弱涣散党组织,不断增强各级党组织的创造力、凝聚力、战斗力,坚决反对个人主义、分散主义、自由主义、本位主义、好人主义"。他还强调要"坚持不懈整治选人用人上的不正之风"②。第三,加强党的作风建设。对于党风建设,根据目前的形势,习近平提出这样的要求:"要深刻把握党风廉政建设规律,一体推进不敢腐、不能腐、不想腐"③。

(三)"人类命运共同体"理念

新的实践呼唤新的理论,新的问题推动理论创新。面对世界百年未有之大变局,面对全人类所面临的日益严重的生态危机和战争危险等共同挑战,习近平提出了"人类命运共同体"理念。

"理念引领行动,方向决定出路。"④"人类命运共同体"理念事关和平与发展两大时代主题。它所回答的是"世界怎么了、我们怎么办"这个"整个世界都在思考的问题"⑤。在当今世界思想理论界的各种新思潮、新理论中,"人类命运共同体"理念无疑是最能有效解决这一问题的。这是因为它具有深厚的理论底蕴和有效的实践方略。

从理论底蕴来说,"人类命运共同体"理念是对博大精深的中华优秀传统文化进行创造性的转化,将中国价值、中国智慧与新时代的世界实际相结合的产物。"人类命运共同体"理念蕴含着中国传统文化的精华,即"和而不同""天下为公""大同世界""和气生财""推己及人""厚德载物""立己立人"等价值观、理想信念、行为准则。20世纪末,世界上一群具有人文情怀的诺贝尔物理学奖得主聚会时一致认定:要解决人类面临的问题,应当到2 000多年前古老东方的圣人孔夫子那里寻找答案。而"人类命运共同体"理念就是来自孔夫子的家

① 《习近平谈治国理政(第三卷)》,外文出版社,2020年,第96页。

② 同上,第533页。

③ 同上,第549页。

④ 《习近平谈治国理政(第二卷)》,外文出版社,2017年,第539页。

⑤ 同上,第537页。

乡,是从孔夫子的儒家学说转化而来的最新答案。

从实践方略的有效性而言,"人类命运共同体"理念重在践行。习近平倡导弘扬实干精神,他强调:"大道至简,实干为要。构建人类命运共同体,关键在行动。"①关于如何行动,习近平创造性地提出建设"五个世界"的行动纲领和战略举措:一是"坚持对话协商,建设一个持久和平的世界";二是"坚持共建共享,建设一个普遍安全的世界";三是"坚持合作共赢,建设一个共同繁荣的世界";四是"坚持交流互鉴,建设一个开放包容的世界";五是"坚持绿色低碳,建设一个清洁美丽的世界"②。这"五个世界"建成之日,就是构建"人类命运共同体"宏伟目标实现之时。中国共产党、中国政府和中国人民不仅是"人类命运共同体"理念的提出者和创造者,而且是坚强有力的践行者。中国作为跃居世界第二的经济大国,自觉遵循"人类命运共同体"理念的合作共赢这一基本原则,突出体现在"一带一路"倡议上。"一带一路"倡议已成为构建"人类命运共同体"的重要战略和平台。由于它切实遵循互利互惠、合作共赢的原则,造福了沿线众多国家和地区的人民,因此得到国际社会的广泛欢迎和支持。人们从"一带一路"倡议的顺利开展和巨大成果中,看到了"人类命运共同体"形成的曙光。

当前,世界正处于百年未有之大变局。多边主义和单边主义之间的矛盾尖锐复杂,在这种形势下,更需要"人类命运共同体"理念为人类社会攻坚克难、共创美好世界指明方向。正如俄罗斯学者安德烈·奥斯特洛夫斯基所说:中国提出的构建"人类命运共同体"理念符合发展中国家利益,将推动各国共同发展。毛泽东指出:"我们的事业是正义的,正义的事业是任何敌人也攻不破的。"③构建"人类命运共同体"这一伟大创新,作为正义的事业,必将在人类社会新的进

---

① ②《习近平谈治国理政(第二卷)》,外文出版社,2017年,第541页。
③《建国以来毛泽东文稿(第四册)》,中央文献出版社,1990年,第554页。

程中发挥重要的指导作用,由伟大的理念变为伟大的现实。"人类命运共同体"理念不仅在中国思想史上,而且在整个人类思想史上,都将是一个伟大的理念。

(四)"两个结合"

在庆祝中国共产党成立100周年大会上,习近平总书记在讲话中提出,新的征程上,我们必须"全面贯彻新时代中国特色社会主义思想,坚持把马克思主义基本原理同中国具体实际相结合、同中华优秀传统文化相结合"①。在这里,习近平明确提出了"两个结合",这是一个重大的理论创新。它在继承的基础上,进一步丰富发展了毛泽东、邓小平等老一辈领导人倡导并坚持的"结合"理论。

习近平非常重视中华优秀传统文化,不遗余力地钻研中华优秀传统文化,从中汲取智慧和力量,创造性地提出了"传统文化根本论"。他强调说:"文化是一个民族的魂魄,文化认同是民族团结的根脉。"②"优秀传统文化是一个国家、一个民族传承和发展的根本,如果丢掉了,就割断了精神命脉。"③因此,在实现中华民族伟大复兴,建设社会主义现代化强国的伟大事业中,我们要把中华优秀传统文化摆在突出位置,让它发挥根本性作用,"努力实现传统文化的创造性转化、创新性发展"④。习近平还强调:"我们走中国特色社会主义道路,一定要推进马克思主义中国化。如果没有中华五千年文明,哪里有什么中国特色?"⑤为此,"我们要特别重视挖掘中华五千年文明中的精华,把弘扬优秀传统文化同马克思主义立场观点方法结合起来,坚定不移地走中国特色社会主义道路"⑥。

马克思主义与中华优秀传统文化结合有着十分重要的价值:一是

---

① 习近平:《在庆祝中国共产党成立100周年大会上的讲话》,《人民日报》2021年7月2日。
② 《习近平谈治国理政(第三卷)》,外文出版社,2020年,第300页。
③④ 《习近平谈治国理政(第二卷)》,外文出版社,2017年,第313页。
⑤⑥ 杜尚泽、颜珂等:《"这里的山山水水、一草一木,我深有感情"——记"十四五"开局之际习近平总书记赴福建考察调研》,《人民日报》2021年3月27日。

它有助于马克思主义进一步中国化。作为上层建筑的中华优秀传统文化,具有相对独立性和反作用力。就是说,中华优秀传统文化对中国实际,即中国的经济、政治、社会生活有着重要的影响,尤其是中华优秀传统文化的主体儒家文化强调以文化人,使中华民族的思想意识深受优秀传统文化的影响。因此,自觉地将马克思主义基本原理同中华优秀传统文化相结合,无疑有助于马克思主义基本原理同中国具体实际结合得更加深入、全面和密切,从而使马克思主义进一步中国化。二是它有助于丰富和发展习近平新时代中国特色社会主义思想。毛泽东倡导愚公移山精神,邓小平提出小康社会目标,习近平新时代中国特色社会主义思想是对毛泽东思想、邓小平理论的丰富和发展。我们今天明确提出将马克思主义基本原理与中华优秀传统文化相结合,不言而喻,中国智慧和中国价值将极大地丰富和发展习近平新时代中国特色社会主义思想。三是它有助于增强文化自信。习近平指出:"我们说要坚定中国特色社会主义道路自信、理论自信、制度自信,说到底是要坚定文化自信。文化自信是更基本、更深沉、更持久的力量。"[1]因此,不断坚持并增强文化自信,是摆在中国共产党面前的一个重要任务。而将马克思主义基本原理同中华优秀传统文化相结合,是坚定并增强文化自信的一个重要方略。两者的结合极大提高了中华优秀传统文化的地位,将进一步发挥它在思想理论上的引领作用。

百年创新,百年奋进。中国共产党的百年历史就是一部在不断创新中胜利前进的历史。中国共产党诞生已届百年,却能保持青春活力,原因就在于其勇于创新、善于创新。毛泽东、邓小平和习近平作为中国共产党三代领导核心,其丰硕的创新成果雄辩地证明:创新是一个政党永葆生机的源泉。同时,中国共产党是一个具有强烈的创新意识、卓越的创新能力的创新型政党。习近平曾中肯地指出,"理

---

① 《习近平谈治国理政(第二卷)》,外文出版社,2017年,第339页。

论创新也没有止境"①。回顾历史,党的理论创新经验需要深刻总结;展望未来,党的理论创新需要大力推进。可以肯定,作为一个创新型政党,中国共产党仍将继续用发展的马克思主义指导新的实践,不断创新,在创新中继续奋进,在中国特色社会主义的伟大实践中取得更加丰硕的理论成果。

---

① 《习近平谈治国理政(第三卷)》,外文出版社,2020年,第21页。

第四章　理论创新

理论的生命力在于创新。为此提出和倡导幸福革命和幸福社会理论。亿万人民群众热烈追求美好幸福生活,这是当今世界潮流。顺之者昌,逆之者亡。幸福革命,不可阻挡。

第一节　幸福学:《资本论》研究的新视角

正如人类思想史上一切进步理论都将幸福作为终极目的一样,马克思剩余价值理论对资本主义的批判,也合乎幸福终极目的论的要求,为构建科学的幸福理论奠定了基础。《资本论》对资本主义"现实苦难"世界根源的系统分析,为建设人民幸福的新世界指明了方向。这对于正在为中国人民谋幸福、实现中华民族伟大复兴的伟大斗争的中国共产党,具有重要意义。

一、马克思的新世界观

马克思以毕生心血撰写的《资本论》,在人类思想史上是真正称得上博大精深的百科全书式巨著。为了全面深入地认识和把握《资本论》极其丰富的思想,让它在新的历史条件下发挥指导作用,需要进一步从不同角度、多个方面对其进行研究。自《资本论》问世以来,相关研究主要是从哲学、经济学及科学社会主义角度展开。而在今天,无论是理论还是实践,都要求从一个新的角度,即幸福学角度对《资本论》开展深入研究。这将为《资本论》研究开辟一个新的园地。它将使《资本论》研究在理论上更加深入、更具系统性和彻底性。它把焦点集中在人民幸福这个一切活动的终极目的上,使研究将更加贴近现实生活,指导人民群众进行建设美好生活的实践。党的十九大报告明确指出,"中国共产党是为中国人民谋幸福的政党","中国共产党人的初心和使命,就是为中国人民谋幸福,为中华民族谋复兴",全党同志一定要"永远把人民对美好生活的向往作为奋斗目标"。[①]这意味着,中国共产党人所信仰的马克思主义是为人民谋幸福的理论。本研究初步探讨以幸福学为视角的《资本论》研究,阐释作为我们党指导思想的马克思主义,揭示和认识幸福的本质,并努力从中找到为人民谋幸福的道路和方法。

马克思曾指出:"历史不过是追求着自己目的的人的活动而已。"[②]从这个论断来看,人的经济、政治和军事等活动,只是实现自己目的的手段。而人的目的是由其需要决定和产生的。但是,在不同的生产生活条件下、不同的历史发展阶段,人们的需要是不断变化的,因而其追求的目的也是多种多样的。从西方思想史看,主张人类多种多样活动背后有一个终极目的即"幸福"的不乏其人。古希腊苏格拉底一生坚持不懈探索幸福之道,为此被称为"探索幸福的人"。他提出的"千年一问",即伦理学史上著名的"苏格拉底问题",就是关于什么是真正的幸福,怎样才能获得幸福这个根本性问题。[③]柏拉图在《理想国》中提出,"当前我认为,我们的首要任务乃是铸造一个幸福国家的模型来,但不是支离破碎地铸造一个为了少数人幸福的国家,而是铸造一个整体的幸福国家"[④]。至于被黑格尔视为真正"人类导师"的亚

---

① 习近平:《决胜全面建成小康社会　夺取新时代中国特色社会主义伟大胜利——在中国共产党第十九次全国代表大会上的报告(2017 年 10 月 18 日)》,人民出版社,2017 年,第 1、57 页。
②《马克思恩格斯文集(第一卷)》,人民出版社,1990 年,第 295 页。
③ 高国希:《道德哲学》,复旦大学出版社,2005 年,第 39 页。
④ [古希腊]柏拉图:《理想国》,郭斌和、张竹明译,商务印书馆,1986 年,第 133 页。

里士多德,更是致力于"幸福城邦"即"幸福国家"的构建。他指出:"幸福是终极的和自足的,它是行为的目的。"①正因为如此,亚里士多德的伦理学被称为幸福论。因此,整个古希腊的思想体系都具有鲜明的幸福色彩,本质上属于幸福理论。在古希腊之后,无论是"中世纪真正的导师"奥里留·奥古斯丁、文艺复兴时期的托马斯·阿奎那,还是18世纪的资产阶级启蒙运动思想家和空想社会主义者,他们的思想都是以幸福为归旨的。如奥古斯丁的"上帝之城"是充满幸福的"天堂"②,托马斯·阿奎那构建了自成体系的幸福社会理论,目的是实现"公共幸福"③;以伏尔泰为代表的"黄金国",也是一个能够实现公共幸福的幸福国家。至于托马斯·莫尔的《乌托邦》和康帕内拉的《太阳城》,更是自觉地按照幸福的要求构建的幸福社会。莫尔认为:"如不彻底废除私有制,产品不可能公平分配,人类不可能获得幸福。"④因此,他提出并倡导生产资料公有制及以其为基础的公平合理的分配方式。空想社会主义的代表人物欧文曾说:人类的一切努力的目的在于获得幸福。⑤幸福终极目的论也得到当代学者的认可和倡导。瑞士经济学家布伦诺·弗雷和阿洛伊斯·斯塔特勒在《幸福与经济学:经济和制度对人类福祉的影响》一书中指出,"幸福是人们的一个根本目标,幸福本身就是一种目标"⑥。最早研究快乐经济学的华人学者、著名福利经济学家、诺贝尔经济学奖评委黄有光提出:"幸福或快乐是人生的最终目标,而且是唯一有理性的最终目标。""经济政策(甚至其他政策)的最终目标都应该是为了增加人们的快乐(不考虑动物的问题)。"⑦由此,快乐经

---

① [古希腊]亚里士多德:《尼各马科伦理学》,苗力田译,中国人民大学出版社,2003年,第19页。
② [古罗马]奥古斯丁:《上帝之城》(上下卷),王晓朝译,人民出版社,2006年。
③ [意]托马斯·阿奎那:《阿奎那政治著作选》,马清槐译,商务印书馆,1982年,第179页。
④ [英]托马斯·莫尔:《乌托邦》,戴镏龄译,商务印书馆,1982年,第44页。
⑤ [英]欧文:《欧文选集(第一卷)》,商务印书馆,1979年,第220页。
⑥ [瑞士]布伦诺·弗雷、阿洛伊斯·斯塔特勒:《幸福与经济学:经济和制度对人类福祉的影响》,静也译,北京大学出版社,2006年,第192页。
⑦ [澳]黄有光:《福祉经济学:一个趋于更全面分析的尝试》,张清津译,东北财经大学出版社,2005年,中文版著者序。

济学、幸福经济学逐渐成为学界研究的一大热点，并以终极目的论指导相应的研究工作。如陈惠雄提出："所有人类行为的终极目的或叫根本目的只在于追求一种'快乐的精神'而非物质"，"最终而言，福祉或快乐才是人们的终极目的"，"快乐是唯一有理性之终极目标"①。人类思想史上凡属进步的理论，都或明或暗地承认并倡导终极目的论，将幸福视为人类进行经济、政治、文化教育等一切活动的终极目的。

　　马克思的幸福观与从抽象人性出发的幸福观有什么不同？

　　任何理论的发展与创新"必须首先从已有的思想材料出发"②。马克思主义吸收了人类思想史上一切合理进步的营养成分，其中包括前人的幸福思想。马克思同苏格拉底一样，也是一个"探索幸福的人"，他把工人阶级、广大劳动人民和全人类的幸福作为自己追求的目标。早在中学时代，少年马克思便确立了要为广大人民群众的幸福而奋斗的远大志向，并认定为了大多数人的幸福贡献自己的一切是美好的、崇高的事业，是真正的幸福。他在 1835 年写的中学作文《青年在选择职业时的考虑》中就明确指出："历史上把那些为共同目标工作因而自己变得高尚的人称为最伟大的人物；经验赞美那些为大多数人带来幸福的人是最幸福的人。"③在《〈黑格尔法哲学批判〉导言》中，马克思在对宗教进行革命性批判时深刻指出："宗教里的苦难既是现实苦难的表现，又是对这种现实苦难的抗议。""废除作为人民的虚幻幸福的宗教，就是要求人民的现实幸福。"而"对宗教的批判就是对苦难尘世——宗教是它的神圣光环——的批判的胚芽"④。马克思最锐利的批判武器是他完全超越费尔巴哈"批判的胚芽"而创立的新世界观历史唯物论。

---

① 陈惠雄：《快乐思想的发展与科学意义》，《浙江学刊》2001 年第 3 期，第 132、135 页。
② 《马克思恩格斯选集（第三卷）》，人民出版社，2012 年，第 775 页。
③ 《马克思恩格斯全集（第一卷）》，人民出版社，1995 年，第 459 页。
④ 《马克思恩格斯选集（第一卷）》，人民出版社，2012 年，第 2 页。

马克思认为:"社会不是由个人构成,而是表示这些个人彼此发生的那些联系和关系的总和。[蒲鲁东的说法]就像下面这样的说法一样:从社会的角度看,并不存在奴隶和公民;两者都是人。其实正相反,在社会之外他们才是人。成为奴隶或成为公民,这是社会的规定,是人和人或 A 和 B 的关系。A 作为人并不是奴隶。他在社会里并通过社会才成为奴隶。蒲鲁东先生在这里就资本和产品所说的话,意思指的是,从社会的角度来看,资本家和工人之间不存在区别;其实恰恰只有从社会的角度来看才存在着这种区别。"①马克思和恩格斯在无产阶级理论创建和革命实践活动中,把人民大众的幸福、社会的幸福、世界的幸福作为理论研究的出发点和重要内容,将之视为社会主义、共产主义革命和建设的终极目的。

恩格斯指出:"每个人都追求幸福。个人的幸福和大家的幸福是不可分割的",②"它们是颠扑不破的原则,是整个历史发展的结果,是无须加以论证的"③。显然在恩格斯看来,追求幸福是人的内在的、本质的需要,幸福是人们进行各种活动的根本目的或者说终极目的。恩格斯的早期著作《英国工人阶级状况》,以 19 世纪英国工人阶级的生活为对象,"研究了他们的要求、他们的痛苦和快乐"④。通过深入调查研究,恩格斯对于英国工人阶级的幸福问题得出了如下结论:"英国工人在他们所处的那种状况下是不会感到幸福的;在这种状况下,无论是个人或是整个阶级都不可能像人一样地生活、感觉和思想。"⑤他提出,工人阶级有权利探索和采取正确的方法和途径去寻求自己的幸福⑥。马克思指出,"英国资产阶级将被迫在印度实行的一切,既不会使人民群众得到解放,也不会根本改善他们的社会状况,

---

① 《马克思恩格斯全集(第四十六卷上)》,人民出版社,1990 年,第 220 页。
② 《马克思恩格斯全集(第四十卷)》,人民出版社,1982 年,第 7 页。
③ 《马克思恩格斯全集(第四十二卷)》,人民出版社,1979 年,第 373 页。
④ 《马克思恩格斯全集(第二卷)》,人民出版社,1957 年,第 278 页。
⑤ 同上,第 500 页。
⑥ 同上,第 304 页。

因为这两者不仅仅决定于生产力的发展,而且还决定于生产力是否归人民所有"。"只有在伟大的社会革命支配了资产阶级时代的成果,支配了世界市场和现代生产力,并且使这一切都服从于最先进的民族的共同监督的时候,人类的进步才会不再像可怕的异教神怪那样,只有用被杀害者的头颅做酒杯才能喝下甜美的酒浆。"①工人阶级为了过上有尊严、幸福的生活,必须进行社会主义、共产主义革命。在《资本论》中,马克思对社会历史发展的规律性进行了开拓性的研究,在揭示资本主义生产方式运动规律的基础上形成了科学的幸福理论。

马克思毕生心血结晶的《资本论》,从马克思主义哲学、政治经济学和科学社会主义角度,探索即实现"人民的现实幸福"的道路和方式,摧毁资本主义"现实苦难"世界、创建新的幸福世界的主客观条件,由此构建了完整的幸福理论体系。它是指导工人阶级、全体劳动群众和全人类脱离资本主义"现实苦难"世界,建设社会主义、共产主义幸福社会、幸福世界的幸福理论。在幸福理论发展史上,《资本论》的幸福理论是科学的幸福理论,它是以辩证唯物主义、历史唯物主义和科学社会主义为理论基础和指导的,彻底地坚持了终极目的论。

二、《资本论》中科学幸福观的发掘

从幸福学视角来看,人类社会的经济发展经历了从幸福到不幸福的曲折过程。古希腊的色诺芬是著名的农学家,也是经济科学的开山鼻祖。他在《经济论 雅典的收入》这部世界最古老的经济学著作中,站在终极目的论立场上,根据幸福真、善、美的本质要求,认定并极力倡导农业经济。首先,农业生产能够使人与大自然和谐相处,有美丽的生产和生活环境。其次,农业生产劳动有利于培养管理者和劳动者的美好心灵与品德。第三,农业生产的成果色香味美。"因为从事农业在某种意义上是一种享乐,也是一个自由民所能做的增加

---

① 《马克思恩格斯选集(第一卷)》,人民出版社,2012年,第861、862-863页。

财产和锻炼身体的手段",但是,农业生产"虽然她所供给的美好的东西十分丰富,她却不让人们不劳动就能得到它们,而是使人们习惯于忍受冬季的严寒和夏季的炎热"①。为此,色诺芬把农业的主要生产资料——土地看作是培养劳动者美好心灵和优秀品德的"老师"。"土地诚心诚意地教育那些能够学习的人,使他们公平正直;因为你服侍得她越好,她报偿你的好东西就越多",这样,土地这位人类的"老师",就将它的"学生"农业劳动者培养成为"心身俱健的人"。②色诺芬有关农业生产的经济研究,开创了幸福经济学的先河。

在资本主义发展的历史条件下,恩格斯批判性地继承和发展了色诺芬的幸福经济思想。在恩格斯看来,资本主义工厂机械化的生产与生活方式使劳动者陷于"现实苦难"世界。在传统的农业生产和农村生活方式中,英国的农民、手工业者,亦工亦农,耕织结合,过着不愁温饱、不乏天伦之乐的田园牧歌生活。"这些织工家庭大部分都住在靠近城市的农村里,靠自己挣的钱也能生活得不错",他们"诚实而安静地、和和气气而又受人尊敬地生活着","在自己的平静、庸碌的生活中感到很舒服,假若没有产业革命,他们是永远不会丢开这种生活方式的"③。但是,机械化、工厂化、城市化在分工、水力和蒸汽机这"三个伟大杠杆"的推动下"震撼旧世界基础","美好的旧时代的习俗和关系已被消灭干净"④。在资本主义雇佣劳动制度下,无论是由乡村进入城市的产业工人,还是滞留在乡村的农业劳动者,都成为被彻底剥夺了生产资料的无产者,失去了祖辈那种"很理想,很舒适"的生活,⑤被逼迫进入资本主义制度造成的苦难世界。资产阶级工业革命之后,人类经济由农耕时代的幸福经济转变为不幸福的经济。在《资本论》中,马克思深入批判了资本主义的不幸福经济及为其辩护的资

---

① [古希腊]色诺芬:《经济论 雅典的收入》,张伯健、陆大年译,商务印书馆,1981 年,第 16 页。
② 同上,第 17 页。
③《马克思恩格斯全集(第二卷)》,人民出版社,1957 年,第 281 - 283 页。
④ 同上,第 300 - 301 页。
⑤ 同上,第 283 页。

本主义经济学说,奠定了科学的幸福经济理论基础。

空想社会主义者傅立叶称资本主义工厂是"温和的监狱"①。马克思在《资本论》中对这个"温和的监狱"的具体表现及其形成的社会历史条件,作了深入的批判和分析。马克思明确指出:资本主义工厂生产剩余价值的方法,是靠牺牲工人的健康乃至生命实现的。资本主义生产方式"使工人畸形发展,成为局部的人,把工人贬低为机器的附属品,使工人受劳动的折磨,从而使劳动失去内容,并且随着科学作为独立的力量被并入劳动过程而使劳动过程的智力与工人相异化;这些手段使工人的劳动条件变得恶劣,使工人在劳动过程中屈服于最卑鄙的可恶的专制,把工人的生活时间变成劳动时间,并且把工人的妻子儿女都抛到资本的札格纳特车轮下"②。在论述资本主义积累规律时,马克思更强调指出:"在一极是财富的积累,同时在另一极,即在把自己的产品作为资本来生产的阶级方面,是贫困、劳动折磨、受奴役、无知、粗野和道德堕落的积累。"③

对于雇佣工人及其家人过着如同囚犯和农奴般贫困痛苦的生活情形,马克思通过"产生痛苦的思考"④,深挖其经济社会根源。"最勤劳的工人阶级的饥饿痛苦和富人建立在资本主义积累基础上的粗野的或高雅的奢侈浪费之间的内在联系,只有当人们认识了经济规律时才能揭露出来。"⑤《资本论》所揭示的劳动价值规律、剩余价值规律、竞争规律、工资规律及占有规律等一系列经济规律,分别从不同角度、在不同层次上揭露了这种"内在联系"。其赖以生存的基础就是雇佣劳动制度——"作为剩余劳动的榨取者和劳动力的剥削者,资本在精力、贪婪和效率方面,远远超过了以往一切以直接强制劳动为基础的生产制度。"⑥这种社会制度采取了商品和资本拜物教性质的

① 《资本论(第一卷)》,人民出版社,2018 年,第 491 页。
② 同上,第 743 页。
③ 同上,第 743-744 页。
④⑤ 同上,第 757 页。
⑥ 同上,第 359 页。

现象形态。"正像人在宗教中受他自己头脑的产物的支配一样,人在资本主义生产中受他自己双手的产物的支配。"①"劳动对工人来说,是外在的东西,也就是说,不属于他的本质。因此,他在自己的劳动中不是肯定自己,而是否定自己,不是感到幸福,而是感到不幸。"②由此可见,在马克思看来,雇佣劳动制度是不幸福的经济制度,以这种制度为基础的经济是不幸福的经济。

针对资产阶级经济学家对资本主义经济条件下幸福的美化,在《资本论》第一卷有关工作日、工资的篇章中,马克思反复引用当时官方的有关材料,予以揭露。这些材料具体描述了雇佣劳动者及其妻子儿女在衣食住行方面的悲惨状况。马克思还重点介绍并揭露了被资本主义辩护士称为"工人的乐园"的比利时工人的生活情形。《资本论》引用了比利时中央统计委员会的杜克佩西奥所著《比利时劳动阶级的经济预算》一书中,有关工人家庭每年收支的材料。这些材料表明,依据工人家庭的收入水平,十分低下的购买力使工人家庭成员的营养状况不仅不如水兵和士兵,连囚犯都不如。马克思据此批驳说,比利时决不是"工人的乐园",只是"资本家的乐园"。③马克思利用英国一位议员给农业工人取"白奴"绰号这件事指出:由于资本主义农业与工商业在农村的发展,不少农民成为需要被救济的过剩人口,被地主驱逐出境,四处流浪。极端恶劣的生活、居住条件使这部分人没有任何反抗能力,"使他们完全变成地主和租地农场主的奴隶"④。由于身陷极端贫困的处境,他们对于生活感到完全绝望和灰心,由此不免发出"由它去吧,幸福与不幸反正同他无关"的哀叹。⑤

资本主义制度下奴隶们关于幸福无望的叹息,既表明古希腊色诺芬所描绘、论述的传统农业经济,已由幸福经济彻底转变为资本主义

---

① 《资本论(第一卷)》,人民出版社,2018 年,第 717 页。
② 马克思:《1844 年经济学哲学手稿》,人民出版社,2000 年,第 54 页。
③ 《资本论(第一卷)》,人民出版社,2018 年,第 774 页。
④ 同上,第 797 页。
⑤ 同上,第 782 页。

的不幸福经济，又表明经济学也由色诺芬开创的幸福经济理论蜕变为不幸福的经济理论，同时又不得不打着关心穷人幸福的幌子。这里还要提及在《资本论》中登场的另外两位资产阶级代表人物。一位是《蜜蜂的寓言》的作者伯纳德·曼德维尔，他在书中公然宣称："要使社会〈当然是非劳动者的社会〉幸福，使人民自己满足于可怜的处境，就必须使大多数人既无知又贫困"，因为"知识会使我们产生更大和更多的愿望，而人的愿望越少，他的需要也就越容易满足"①。"靠每天劳动为生的人，只有贫困才能激励他们去工作，缓和这种贫困是明智的，但加以治疗则未免愚蠢。"②因此，曼德维尔认为，"既无知又贫困"是劳动人民"通向物质幸福〈他是指尽可能长的工作日和尽可能少的生活资料〉的道路"。③对于这种荒谬虚伪的幸福理论，马克思给予了严厉批判。马克思尖锐地指出，曼德维尔所说的穷人的"物质幸福"，实际上是"尽可能长的工作日和尽可能少的生活资料"，而他所谓的"幸福社会"，"当然是非劳动者的社会"。④另一位代表人物是弗·莫·伊登，他在《贫民的状况或英国劳动者阶级的历史》一书中，为工人阶级、劳动群众指引了另外一条"幸福道路"。伊登这条"幸福道路"是用雇佣劳动者对资产者，或者如伊登所说的穷人对有钱人的"从属关系"铺设的。伊登对有钱人忠心耿耿，为他们献计献策说，"对穷人适宜的，不是使他们处于卑贱的或奴隶般的地位，而是使他们处于安适和宽松的从属关系，对拥有财产的人来说，他们则应当对于为他们劳动的人拥有充分的影响和权威"，因为"每一个懂得人类天性的人都知道，这样一种从属关系是工人自身安乐所必需的"⑤。马克思驳斥道，伊登的"从属关系"幸福论同曼德维尔的"无知"幸福论一样，也是荒谬的、不切实际的。"从头到脚流着血和肮脏东西"的资本及其人格化的资本家贪婪成性，根本不可能听从伊登的"忠告"，

①②③④《资本论（第一卷）》，人民出版社，2018年，第710页。
⑤ 同上，第711页。

让雇佣劳动者能够"处于安适和宽松的从属关系"①。

马克思在揭露和批判资本主义不幸福经济及其辩护士的同时,依据资本主义生产方式基本矛盾发展的历史趋势,提出了未来新社会中科学的幸福理论。

马克思的幸福理论集中体现在关于"自由人联合体"的理论分析及其构想之中。关于自由人联合体,马克思和恩格斯曾作了这样的构想:在未来的新社会,"代替那存在着阶级和阶级对立的资产阶级旧社会的,将是这样一个联合体,在那里,每个人的自由发展是一切人的自由发展的条件"②。马克思在《资本论》中对自由人联合体作了进一步的论述,把生产资料社会所有和共同劳动作为未来新社会的基本经济制度。"他们用公共的生产资料进行劳动,并且自觉地把他们许多个人劳动力当作一个社会劳动力来使用。"③在取代资本主义社会这个劳动人民"现实苦难"世界的未来社会,"社会化的人,联合起来的生产者,将合理地调节他们和自然之间的物质变换,把它置于他们的共同控制之下,而不让它作为一种盲目的力量来统治自己;靠消耗最小的力量,在最无愧于和最适合于他们的人类本性的条件下进行这种物质变换"④。于是,之前的人类社会"在这个必然王国的彼岸,作为目的本身的人类能力的发挥,真正的自由王国,就开始了。但是,这个自由王国只有建立在必然王国的基础上,才能繁荣起来"⑤。马克思在《哥达纲领批判》中提出的共产主义社会第一阶段,由于还存在资产阶级法权,人类还不能完全摆脱"必然王国"的束缚。从马克思的幸福理论来看,无论是无产阶级专政的历史过渡时期,还是共产主义社会第一阶段,人类都将相继走上通往"自由王国"的幸福大道。在"自由王国",劳动者成为完全自主自觉进行联合劳动的

---

① 《资本论(第一卷)》,人民出版社,2018年,第711页。
② 《马克思恩格斯选集(第一卷)》,人民出版社,2012年,第422页。
③ 《资本论(第一卷)》,人民出版社,2018年,第96页。
④ 同上,第928-929页。
⑤ 同上,第929页。

自由人,将最大程度地实现"现实幸福"。马克思还设想,在以生产资料公有制为基础的未来社会,根据全体社会成员的合理生活需要进行有计划的生产,使每一个劳动者既不会失业,又不会过分劳累;同时,还有闲暇时间关照家人和从事有益于身心健康的文体娱乐活动,从而成长为德智体全面发展的新人。这一切都有助于提高劳动者的生活质量,提高他们的幸福感。马克思生动地描绘了在自由人联合体的未来社会,"工厂劳动可以像家务劳动一样洁净、美妙,甚至更洁净、更美妙"①。生产劳动"就从一种负担变成一种快乐",成为幸福劳动。②从幸福学来看,劳动者不仅具有占有和享受劳动成果的"结果幸福",还由于是在美妙的劳动环境条件下进行愉快且有益于身心健康的劳动,因此享受"过程幸福"。从幸福学的角度来看,在马克思关于人的发展"三大形态说"中,处在"人的依赖关系"和"物的依赖性"这两大社会形态的"必然王国",人类无疑是不幸福的。只有进入个人全面自由发展的第三大形态,人类才能实现其幸福的最终目标。总之,马克思在《资本论》揭示的"必然王国"向"自由王国"的飞跃,是取代资本主义"现实苦难"世界、建成真正幸福社会的历史发展趋势。它在彻底批判不幸福的资本主义经济及其辩护士的基础上,奠定了构建未来幸福社会和真正幸福经济学的基础。

　　近40年来以美国的罗纳德·里根、英国的撒切尔夫人为代表,新自由主义的全球治理导致一国和世界范围的贫富对立不断加剧,西方发达资本主义国家经济生活中的"幸福悖论"现象日益严重,西方主流经济学摧残人民幸福的本质日益暴露。这已经引起西方学术界一些有良知的进步学者,从幸福学的角度对资本主义经济及作为其理论基础的西方主流经济学进行反思和批判,并且提出了各种各样的解决方案。但是,由于阶级的局限性、认识水平等方面的原因,尤其是缺乏辩证唯物主义和历史唯物主义的方法论的指导,就总体而

① 《资本论(第一卷)》,人民出版社,2018年,第563页。
② 《马克思恩格斯选集(第三卷)》,人民出版社,2012年,第681页。

言,并未找到实现人民现实幸福的出路。如《无快乐的经济:人类获得满足的心理学》一书完全无视社会经济制度影响幸福的决定作用,把幸福看成一种脱离主体所处社会生活环境的纯粹心理活动,认为发达国家的经济之所以成为"无快乐的经济",是由于人类进入丰裕社会之后,"沉余"过多,致使新奇、刺激性减少的缘故;故建议对人们进行博雅教育,提高对文化艺术品的欣赏能力,使之成为新型的"文化人"。①这就是《无快乐的经济:人类获得满足的心理学》一书的作者为现时代人们所指引的"幸福道路"。该书作者在写于1991年6月的"前言"中甚至认为,新出现的底层阶级中暴力和毒品泛滥的原因,是由于闲暇的增加超过了人们消磨闲暇的手段。②西方2008年爆发的金融危机导致人民幸福感显著下降、痛苦指数飙升的事实,有力批驳了这些谬误。与此同时,西方出现了"《资本论》热",人们从中寻求自身遭受痛苦、日益远离幸福的原因,探究走向幸福世界的正确道路。世界的这些大变动表明:只有以马克思科学的幸福理论为指导,人类才有望在21世纪从"现实苦难"世界走向幸福世界,逐步实现"人民的现实幸福"。而这就要求我们从幸福学视角对《资本论》展开研究。

三、结论与建议

马克思明确提出,哲学、经济学和社会革命理论的最终目的,是让广大劳动群众脱离"现实苦难"世界,实现"人民的现实幸福"。虽然从幸福学终极目的论的立场来看,马克思主义像人类一切进步理论一样,可被视为属于幸福学范畴,但是,马克思幸福理论与古今一切幸福理论有着本质区别,是建立在辩证唯物主义和历史唯物主义基础之上的幸福理论。它既不同于色诺芬的原始幸福经济论,也与空想社会主义的空想幸福主义划清了界限;更不同于资产阶级学者

---

① 参见[美]提勃尔·西托夫斯基:《无快乐的经济:人类获得满足的心理学》,高永平译,中国人民大学出版社,2008年。
② 同上,第4页。

们的幸福思想。马克思主义的幸福理论主要是在《资本论》中创建起来的。马克思对资本主义生产方式的批判,以唯物史观生产力与生产关系的对立统一理论为主要思想武器,通过剩余价值理论的创建,揭示资本主义生产方式由促进生产力而逐渐转化为阻碍生产力发展桎梏的内在矛盾。站在工人阶级、广大劳动人民的立场,马克思的剩余价值理论深刻指出,由于资本剥夺了雇佣劳动创造的剩余价值,以私有制为基础的市场经济所产生的两极分化、劳动及其成果的异化和拜物教性质,致使雇佣劳动者陷于苦难世界。这也是从幸福角度对资本主义的批判,揭露了资本主义经济学标榜为公众幸福服务的欺骗性和伪幸福理论的本来面目。

在当前形势下,资本主义发达国家的"幸福悖论"现象日趋严重,我们应当像当年的马克思那样,从幸福学的角度对资本主义制度及其辩护理论进行批判。这一批判的理论和实践价值,更能得到广大劳动群众的认同,有利于改变马克思主义在思想领域和意识形态领域被"边缘化"的现状,并能在 21 世纪实现"人民的现实幸福"目标的伟大斗争中发挥重要的指导作用。这要求我们自觉地加强对《资本论》中幸福理论的发掘研究,全面系统地掌握马克思主义的幸福理论。有必要强调,关于当今西方发达国家出现的"幸福悖论"以及幸福危机的根源及其变革的方法,马克思在《资本论》等论著中已在原理上作了精辟的解读和回答。因此,只能到《资本论》中寻求启示与方法,舍此没有其他出路。

习近平总书记多次强调:"实现中华民族伟大复兴的中国梦,就是要实现国家富强、民族振兴、人民幸福。"①在党的十九大报告中,习近平还指出,实现中国梦离不开和平的国际环境和稳定的国际秩序。中国坚持和平发展道路,推动构建人类命运共同体,始终做世界和平的建设者、全球发展的贡献者、国际秩序的维护者,呼吁各国人民同

---

① 《习近平谈治国理政(第一卷)》,外文出版社,2018 年,第 39 页。

心协力,建设持久和平、普遍安全、共同繁荣、开放包容、清洁美丽的世界。从幸福学的观点来看,国家富强、民族振兴是实现人民幸福的条件和手段,人民幸福是中国梦的终极目的。同样,"构建人类命运共同体""建设持久和平、普遍安全、共同繁荣、开放包容、清洁美丽的世界"也是条件和手段;而造福各国人民,让全世界人民幸福地生活和劳动,则是终极目的。党的十九大提出建设美丽中国、健康中国的目标,目的就是改变我国经济社会发展不充分、不平衡状况,更好地满足人民日益增长的美好生活需要,从而增强人们的幸福感。

近年来,我国谋求广大群众幸福的发展事业取得了举世公认的巨大成绩。但正如党的十九大报告指出的,我们的工作还存在许多不足。它们中的一些问题直接或间接地影响了广大人民群众幸福感的提升。如在20世纪末21世纪初,我国也曾出现"幸福悖论"的征兆,表现为虽然经济发展很快,物质生活水平有了显著提高,但是人们的"获得感、幸福感、安全感"并没有相应提升,这在有些地区、有些人群中甚至有所下降。在全国评选"十大幸福城市"活动中,深圳、温州这两个经济发展速度和人均收入水平很高的城市却多年未能入选。又如生态状况显著恶化,水、土壤和空气污染严重,这已严重危害人民的身心健康和经济的可持续发展。要彻底解决这些问题,还有一段很长的路要走。为了从根本上消除有害于人民群众幸福感获得和提升的障碍,有必要加强马克思主义的科学幸福理论的指导。

第二节　"不忘初心"理念的幸福学解读

党的十九大报告将"不忘初心"作为大会主题,并把它诠释为"为中国人民谋幸福,为中华民族谋复兴"。这样就把"不忘初心"这个传统文化理念提升为"幸福初心"理念。从幸福学视角来看,它具有彻底性、时代性和可行性品质。为了实现"为中国人民谋幸福"这个幸福初心,需要树立"幸福发展观",实行两条"发展道路"等理论与行动方略。

一、"幸福初心"理念的理论品性

"不忘初心"是传统文化的一个重要理念。党的十九大报告将它作为主题,对它进行"创造性转化、创新性发展",给予它的宗旨、目的、要求、内容以全新的规定,从而使它具有诸多新的重要理论品性。探析并把握它的这些新的理论品性,对于深入认识党的十九大的主题理论与实践价值,从而进一步提高广大干部群众在思想认识和实践行动上不忘初心的自觉性与积极性,无疑具有一定的积极作用。

党的十九大报告开宗明义宣告:"大会的主题是:不忘初心,牢记使命,高举中国特色社会主义伟大旗帜,决胜全面建成小康社会,夺取新时代中国特色社会主义伟大胜利,为实现中华民族伟大复兴的中国梦不懈奋斗。"[①]对于这个主题,党的十九大报告作了这样明确的诠释与规定:"不忘初心,方得始终。中国共产党人的初心和使命,就是为中国人民谋幸福,为中华民族谋复兴。"[②]党的十九大报告对"不忘初心"理念给予这样的诠释与规定,由此对中国传统文化中的不忘初心理念作了根本性改造,使之转化为"幸福初心"理念这个重大的理论创新成果。

"幸福初心"理念是一个科学的理念,它具有彻底性、时代性和可行性等品性。理论的力量在于彻底。一切科学的、进步的理论,都具有彻底性。"幸福初心"理念的彻底性表现在它合乎幸福学的终极目的论。马克思曾经强调指出并认定:"历史不过是追求自己目的的人的活动而已。"[③]而人们所进行的经济、政治、文化教育等活动的终极目的,在幸福学看来,它就是幸福。

幸福终极目的论是理论彻底的集中表现,是一切理论力量的源泉与科学性的可靠保障。幸福终极目的论引导人们以幸福为活动的出

①②《习近平谈治国理政(第三卷)》,外文出版社,2021年,第1页。
③《马克思恩格斯文集(第一卷)》,人民出版社,1990年,第295页。

发点和落脚点,要求人们严格按照幸福生成规律的要求进行决策和行动,从而得以始终围绕幸福这个终极目的而避免误入歧途。如果与之相反,不是以幸福作为社会活动的终极目的,从而不是严格按照幸福的生成规律进行决策和行动,即使一时取得了某些成就,给人们带来某方面的满足,但或迟或早会产生意想不到的各种不良后果,给人们带来痛苦。以西方的主流经济学乃至政治学为指导的实践就是如此。欧美国家尽管曾经经济繁荣,人民收入水平较高,但近四五十年来,"幸福悖论"日益凸显,尤其是 2008 年金融危机之后,广大群众的幸福指数显著下降,痛苦指数飙升。之所以如此,一个重要原因,是占主导地位的官方经济学实质是以财富为目的的经济学。在它的指导下,西方国家的决策和行动片面追求物质财富的增长。这种具有严重片面性的畸形发展,最终导致生态失衡、贫富悬殊、道德滑坡、社会分裂等一系列严重后果,使人们的安全、健康,乃至生命受到严重威胁,并使全人类面临诸多严重挑战;世界进入了百年未有之大变局;传统安全和非传统安全交织,致使有识之士发出"世界怎么了,我们向何处去"的疑问。这个严重的事实与教训,从反面说明不忘初心坚持幸福学的终极目的论,从而具有理论上的彻底性的重要意义。

关于时代性,"幸福初心"理念同样非常鲜明。新的时代呼唤新的理论,因为它需要符合时代要求的新的理论作为指导。这样新时代就成为新理论的"助产婆"。党的十九大报告把"不忘初心"这个大会主题诠释并规定为"为人民谋幸福",从而将它提升为"幸福初心"理念,这正是时代的要求。从幸福学的角度来看,21 世纪是幸福世纪;中国特色社会主义新时代是幸福时代。可以说,追求幸福、创造幸福生活,是当今的时代主题、世界潮流。对此,习近平曾强调指出:"世界人民对美好生活的向往从来没有像今天这样强烈。"①孙中山曾经教导我们:"世界潮流,浩浩荡荡,顺之者常,逆之者亡。"党的十九

---

① 《习近平谈治国理政(第二卷)》,外文出版社,2017 年,第 508 页。

大报告提出并倡导幸福初心论,顺应世界潮流,合乎时代要求。我们完全有理由相信,在"幸福初心"理念的正确指导下,在今后的历史进程中,中国人民将继续沿着正确的方向、宽广的道路追求幸福,稳步地迈向美好生活的目标。实践是检验真理的唯一标准。放眼当今这个风雨飘摇的世界,而中国大地却是"风景这边独好",就是由于有党的十九大确立的"幸福初心"理念这个正确理念的指导,它使我们党和国家的大政方针坚持以人为本、人民至上,把广大人民群众的美好幸福生活作为奋斗目标的缘故。

至于"幸福初心"理念的可行性,应当说,这是没有疑义的。中华优秀传统文化有一名言:得人心者得天下。这是因为得人心者,即说话做事合乎人民心愿者,他们就能得到人民竭诚的拥护和支持。而这就意味着,合乎人民心愿的"幸福初心"理念,能够得到广大人民群众的拥护和支持,从而它的目的一定能够实现,获得成功。当然,"幸福初心"理念具有可行性,不仅在于它合乎人民群众的心愿,从而具有广泛的社会基础;还由于中国特色的社会主义制度为"幸福初心"理念的实现,提供了可靠的制度保障。社会主义国家是人民当家作主的国家,为人民服务,为人民谋幸福,是各级政府的宗旨、神圣职责;同时,社会主义制度能够有效地发挥"看得见的手"的调节和制约作用,使经济社会发展能够切实做到综合平衡、统筹兼顾,从而得以防止和消除不利于人民群众获得感、幸福感、安全感提升的不良因素。具体来说,例如,各级政府本着对于广大人民群众负责的精神,制定和严格实施环境保护的法规法律,得以保护和恢复良好的生态;又如,国家采取各种措施,巩固和壮大各种形式的公有制经济;对初次分配、二次分配、三次分配的方式方法进行改革;以及建设美丽中国、平安中国和健康中国,为广大群众提供宜居的生活环境、健全的社会保障制度等措施,防止和消除两极分化,逐步实现共创共有共富的目标。这一切方略、举措都直接间接有助于人民群众幸福感的提升,实现"幸福初心"理念为人民谋幸福的目标。社会主义制度对于

"幸福初心"理念目标的实现发挥着积极作用,也有利于自身得到广大人民群众的拥护,从而得以长治久安。最后还要强调指出:中国共产党的坚强领导,对于"幸福初心"理念的可行性具有决定性的作用,因为为它提供了坚强的政治保障。在社会主义中国,东西南北中,党是领导一切的;而且中国共产党具有强有力的号召力、组织力和行动能力。更为重要的是,中国共产党是从实际出发、以实事求是为思想路线与工作方法的,这就保证了它能够自觉地按照幸福的规律与要求进行决策和行动,从而保证不忘初心"为中国人民谋幸福"的目标能够实现。

"幸福初心"理念所具有的彻底性、时代性和可行性这三个品质,使它在理论与实践两个方面超越其他理论,具有不可比拟的优势。全面、深入地理解、把握"幸福初心"理念的这三个品质,对于进一步提高它在理论与实践两个方面价值的认识,无疑具有一定的作用。而这就将激励广大干部与群众实现"幸福初心"理念目标的积极性;同时,全面、深入理解"幸福初心"理念的理论品质,也有助于探索和确定实现它的目的的正确思路与方略。

二、实现"幸福初心"理念的理论方略

"没有革命的理论,就没有革命的行动。"习近平也曾强调指出:"一个没有精神力量的民族难以自立自强,一项没有文化支撑的事业难以持续长久。"①因此,要切实做到不忘初心"为中国人民谋幸福",首先要进行理论创新,着力加强思想文化建设,为"幸福初心"理念提供"文化支撑"。为此,一是建设科学的幸福文化。而这就需要找到幸福文化的源头。幸福文化的"源头活水",主要是古希腊的道德哲学和中国优秀的传统文化。这二者就其本质来看,都属于幸福文化。古希腊道德哲学中的伦理、政治和经济等方面的思想,都以谋求幸福

---

① 《习近平谈治国理政(第一卷)》,外文出版社,2018年,第52页。

为宗旨、目的和内容。古希腊思想界的代表人物苏格拉底以指导人们谋求幸福为己任，时人称他为探索幸福的人；他的学生柏拉图则在其名著《理想国》中构建了一个旨在为全社会成员都能过上幸福生活的"幸福国家"；亚里士多德是百科全书式的大学者，他把伦理学作为研究幸福的学科，提出幸福终极目的论。因此，古希腊的思想文化，实质是幸福文化。无独有偶，在古代东方的中国，也有一群哲人在探索人类的幸福问题。习近平对于中华优秀传统文化十分重视，进行了全面梳理，概括提出它的精华"包括大道之行、天下为公的大同理想，六合同风、四海一家的大一统传统，德主刑辅、以德化人的德治主张，民贵君轻、政在养民的民本思想，贵贱均贫富、损有余补不足的平等观念，法不阿贵、绳不挠曲的正义追求，孝悌忠信、礼义廉耻的道德操守，任人唯贤、选贤与能的用人标准，周虽旧邦、其命维新的改革精神，亲仁善邻、协和万邦的外交之道，以和为贵、好战必亡的和平理念，等等"①。从幸福学的视角来看，上述理念、方略都是决定、影响幸福的因素与条件，因而实际是幸福文化。因此，应当认真研究总结古希腊哲学和中国传统文化中的幸福文化精华，把它们与现实中的幸福文化结合起来，在马克思主义、习近平新时代中国特色社会主义思想的指导下，建设科学的幸福文化。有了"文化支撑"，实现"幸福初心"理念的目标、为人民谋幸福的伟大事业就能"持续久长"。历史的经验值得注意。由于没有科学的幸福文化的指导，缺乏有力的"文化支撑"，我们在追求幸福的道路上曾经走了弯路，付出了大的代价。这个教训值得永远记取。

2017 年 1 月 17 日，在瑞士达沃斯出席世界经济论坛的主旨演讲中，习近平在谈及人类命运共同体时强调指出："'大道之行也，天下为公'。发展的目的是造福人民。"②在这里，习近平创造性地提出并倡导把"造福人民"作为经济社会发展的目的。习近平对它还作了明

---

① 《习近平谈治国理政（第三卷）》，外文出版社，2021 年，第 120 页。
② 《习近平谈治国理政（第二卷）》，外文出版社，2017 年，第 482 页。

确的诠释和规定:"中国秉持以人民为中心的发展思想,把改善人民生活、增进人民福祉作为出发点和落脚点。"①这是对此前的财富发展观、GDP发展观的修正与补充。它克服了其他发展观的不彻底、不明确与片面性,有助于避免人类社会在发展问题上的迷误与偏颇。这是由于它让人们站在人民幸福、公众幸福的立场上,以它为"出发点和落脚点",从而能够自觉地按照幸福生成规律,全面把握、正确处理影响和决定幸福诸要素相互之间的关系,适时适度地发挥它们的作用,从而得以保证"增进人民福祉"目的的实现。2012年12月31日,在十八届中共中央政治局第二次集体学习时,针对当时改革中出现的问题,习近平强调说:"改革开放中的矛盾只能用改革开放的办法来解决。"②2013年11月12日,习近平在一次讲话中明确提出"改革开放的办法"。习近平是这样介绍的:在新时代的改革中,"要把促进社会公平正义、增进人民福祉作为一面镜子,审视我们各方面体制机制和政策规定,哪里有不符合促进社会公平正义的问题,哪里就需要改革;哪个领域哪个环节问题突出,哪个领域哪个环节就是改革的重点"③。毫无疑义,严格按照习近平总书记提出的要求进行改革,我们国家的经济、政治、文化教育等各方面的体制机制都将逐步实现幸福转型,成为幸福化的体制机制。正因为如此,把古代的幸福文化同现实的幸福文化结合起来,就将形成科学的、符合新时代要求的幸福文化。

三、实现"幸福初心"理念的行动方略

习近平曾强调指出:"大道至简,实干为要。"④因此,"关键在行动"⑤。而这就要求采取有效的方略。辩证唯物主义认为,一个事物

---

① 《习近平谈治国理政(第二卷)》,外文出版社,2017年,第483页。
② 《习近平谈治国理政(第一卷)》,外文出版社,2018年,第69页。
③ 同上,第97页。
④⑤ 《习近平谈治国理政(第二卷)》,外文出版社,2017年,第541页。

往往有多种矛盾,但其中必有一个主要矛盾。为了采取有效的行动方略践行"幸福初心"理念,我们必须首先揭示和抓住新时代中国社会的主要矛盾,有针对性地制定解决它的方略。因此,党的十九大报告在开篇便提出并深入探析新时代经济发展中的主要矛盾问题。

党的十九大审时度势地明确提出:"中国特色社会主义进入新时代,我国社会主要矛盾已经转化为人民日益增长的美好生活需要和不平衡不充分的发展之间的矛盾。"①这是由于进入新时代后,"人民美好生活需要日益广泛,不仅对物质文化生活提出了更高要求,而且在民主、法治、公平、正义、安全、环境等方面的要求日益增长"②。与此同时,虽然"社会生产能力在很多方面进入世界前列,更加突出的问题是发展不平衡不充分,这已经成为满足人民日益增长的美好生活需要的主要制约因素"③。从幸福学的视角来说,新时代的这个主要矛盾能否解决,直接关系"幸福初心"理念目的的实现。党的十九大报告提出的下列行动方略,对于"幸福初心"理念目的的实现,无疑具有重要的积极作用。

对于实现"幸福初心"理念的目的具有直接或间接作用的行动方略,概括起来是"一个梦想""两条道路""三个国家"。所谓"一个梦想",是指"中华民族伟大复兴的中国梦"。而中国梦实质是幸福梦。习近平曾明确指出:"中国梦是和平、发展、合作、共赢的梦,我们追求的是中国人民的福祉,也是各国人民共同的福祉。"④由此可见,中国梦,又是个世界梦,它追求的不仅是中国人民的幸福,而且是全人类的幸福。古人认定:独乐乐,不如众乐乐。这是中华民族的幸福智慧。"世界好,中国才能好。"⑤这是中国人民的处世之道。可以说,中国梦超越了柏拉图的《理想国》,柏拉图的目标只是建立一个"幸福国家",而中国梦的宏伟蓝图不仅要把中国建成幸福国家,而且旨在助

①②③《习近平谈治国理政(第三卷)》,外文出版社,2021年,第9页。
④《习近平谈治国理政(第二卷)》,外文出版社,2017年,第443-444页。
⑤ 同上,第545页。

力建设一个新的幸福世界。当然,这也合乎中国共产党人的共产主义理想。所谓"两条道路",一条是"坚定走生产发展、生活富裕、生态良好的文明发展道路"①。从幸福学来看,这是一条幸福之路。"生产发展、生活富裕",对于当今大多数中国人来说,仍然是人生的最大愿望,尤其是对刚刚摆脱贫困的人们,丰衣足食的物质条件,无疑是他们幸福指数的主要决定因素;"生态良好"使得用水纯净、食品安全、空气新鲜,这是广大人民群众身体健康的基本条件、可靠保障。而健康是人们幸福最重要的因素。另一条道路是在新时代,"必须统筹国内国际两个大局,始终不渝走和平发展道路"②。从幸福学来看,这同样也是一条幸福之路,是通向新的幸福社会、幸福世界之路。这是由于"和平发展道路""奉行互利共赢的开放战略,坚持正确义利观,树立共同、综合、合作、可持续的新安全观,谋求开放创新、包容互惠的发展前景,促进和而不同、兼收并蓄的文明交流,构筑尊崇自然、绿色发展的生态体系,始终做世界和平的建设者、全球发展的贡献者、国际秩序的维护者"③。不难理解,和平发展道路所奉行和坚守的上述战略、原则、目标和构想,从而将"坚持推动构建人类命运共同体"④,把人类社会引导到繁荣昌盛、和平安宁的幸福世界。

关于"三个国家",它们是"美丽中国""平安中国""健康中国"。党的十九大报告提出建设这三个中国的构想,这预示在新时代,在神州大地上,将上演一出新的"三国演义"。它们将进一步落实"为中国人民谋幸福"的"初心"。从幸福学的视角来看,三者本质上都是幸福国家,它们各自以不同方式方法增进人民的福祉,提高人们的幸福感。

这是因为建设平安中国,目的是"加强和创新社会治理,维护社会和谐稳定,确保国家长治久安、人民安居乐业"⑤。建设美丽中国,目的是"为人民创造良好生产生活环境,为全球生态安全作出贡献"⑥。而"实施健康中国战略",则是"要完善国民健康政策,为人民群众提供

---

① ⑤ ⑥《习近平谈治国理政(第三卷)》,外文出版社,2021年,第19页。
② ③ ④ 同上,第20页。

全方位全周期健康服务"①。以上论述使我们有理由相信,这三个行动方略,将使我们党和国家稳步实现"为中国人民谋幸福"的目标。

第三节 功利关系价值论

根据对商品生产,尤其是现代市场经济的价值关系及其变化特点和规律的考察与分析,作者提出"功利关系价值论"。"功利关系价值论"认为,商品价值生成变化的条件和过程十分复杂,包含着很丰富的内容。只有对商品价值的本质、产生的条件、方式和变化规律进行全面的论述,才可望弄清楚有关商品价值的理论与实际问题,提出和创建新的科学的商品价值理论。

一、问题的提出

长期以来,国内外学术界对于价值的含义与本质已形成这样一种共识:"价值"是人们与实践活动对象之间的一种特殊关系。具体来说,价值是人们在认识、改造和利用外界事物时,与被利用、改造对象之间形成的功利关系。也可以说,价值是客体与主体需要之间的一种肯定的关系,即是主体与客体之间需要与被需要,满足与被满足的关系。在主、客体相互作用中,由于主体及其内在尺度和开发利用的能力,使客体趋向于主体,接近主体,为主体的需要和发展服务。因此,总的来说,价值是一个关系范畴,而不是一种实体范畴。在这里还要强调的是,价值不是人与人之间的关系,而是人与他们的实践活动对象之间的关系。马克思在 1879 年所写的《评阿·瓦格纳的〈政治经济学教科书〉》时也曾经说过:"人们不仅在实践中把这类物当作满足自己需要的资料,而且在观念上和在语言上把它们叫作'满足'自己需要的物",那么,"这就是指物被'赋予价值',那就证明:'价值'

---

① 《习近平谈治国理政(第三卷)》,外文出版社,2021 年,第 38 页。

这个普遍性的概念是从人们对待满足他们需要与外界事物的关系中产生的"①。在这里,马克思说得很明确,价值这个"普遍的概念"的一般含义与规定,是"从人们对待满足他们需要与外界事物的关系中产生的",物的价值是人与物相互作用的结果,是人与物之间的一种功利关系。

既然价值本质上是一种人与物、主体与占有、使用客体之间的功利关系,那么,这就决定商品的价值也就概不例外,也必定同样是人与商品之间的功利关系,也就是使用者与商品之间的需要与被需要、满足与被满足的关系。因此,商品的价值关系也是使用者在认识、改造、利用商品的实践过程中发生的。把商品的价值规定为人物(商品)二者之间的一种功利关系,这是商品价值论的基本思想和核心。只有这样来看待和规定商品的价值,才是找到了商品真正的价值,才合乎价值这个"普遍的概念"的本质要求,否则,就不是商品的真正的价值。就是说,商品的价值也不能超越价值的一般属性和普遍要求。

二、功利关系价值论的基本内容

(一) 科学的商品价值观

要正确而深入地理解和把握商品的价值是人与物之间的功利关系这一本质及其变化规律,必须树立正确的商品价值观。所谓价值观是关于价值的根本观点与总的看法。在当代西方的学术界,对待价值问题有两种错误态度与看法,一种是唯心主义和主观主义的,另一种是形而上学和机械唯物主义的。唯心主义的价值观抹煞主、客体相互作用的客观性,因而把商品价值简单片面地直接归结为人的主观欲望、兴趣、爱好、目的等,用先验论与唯意志论来解释价值;而机械唯物论则忽视主、客体之间的相互作用的辩证性质,不懂得要从人的经济活动的实践过程中去理解价值的本质、特点、表现形式及其

————————

① 《马克思恩格斯全集(第十九卷)》,人民出版社,1980 年,第 406 页。

数量变化,而是简单地把商品的价值理解和规定为它的某种天然的,或者本身固有的属性。这是用机械的片面的被动论来说明价值。由此可见,传统的劳动价值论在这个问题上存在不足之处,它把商品的价值直接归结为生产商品的社会必要劳动。这就从根本上违背了价值是主体与客体在使用与被使用过程中所产生和结成的功利关系这一基本规定。而商品价值的这个基本规定决定商品的价值不是产生于其生产过程中,而是产生于有使用、消费者参与的交换与消费过程。在生产过程中所耗费的劳动本身并不能满足占有、使用主体欲望、要求与目的,因此,劳动不是产生、形成价值关系的要素。作为商品价值关系形成要素的是商品的物质属性与功能。进一步具体来说,商品的价值不可能是生产它所耗费的社会劳动。这是因为生产商品所耗费的劳动与买者、使用者,即商品的价值主体无关,得不到他们的承认,对他们没有实际用处,从而二者之间不可能建立功利关系。就是说,从一切价值普遍的本质规定来看,商品的价值本身必定要与他的价值主体具有某种功利关系。只有这样,商品的价值也才能得到其买者、使用者的承认,并得以实现,否则是不存在的,也是没有实际意义的。当然,生产商品的劳动也与它的价值有间接的关系。这是指生产商品的劳动的质量与复杂程度影响商品的质量,进而影响商品的物质属性满足占有、使用者的欲望、要求的程度,对于他们用处的大小,也就是影响价值关系的形成和价值量的大小。但这一切对价值只是间接的影响。

　　总之,唯心主义、主观主义的价值观和机械唯物主义的价值观,都不能正确地说明商品的价值关系。因此只能以辩证唯物主义为指导去研究商品价值关系,把商品价值视为主体买者、使用者在变革客体商品的实践活动中二者互相作用、互相关联的结果。既然价值是在实践中形成的,那么,对于价值的认识和看法也要以实践为基础,并且要跟随实践的变化和发展,与之相适应。而这就要注意防止在认识和对待商品的价值时,犯各种形式的唯心主义、主观主义的错误；同时，既然商品的价值是主、客体，也就是商品的使用者与商品之间的功利关系，从而具有相互作用的辩证性质，因此，还要注意避免用机械的、片面的被动论去解释商品的价值。这就决定，科学的商品价值观是既要唯物地、又要辩证地认识和对待商品的价值；要把商品的主客体二者有机地统一起来，在二者的关系与联系中认识、考察和确定商品的价值。

（二）商品价值的主、客体和本体

由于商品的价值的本质是使用者与商品之间的功利关系，并且这种关系是在使用者变革，即认识、使用商品的实践中产生的，因此，我们研究商品的价值，需要关注价值主体与价值客体。

所谓商品的价值主体，指进入商品经济系统并与商品发生关系而使自己的需要得到某方面满足的人。因此，当一个人具有某种需要，而又与能够满足他的这种需要的商品相互作用时，他就成为商品世界的价值主体。价值主体的这种特性也就决定，并不是所有的人，也不是任何人在任何时候都充当价值主体的角色。例如，处于炎热赤道的居民，就不是貂皮大衣的价值主体。总之，商品价值主体的角色是在与商品发生关系，参与价值形成及其变化的过程中确定下来的。

商品的价值客体则是指商品能够满足人的需要，并进入商品经济生活实践的属性。具体来说，商品价值的本质要求决定，商品价值的客体同它的主体一样，只有当商品的某种属性不仅能够满足人的某方面的需要，而且在经济生活中与具有这方面的需要者发生关系，相互作用时，这种事物的属性才是价值客体。例如，湖南张家界美丽神奇的自然风光，在古代就有满足人修心养性、赏心悦目的精神需要的属性。但是，它那时还不是价值客体。只有在改革开放的今天，它与有旅游观光要求和实际行动的旅游者发生关系、相互作用时，才能成为旅游商品的价值客体。这就意味着，商品价值的主、客体互相依存、互相关联，二者缺一不可。我们必须同时认识二者，并进而肯定二者对于商品价值产生、形成的作用。也只有这样，才能使人们在认识价值本质时,既可避免唯心主义、主观主义,又可避免机械唯物主义、先验主义。当我们坚持辩证唯物主义价值观,从商品价值的主客体的客观存在、二者在商品价值形成变化中的作用来看,商品价值既是主观的,又是客观的,是价值的主、客体因素相互关联和作用后形成的有机统一体。但要强调的是,在商品价值统一体中,价值主体对于形成和实现商品价值具有能动作用。这种能动作用分别体现为主体对价值的选择性、批判性和创造性。而这又要通过主体的社会实践来完成对于商品价值的客体的选择、批判及创造。这一切要求我们应当注意从商品经济生活实践中去把握价值统一体,正确认识和处理诸因素的作用与相互关系。为了进一步认识商品价值的主、客体,还需要了解价值本体。所谓价值本体是指有关商品价值生成的基本条件和客观依据。历史地、具体地揭示和确认商品价值的主体,形成价值本体论。它着重说明商品及其使用者是怎样被纳入价值统一体中,怎样向价值形态转化。因此,从这种意义上讲,价值本体就是价值的根据。

商品价值本体论从价值的普遍要求来看,商品是它的价值生存变化的基本条件和客观依据。可以说,如果离开商品这个客体及其属性,价值就不可能产生,或者说就无价值可言。同样,如果没有商品的使用及其需要,也无价值可言。这是因为商品买者和使用者生存和发展的需要是价值产生的内在依据。

商品的价值本体论还认为,商品的价值关系虽然离不开商品的自然属性,但更重要的是取决于使用者的需要。这是由于任何商品当它还没有同使用者的特定需要发生关系,人们尚未认识和利用它的用途之前,就还不存在现实的价值关系。当然,在使用者的需要还没有同商品的特定用途形成价值关系之前,也不是现实的价值要求。因此,从价值本体论来看,商品自然属性有一个价值化过程,或者说需要价值化。同样,商品使用者需要的实现,也就是价值化,也需要一个过程。但是,商品价值主、客体的价值化过程不是发生在生产环节,而是发生在交换和消费环节。

(三) 商品的价值量

因为商品的价值是主、客体之间的功利关系,所以一切价值都有一个数量问题。价值具有可量度的特性。商品的价值量就是价值的大小。当商品这个客体的自然属性和主体的需要发生关系,相互作用后便形成价值关系。而这时也就形成一定的价值量。商品价值量的大小指商品的属性对其使用者,也就是价值主体的需要满足的程度,也就是用处的大小。用处大,价值则大,用处小,价值则小。关于商品价值量的大小,存在评价和预测问题。首先要注意的是,由于价值关系中各个价值主体对同一价值客体的需要不同,后者满足前者需要的程度也有区别,因此他们各自形成的价值量也就有所不同。例如,同一件珍贵文物,或者名家字画,对于文物商人和欣赏者来说,二人的价值评价难免有别。这是由于文物商人购买是为了谋利,待价而沽。他评价文物的价值量的大小,是由该文物到某个有利时机可能给他带来的商业利润的大小而定。但是,对于文物欣赏者来说,文物的价值大小,是由该文物能够满足他的精神需要的程度的大小而定。在市场上,同一商品的价格往往呈现多样化。而商品的价格多样化,是价值多样化的具体表现。其次要注意的是,由于某个商品的价值主体的需要有了变化,价值认识能力有了提高,而使价值关系发生改变,由此引起价值量的变化。这种情况也比较多。例如,对于同一件珍贵文物,同一价值主体在欣赏水平很低时,对文物的价值评价势必不高。但在以后通过学习,其审美能力提高了,对它的价值评价就将随之提高。因为这时珍贵文物的自然属性能更大程度地满足价值主体的精神需要。总之,商品的价值量是变化的。但是,在这里要强调的是,它的变化的根本原因不在于生产条件、方式的改变,而是在利用、消费它的过程中。这是由于经济、社会条件的变化,价值主体的需要的改变,以及价值主体对于商品多样化属性的认识能力有一个不断提高的过程,或者说,对于商品的多样化属性的认识有一个不断加深的过程的缘故。由此可见,商品的价值量的决定,是价值主体与客体二者相互联系、相互作用,即二者一体化的产物。这也就要求我们在强调商品价值形成机制中主体的作用时,不能否认和忽视价值客体的作用。商品的价值客体的作用,首先表现在它是价值形成的必要条件之一,如果只有主体的需要,而没有客体可以满足这种需要的自然属性,就不可能形成现实的价值关系;其次表现在对于商品价值量的决定作用与影响上。商品价值客体的质量、自然属性的规格、特征和多样化,直接影响和制约着价值关系的建立、价值量的大小。不言而喻,如果某种商品的质量比同类其他商品要好,那么,它的价值量就会大些。这是由于它比同类其他商品能够更大程度地满足价值主体的需要,对价值主体有更大的用处。同样,如果一种商品的自然属性多样化,能够同时满足主体多方面的需要,那么,他与主体易于建立起价值关系,并且形成的价值量会更大些。如一件茶具,如果造型美观、颜色好,就不仅能用来品茶,还可以作为工艺品欣赏,同时满足价值主体的物质与精神需要。这样,它的价值量也就会更大些。所以,我们考察商品的价值量,要同时关注它的价值的主、客体两个方面。只有这样,才能正确认识和把握商品价值量形成及其变化的规律。而这也决定商品的价值虽然不是在生产领域中产生的,但它与生产有着密切的关系与联系。

最后还要指出,商品的价值量也是可以预测的。所谓商品价值量的预测是指在对商品价值客体自然属性的全面认识,并且了解价值主体需要变化的趋势,从而在对新的需要进行科学预测的基础上,对未来的价值关系及其数量有超前反映和把握。例如,许多野生的绿色食品,过去只是作为人们充饥的一般食物,但是,在现代社会里,它们往往是"药食兼用食品",具有满足消费者保健、医疗和美容的诸多需要。葛粉就是这样的一种食物,它在过去是一种普通食物,但它却具有明显的降血糖、血压功能。因此,我们可以预测,随着糖尿病和高血压患者的增多,它可以与这两种疾病的患者建立新的价值关系,产生超过原来只作为满足人们一般食物需要时的价值量。不言而喻,对葛粉的价值及价值量进行这种预测,并千方百计通过临床试验、广告宣传使它与病人建立新的价值关系,形成更大的价值量,是既有社会效益又有经济效益的举措。同样,对于茶具等不少生活用品,由于我们预测到随着人们收入水平的提高、精神需要的扩展,应当同时具有实用与观赏两种属性与功能,以满足价值主体物质与精神两个方面的需要,与消费者建立更加广泛的价值关系,从而形成更大的价值量。

三、功利关系价值论的意义

在如今的信息社会和发达的市场经济条件下,我们重新探讨商品的价值问题,用功利关系价值论取代现有的各种价值理论,有着十分重要的理论与实际意义。

(一)创建符合现代市场经济价值关系要求的商品价值理论

用功利关系价值论取代劳动价值论,这是对马克思主义政治经济学的重要发展,因为只有它才能使马克思主义政治经济学的商品价值论符合今天的社会经济生活的实际情况。马克思主义政治经济学在古典政治经济学的基础上,提出了劳动价值论。劳动价值论的基本原理是活劳动是商品价值的唯一源泉。但是,马克思主义政治经济学劳动价值论的创始人马克思在1879年所写的《政治经济学批判大纲》一书中提出的"价值消亡论"却认定,机械化、自动化的物质基础将导致交换价值、资本主义市场经济随之消亡。这是因为在马克思看来,机械化、自动化生产"使机器能够完成以前工人完成的同样的劳动"[1],而使工人的"直接劳动"变为"间接劳动",即"表现为人以生产过程的监督者和调节者的身份同生产过程本身发生关系"。[2]而这样一来,导致"已耗费的劳动时间和劳动产品之间惊人的不成比例"[3]。也就是说,那时社会财富的生产主要不是取决于工人的活劳动,而是

---

[1][2][3]《马克思恩格斯全集(第四十六卷)(下)》,人民出版社,1980年,第216-217、218页。

机器在生产中的巨大威力。据此,马克思断言,"一旦直接形式的劳动不再是财富的巨大源泉,劳动时间就不再是,而且必然不再是财富的尺度,因而交换价值也不再是使用价值的尺度。群众的剩余劳动不再是发展一般财富的条件,同样,少数人的非劳动不再是发展人类头脑的一般能力的条件。于是,以交换价值为基础的生产便会崩溃,直接的物质生产过程本身也就摆脱了贫困和对抗性的形式"[1]。不言而喻,马克思的"价值消亡论"和资本主义市场经济体制崩溃的预言并不符合今天社会经济生活的实际。因为不仅资本主义国家在机械化、自动化的基础上,仍然存在市场经济,并且较之过去有大的发展,而且社会主义国家在机械化、自动化生产条件下,同样也进行商品生产,建立起社会主义市场经济体制。因此,这种状况亟待我们丰富和发展马克思的商品价值理论,以便使新的商品价值理论能够令人信服地解释和指导人们认识知识经济时代市场经济的价值关系及其变化规律。

为了使马克思的商品价值理论得到真正有价值的发展,在此有必要首先确立正确的马克思主义观。这有利于我们能够科学地看待马克思主义政治经济学理论及其发展。马克思主义的创始人曾反复强调,他们的学说是一种科学方法。为此,他们要求我们不要囿于和固守其中的每一个结论和原理,而要从实际出发,实事求是地对待他们;根据实践的需要丰富和发展他们。这就是科学的马克思主义观。恩格斯正是根据这种科学的马克思主义观批评说:"他的主要错误在于:他把马克思认为只在一定条件下起作用的一些原理解释成绝对的原理。杰维尔忽视了这些条件,因此那些原理本身就成为不正确的了。"[2]在这里,恩格斯说得很明确,马克思主义的有些原理"只在一定条件下起作用",因此不能"忽视了这些条件",否则"那些原理本身就成为不正确的了"。

---

[1]《马克思恩格斯全集(第四十六卷)(下)》,人民出版社,1980年,第218页。
[2]《马克思恩格斯全集(第三十六卷)》,人民出版社,1980年,第98页。

从恩格斯对把马克思主义的一些原理绝对化的错误做法的批评来看,应当以功利关系价值论取代劳动价值论。这样做完全符合科学的马克思主义观,是对马克思主义政治经济学的商品价值理论真正有价值的丰富和发展。这是因为在马克思本人看来,劳动价值论正是属于恩格斯所说的"只在一定条件下起作用的"那种原理。马克思对此已经说得很清楚,只有当"直接形式的劳动"是"财富的巨大源泉",也就是机器等自动化生产工具还没有普遍地代替工人的劳动时,劳动价值论才能解释商品生产的价值关系。近年来学术界有人试图以科技劳动、管理劳动及复杂劳动去补充、丰富马克思的劳动价值论,以求坚持这一价值理论。但实际上,科技劳动、管理劳动和复杂劳动马克思已经论及了。马克思认为,他们的出现与增加,将使机器生产日益代替工人的活劳动,间接劳动不断取代直接劳动从而导致科技工作者、管理者和工人等人所"耗费的劳动时间和劳动产品之间惊人的不成比例",结果使劳动价值论不能解释机械化、自动化较高的条件下的价值关系。因此,如果在今天仍然坚持劳动价值论,这就犯了恩格斯批评杰维尔所犯的同样性质的错误:忽视劳动价值论起作用的必要条件,把它"解释成绝对的原理",导致"那些原理本身成为不正确的了"。这是不合乎马克思本意的,也难以令人信服地说明现实经济现象和价值关系。例如,有人举例说,假设在以前,生产某种产品,全社会每年只能生产出 1 000 件,后来由于科研人员的辛勤劳动而发明了一种新的生产工艺,使得工人在劳动时间和劳动强度不变的情况下,全社会可以生产 3 000 件同样质量的产品。从传统的劳动价值论来看,新工艺使劳动生产率提高的结果是单位产品的价值下降 2/3,总价值量不变。也就是说,科技进步没有创造新的价值。对于这种看法,举例者认为与实际情况不符,没有说服力。在他看来,其实在这种情况下,全社会生产的这种产品的价值增加了。而总价值量的这种增加是源于产品的生产链的延伸,就是说,此时生产过程包括的已不仅仅是一线工人的劳动支出,而且还有为了提高劳动生产率而付出了巨大心血的科研人员的劳动支出；这种产品总价值量的增加部分主要来源于科研人员的脑力劳动即科学劳动。但是，这种分析同样缺乏说服力，不符合实际情况。因为不难理解，即使少数科研人员的脑力劳动成为价值的源泉，也不可能增加那么多的新价值。而且科技劳动往往一次付出，企业却可以长远并广泛地受益，产品数量无限地增加，价值量随之不断增多。

把科研人员的脑力劳动，或者说科学劳动解释为生产过程自动化条件下巨额新价值的源泉这种看法的缺陷，表现为实际上只有极少数的有突出贡献的科研人员的劳动才比较复杂，一般科研人员劳动的复杂程度并不高；而且在机械化、自动化条件下，简单劳动的评价标准肯定也会随之提高，否则，将来就不存在简单劳动了。不能忽视，在高科技时代的生产中，复杂劳动与简单劳动的差距在缩小。此外，有人中肯地提出，由于计算机等智能机器的发明和应用，许多工作都只需要学会操作即可，因此，一般科研及管理人员，还有知识工人的劳动复杂程度、付出的脑力未必就比过去提高和增加多少，而体力付出就更少了。在古代，制作精美绝伦的青铜器皿、木石雕刻及丝织工艺品的技术工人的劳动复杂程度以及付出的聪明才智，绝不比现在操纵电脑的工人低。因此，我们应当注意到马克思的机器生产代替了人的活劳动这句话的含义及其结果。马克思并不是像有些人所认为的那样，忽视了科研人员发明先进生产工具和工艺的劳动的作用。但是，马克思不仅不把科学劳动作为新价值的来源，或者重要源泉，而是恰好相反，把科研人员的劳动，当然是指进行发明创造新的先进生产工具的劳动作为减少形成价值的活劳动的因素。这是由于他们发明的有更高效率的生产工具取代了更多的活劳动。就是说，在马克思看来，即使科研人员的复杂劳动形成价值，也不能抵偿他们的科研成果，即新机器、新工艺所替代工人的活劳动的价值。前者和后者相比，那是微不足道的。应当说，马克思的这个看法是符合实际的。试想，再过十几、二十年，或者再长一些时间，发达国家日益增多地使用"钢领工人"即机器人等智能机械工具进行生产,"无人工厂"成为普遍的生产方式,从事物质生产的工人的数量将绝对减少,到那时,物质性商品的总数量较现在肯定会有几倍、十几倍,甚至几十倍的显著增加,从而使其价值和价格的总量远远大于现在。显然,如果继续坚持劳动才是价值源泉的劳动价值论的话,那么,人数相对来说很少的科技人员和白领工人的劳动,显然是不可能创造那样巨额价值的。所以,马克思从商品价值的唯一源泉是活劳动这个原理出发,断言当机械化、自动化的生产大量代替工人的活劳动,使直接劳动普遍转变为进行调控的间接劳动之后,交换价值将不复存在。从劳动价值论的基本原理来看,马克思提出的价值消亡论是无懈可击的。因此,应当说,在这个问题上,马克思比那些提出要把实际劳动、调控生产的间接劳动加入价值源泉之中,从而试图在机械化、自动化条件下继续坚持劳动价值论的人更为清醒。既然劳动价值论的创始人马克思提出了价值消亡论,实际是确认劳动价值论已不能解释今日高度机械化、自动化生产条件下的资本主义市场经济了,自然也包括今天的社会主义市场经济的价值关系和价值现象,那么,用功利关系价值论取代现有的劳动价值论,无疑是非常必要的。所以说,这样做才是对马克思主义政治经济学的商品价值理论的真正有价值的发展。

(二)有利于社会主义市场经济的发展

社会主义市场经济要做到健康而快速的发展,必须遵循这两个基本原则,一是优质优价,二是以需定产。而这两条原则都是功利关系价值论的本质要求:先以优质优价来说,这一原则可以说是支配市场上商品定价和价格变动的基本原则。但是,实际上,这一原则是与劳动价值论的本质要求相违背的。因为,从劳动价值论来看,某个商品的价格,是以生产它的社会必要劳动的数量决定的,也就是由它的价值决定的,当然,也受市场供求状况的影响,即供过于求时价格下降,供不应求时价格上升。总之,从劳动价值论来看,无论是商品的价格的基础,还是影响价格升降的因素都没有质量的位置。而且劳动价值论认为,从市场上总的和较长时期的交换关系来看,被交换商品的价格总量是与价值总量相等的。这是价格与价值二者之间的必然联系。这也就意味着,商品因"优质"而"优"出来的这部分价格量,会扰乱和破坏价格与价值之间的正常的平衡关系。但是,在现实的市场交换关系中,尤其是在当今发达的市场经济条件下,消费者的支付能力较高,对产品有着日益增多的质量要求,优质优价现象更为普遍,消费者按质论价观念空前增强,从而使得质量好的产品的价格远远高于同样规格的同类一般商品的价格。这种现象需要新的价值理论予以解释。而功利关系价值论为优质优价提供了理论依据。所谓优质优价实际上指那些质量好的商品更能满足价值主体消费者的需要,对他们具有更大的用处,从而使主客体之间建立的价值关系形成较大数量的价值,最终表现为更高的价格。而且优质优价这种经济现象还表明:一是不只是商品所包含的社会必要劳动可以进行价值计量,表现为用货币来计量的价格,而且价值主体买者与商品属性之间的价值关系,即商品对买者需要满足的程度、用处的大小也可以进行价值评价和定量,并且以货币表现出来而形成价格;二是虽然不同商品的自然属性是异质的,不能进行数量上的比较,但是在以货币为媒介的商品交换中,两种不同但却等价的商品,他们二者也有共同的东西;就是各自对消费者需要的满足程度相同,用处大小一样。这也就科学地解释了为什么不同的商品可以以货币为媒介,进行交换的原因。不言而喻,提倡并实行优质优价,有利于提高商品的质量,在商品生产中形成重视质量、千方百计提升商品质量的良好风气。而这实际上需要新的功利关系价值论为优质优价提供必要的理论依据。

从以需定产来说,以需定产是指生产商品要以市场需要为依据,但是说到底是由消费者需要的性质与大小来确定商品的种类、档次和数量。实际上是要求商品生产者提供的商品要尽可能满足买者的需要,以便使商品的属性与买者这个价值主体之间建立起现实的价值关系形成并实现价值。较之现有的劳动价值论,功利关系价值无疑在本质上更强调商品生产要以需定产。因为在劳动价值论看来,价值的产生、价值量的决定只是与生产有关,而与交换无关。这样,实行以需定产,只是关系到价值能否实现;而在功利关系价值论看来,虽然价值的产生和价值量与生产有关,这是指生产关系到商品的质量和它的属性的状况,但是,价值的实际形成与价值量的决定在流通和消费过程中,要看商品的属性能否符合买者的需要和满足的程度。就是说,如果不能符合消费者的需要,或者对消费者的需要的满足程度达不到要求、对消费者用处不大的话,那么,商品与消费者就不能建立价值关系,而这就将使商品没有价值,或者价值很小。这意味着,如果生产不符合市场的需要,生产者的一切付出就无价值可言。显然,以功利关系价值论来指导和解释商品生产,将会进一步强化商品生产者以需定产的意识,从而使他们更加自觉和尽力地针对市场需求做好生产计划,进行生产和经营决策。

功利价值论对社会主义市场经济健康发展的积极作用,还表现在它为企业打造名牌产品提供理论依据。一些名牌产品比同类产品的价格高出一半,甚至一倍乃至几倍。因此,一些高价位的名牌产品的价格已经不能用劳动价值论来解释了。虽然名牌产品的生产比一般同类产品要多花费一些物化劳动和活劳动,但是,一般来说,所费劳动不可能是同类产品的几倍。名牌产品之所以能高价出售,一是质量较好,或很好,因此能优质优价;二是名牌产品能够满足消费者的精神需要。一些人由于拥有和使用一般人无法购买、使用的名牌产品而得到精神上的满足,这一点更为重要。因为即使某种产品质量很好,但如果还不是名牌,在市场上没有知名度的话,那么,它的价格就往往低于质量与它一样但却是名牌产品的同类产品的价格。总之,名牌产品的价格水平与它的劳动消耗一般是不成比例的,因此,它的价格所依据的价值基础不是生产它的所谓的社会必要劳动,而只能是名牌产品的多种属性能够满足价值主体消费者的生理与心理的多种需要,使二者之间建立起牢固的价值关系,即功利关系,从而形成了很大的价值量,表现为很高的价格。

最后,有利于正确认识目前我国私营经济中的"剥削"问题。根据我国的实际情况,在今后一个较长的时期,国家会允许并鼓励发展个体私营经济。而一讲到私有经济,就绕不开"剥削"问题。实际上,在机械化、自动化条件下,对于剥削的有无与程度需要重新分析。但是,这需要用新的商品价值理论来说明。而这个新的商品价值理论就是功利关系价值论。

可以说,在高度自动化条件下不存在剥削,从而实际上并不存在剥削与社会主义本质的矛盾。这是由于马克思的价值消亡论实际上把机械化、自动化生产条件下财富的创造主要归功于机器。在马克思看来,由于资本全面、广泛地利用科学技术,"使机器能够完成以前工人完成的同样的劳动",劳动生产率大大提高,社会的财富与工人付出的活劳动不成比例,因此,"群众的剩余劳动不再是发展一般财富的条件"。这就意味着,在机械化、自动化生产条件下,剥削已不复存在,或者说基本上已经消除了。但今天仍然是商品生产,还存在价值关系,这就需要用新的商品价值理论来说明今天的商品价值的本质,以及形成与变化的条件和原因。而功利关系价值理论说明,机器能够完成以前工人完成的同样的劳动,劳动生产率大大提高,社会的财富与工人付出的活劳动不成比例,"群众的剩余劳动不再是发展一般财富的条件",因此使以占有劳动者剩余劳动为目的的雇佣劳动制度,也就是资本主义制度崩溃,价值关系、市场经济也随之消亡。功利关系价值理论同时也从新的角度给商品价值的本质以新的规定,确认商品价值是价值主体消费者与价值客体商品的属性之间的功利关系,即商品的属性满足消费者需要的程度,对消费者用处的大小。这样,也就从根本上否认了私营企业主占有工人的所谓的剩余劳动问题。不仅如此,功利关系价值论也赋予劳动力商品的价值及其决定以新的解释。从功利关系价值论来看,劳动力这种商品的价值实际上是劳动力的属性,即他的劳动能力满足占有者,也就是买者的需要的程度,对他用处的大小,劳动者出卖劳动力所得的工资收入,就是以它为依据。由此看来,也不存在雇主对雇员的剥削问题。

但是,学术界有人提出,如果否认劳动价值论,进而否认剥削,就使社会主义和生产资料公有制失去必然性。我们认为,问题并没有这么严重。因为若是从上述马克思的"价值消亡论"来看,消灭剥削不是建立社会主义制度,实行生产资料公有制的结果,而是相反,剥削的消亡是社会主义制度诞生的经济条件。马克思认为,当机械化、自动化生产工具的活动大量取代了工人的活劳动,很高的生产率、日益增多的财富不是取决于工人付出的劳动,而是取决于先进机器、科学技术时,以剥削工人、占有工人剩余劳动价值的资本主义雇佣劳动制度就将崩溃,社会主义制度由此而取代它。总之,在马克思的"价值消亡论"看来,并不是为了消灭剥削而建立社会主义制度,而是相反,由于自动化生产消灭了剥削而使资本主义制度崩溃,社会主义制度得以诞生。

最后还有必要强调指出,从这场关于劳动力价值论的讨论的结果来看,以一种新的商品价值理论取代劳动价值论,已是不难理解的事情。

多年来,关于劳动价值论的讨论,提出了两种有代表性的观点。一种观点强调说,创造商品价值的劳动,不仅包括生产第一线的工人的劳动,更要重视和承认科技工作者和管理决策者的劳动。[1]另一种观点则提出创造价值的主体不仅包括工人的劳动,而且还包括资本、土地、技术等客观因素。有文章还说,因为资本、土地、科技等因素只有与劳动结合才能创造价值。所以,这是从新的角度上肯定了劳动在创造商品价值中的地位与作用,可称为"新劳动价值论"[2]。实际上,这两种观点都无助于劳动价值论的成立。先以第一种观点来说,

---

[1] 周振华:《构建社会主义社会劳动和劳动价值论的若干问题》,《学术月刊》2011年第11期。
[2] 晏智杰:《经济学价值理论新解》,《北京大学学报》2002年第6期。

马克思的"价值消亡论"说得很清楚,也说得很中肯。在自动化生产中,由于机器生产大量地取代了工人的劳动,日益减少的人的劳动与迅猛增长的巨额社会财富显著不成比例,每个产品所包含的人的劳动已经微不足道。在这种情况下,即使再加上人数很少的管理者和科技工作者的劳动,也无济于事,不能改变这种情况。所以,马克思的"价值消亡论"正确地宣称以劳动为源泉的价值的消亡。这也就决定,要想合理地解释自动化生产条件下商品价值现象的存在,不能再用劳动价值论,而需要用另外的商品价值论。否则,与事实不符,也与马克思的思想不符。再看第二种观点,它虽然强调了劳动在创造价值中的首要地位与重要作用,但同时也承认了资本、土地、机器等要素也参与商品价值的创造。这样,一方面,它违背了活劳动是价值的唯一源泉这个劳动价值论的基本原则,而与西方经济学"多元价值论"无实际差别,这样,它也就不是什么"新的劳动价值论"。另一方面,它需要回答价值的本质与内容这个基本问题。因为既然创造价值的主体除活劳动之外还有资本、土地等因素,那么,它就只能是功利关系价值论。在此顺便指出,只有功利关系价值论才是与劳动价值论同一类型的商品价值论,它们都回答了价值的本质与内容这个基本问题,而"多元价值论""知识价值论"不同于劳动价值论。因为它们只是讲创造价值的参与主体,而没有像劳动价值论那样包含价值的本质与内容。这点也意味着,他们不可能取代劳动价值论。就是说,取代劳动价值论的只有功利关系价值论。

第四节　经济学的"幸福革命"

"幸福是完善的和自足的,是所有活动的目的。"[1]追求幸福是人生的永恒主题,也是人类一切活动的终极目的。然而,对幸福的追求

---

[1] ［古希腊］亚里士多德:《尼各马可伦理学》,商务印书馆,2003 年,第 19 页。

并不必然导致幸福的现实。近一个多世纪以来,人类的物质财富经历了前所未有的增长,但人们的幸福感却没有获得与之同步的增加,甚至在部分国家、地区和人群中,还呈现出下降的趋势。越来越多的人开始逐渐认清一个事实,那就是:我们目前发展的经济正在逐步蜕变为无助于人们幸福保持和增加的不幸福的经济、"无快乐的经济"。①

一、问题的提出

不幸福经济的形成自然是多方面因素综合作用的结果,但作为人类经济活动的重要指导,经济学对此负有无可推卸的责任。因为幸福是人类一切活动的终极目的,经济学作为一门以人类的经济活动、经济关系为研究对象的社会科学,其初衷和根本任务应当是而且也只能是保持和增进人类幸福。然而,经济学发展到现代,事实上已从原本的经世济民、富国裕民之学蜕变成一种以单纯的物质财富增长为出发点和目标的"财富经济学"。这种财富经济学虽然在物资匮乏的年代里曾经对人类幸福感的增加作出过重大贡献,但在物质丰裕的今天,它对人类幸福的促进作用可以说是越来越有限了,在很多情况下,其负面作用甚至大于正面作用。

巴西前农业部长何塞·卢芩贝格曾把这种财富经济学概括为"不幸福的经济学",从而中肯地指出了现代经济学的不幸福本质。②但卢芩贝格并不是第一位发现经济与经济学对幸福(快乐)之离弃现象的学者。早在 1974 年,美国南加州大学经济学教授伊斯特林(Easterlin)就在实证分析的基础上提出了"收入增长并不一定能带来幸福增长"的"幸福悖论",向主流经济学"财富等于幸福"的观点或实际做法发起了有力的挑战。

1976 年,美国经济学家西托夫斯基(Scitovsky)发表了他最负盛

①［美］提勃尔·西托夫斯基:《无快乐的经济:人类获得满足的心理学》,高永平译,中国人民大学出版社,2008 年。
②［巴西］何塞·卢芩贝格:《自然不可改良》,黄凤祝译,生活·读书·新知三联书店,1999 年。

名的著作《无快乐的经济：人类获得满足的心理学》。他在书中指出，经济学对人性的片面画像妨碍了这个学科对塑造主导生活方式的影响因素的思考，把我们推向对它的简单接受和适应，同时还阻止了经济学家对行为——包括消费行为——背后的重要动机的承认和探索，从而使得人类经济性满足的问题未能得到很好的解决，并且由于人们缺少对经济在人类满足图景中的地位的理解，使得许多非经济的满足之源也被忽视了。

　　真正对主流经济学进行了根本性批判的是人本主义经济学家。美国经济学家卢兹（Lutz）和心理学家勒克斯（Lux）合著的《人本主义经济学的挑战》一书，以人本主义心理学作为经济学的基础，严厉批判了西方主流经济学中最基本的核心概念和假定，如理性经济人、效用价值、自由选择等，并在批判资本主义企业制度的基础上提出了一种人本主义经济制度的新模式和实现变革的发展道路。

　　为了改变经济学的不幸福现状，以伊斯特林为代表的一些经济学家开始致力于把幸福研究引入经济学。他们广泛借鉴心理学、社会学、政治学等学科领域的研究成果，从不同角度对幸福问题进行了很多创造性分析。在他们的推动下，"幸福经济学"作为经济学的一门分支学科开始逐渐形成并兴起。

　　与此同时，国内也兴起了一股"快乐经济学""幸福经济学"的热潮。著名华裔经济学家黄有光被认为是最早在中文世界中倡导快乐经济学研究的人，他长期关注经济与快乐问题，把快乐思想大量融入福利经济学的研究中。国内研究快乐经济学的代表人物是浙江财经大学的陈惠雄教授，他崇尚"快乐主义"，认为追求精神快乐是人类唯一有理性的终极目标。此外，国内致力于"幸福经济学"研究的还有一些青年经济学者。

　　总之，这些学者都不同程度地认识到了"不幸福经济"和"不幸福经济学"的客观存在及其危害，都在以不同的方式表达着对经济学与快乐、幸福问题的关注。但是，要真正克服乃至根除"不幸福经济"现象,必须在经济学领域内掀起一场彻底的幸福革命,从根本上恢复经济学的幸福本质,使经济学担负起应有的指导人们创造幸福生活的使命。目前学术界中对经济与幸福问题从不同角度展开的诸多研究,宣告着这场经济学的幸福革命的序幕已经拉开。

二、对经济学幸福革命现有思路的质疑

虽然使"幸福"回归经济学是从事经济与幸福研究的学者们共同的目标,但是对于如何使"幸福"回归经济学仍然存在着诸多分歧,并由此产生了对经济学幸福革命的不同思路。目前已有的思路大致有两种:其一,建立作为经济学分支学科的幸福(快乐)经济学,把幸福(快乐)问题纳入经济学分析的视野,即为分支论;其二,以幸福(快乐)经济学取代现有经济学,即为取代论。这两种思路都是值得商榷的。由于篇幅所限,本研究暂不讨论"快乐经济学"和"幸福经济学"的差异,单以"幸福经济学"为例来评述。

一方面,"幸福经济学"的提法似乎欠妥。就现有的对"幸福经济学"的理解来看,它有三个层面的含义:一是"幸福经济学"是研究"幸福经济"的学科,以"幸福经济"为研究对象。但目前人类经济已成为"不幸福经济",幸福经济是我们未来致力于创建的,那么"幸福经济学"岂不是以其自身所追求的目标为研究对象了? 这显然不符合学科研究对象的规定。二是"幸福经济学"是研究"幸福"问题的经济学,或者是用经济学方法研究幸福问题的学科。这是目前对"幸福经济学"最流行的解释,也是持批判意见的学者们抨击最多的。如顾海兵教授认为,经济学可以涉及快乐,但不能也不应以快乐为核心,"不可种了别人的田而荒了自己的地"[①]。这里的"快乐"换作"幸福"相信顾海兵教授也一样认同。三是"幸福经济学"是"幸福的"经济学。这种提法亦有问题,因为经济学作为一门与人类福祉密切相关的社会学科,幸福应当是其内在本质,特地加"幸福"于"经济学"之上不仅有画蛇添

---

① 顾海兵:《经济学怎能以快乐为核心?》,《中国教育报》2008 年 8 月 28 日。

足之嫌,还容易让人产生误解,以为幸福与经济学本无关联。

　　另一方面,抛开学科名称表述上的问题不谈,"幸福经济学"作为一门学科的创建也并不合理。就我们对"幸福经济学"三层含义的分析来看,第一层面上的"幸福经济学"在目前来看是不能成立的,只能有待于将来条件成熟的时候再来创建。第二层含义上的"幸福经济学"是作为经济学的一个分支学科提出来的。既然研究幸福问题,那么必然会涉及有关幸福的一系列根本问题,这些问题不是用经济学方法能够简单解释的。只有建立一门以幸福为研究对象、以探求幸福的本质特征、谋求幸福的一般原则和基本方式为目的和内容的幸福学,进而建立以经济领域中的幸福问题为对象的经济幸福学,才能对经济领域中有关的幸福问题作出有力解释。而既然有了幸福学和经济幸福学,幸福经济学就无存在的必要了。这也是"分支论"思路不能成功的主要原因之一。第三层含义上的"幸福经济学",是本原意义上的"幸福的"经济学,但这里需要的是恢复经济学的幸福本质,而不是另创一门经济学。

　　既然"幸福经济学"本身就存在问题,那么所谓"分支论"和"取代论"天生就隐含着缺陷。然而除此之外,它们各自还存在着不同的问题。就"分支论"而言,有一个非常严重的问题在于,尽管大多数学者都认为幸福经济学的诞生丰富和深化了经济学的内涵,开辟了经济学研究的新方向,却很少把"幸福经济学"纳入幸福革命的大视野中来思考。他们的目标只在于把幸福问题纳入经济学研究的视野,而不在于恢复经济学的幸福本质。这就没有把握住这场经济学幸福革命的主旨,因而是不能成功的。另外,只是作为分支学科的幸福经济学也很难对经济学幸福本质的恢复起到根本性作用。

　　至于"取代论",虽然有其一定的道理,比如现代经济学事实上已经蜕化成为财富经济学,成为不幸福经济蔓延的理论根源,它无法解释现实经济生活中财富与幸福疏远化的现象,更无法解决人类目前面临的幸福危机等,但是,幸福经济学不可能取代经济学。这有三个方面的原因：其一，现代经济学是一个庞大的体系，它包括理论经济学、应用经济学、经济史、经济思想史等多个学科分支，单单一门幸福经济学是远不可简单取代的；其二，幸福问题不能涵盖经济学研究的全部内容；其三，"取代论"虽不像"分支论"一样，要在经济学体系内部开辟一个新的研究幸福问题的分支学科，但也是要另立一门学科来代替现有的经济学，而不是恢复经济学的幸福本质。

所以说，"分支论"和"取代论"作为对经济学的幸福革命的初步思考和探索，虽然具有一定的合理性，但都存在着很多问题，以它们为指导是不能成功完成经济学的幸福革命的。

三、经济学幸福革命的"四步走"设想

经济学幸福革命的任务十分艰巨，要完成它必须循序渐进、步步为营，整个革命过程大致可以分为以下四个步骤。

1. 建立幸福学。关于幸福学这门学科的建立，总体来说有两种思路，一种是奚恺元等教授提出的、旨在最大化个人和社会整体幸福的幸福学。它主要研究三个方面的问题：（1）在生活环境里的外部因素的种类和数量与幸福的关系；（2）与幸福有关的性格特质；（3）如何作出最大化个人幸福和社会整体幸福的决策。[①]这是一种工具意义上的幸福学。另一种思路是为了摆脱近百年来愈演愈烈的全球性生态危机和社会经济危机，引导人们追求真正的幸福，而创立一门具有终极意义的幸福学。[②]笔者认为，从经济学的幸福革命的角度出发，我们应当遵循后一种思路，在"母学"的高度上建立幸福学。因为幸福是人类一切活动的终极目的，而幸福又是一个极为深刻而复杂的问题，它的本质特征及其表现形式的多样化、影响因素的多元化决定了只有以幸福学统师和引领经济学、政治学、伦理学、教育学等各类社会学科联合攻关，才能最终解决幸福问题。

---

① 奚恺元、王佳艺、陈景秋：《撬动幸福》，中信出版社，2008 年。
② 梁德淳：《幸福学：一门待建的具有终极意义的新学科》，《上饶师专学报》1994 年第 2 期。

2. 以幸福学为指导建立作为部门幸福学的经济幸福学。经济幸福学是连接幸福学与经济学的重要纽带,其创建可以说是这场幸福革命中承上启下的关键一环。关于经济幸福学的学科要点,笔者作了以下几点思考:(1)从学科地位来看,在幸福学理论体系中,经济幸福学是与政治幸福学、文化幸福学等处于同一学科层次上的部门幸福学;在经济学体系中,经济幸福学扮演着指导者的角色,肩负着指导各门经济学科的重任。(2)从研究对象和研究内容来看,经济幸福学以经济领域中有关幸福的理论与实践问题为研究对象,它的研究范围与经济学的研究范围是重合的,但二者的侧重点有所不同。具体而言,经济幸福学的研究内容,一是,不幸福经济的成因及其解决途径;二是,以幸福为终极目标和原则的人类经济行为模式;三是,经济过程中各个环节的幸福问题;四是,影响幸福的各种经济因素;五是,符合幸福本质的生产方式与生活方式等。(3)从学科特性来看,经济幸福学是伦理性与科学性相统一的一门学科。它带着幸福对人类的终极关怀进入经济学领域,作为经济学体系中新兴的,却是基础的、革命性的要素,去开启整个经济学体系的幸福化革命进程,其最为重要的任务之一就是用基于幸福目标的伦理价值充实经济学体系。同时,科学性也是经济幸福学的应有性质之一,尽管经济学中的"工程学方法"向来为那些具有人文关怀的学者们所诟病,但客观地说,工程学方法在经济学中的应用也是成效卓著的,它使经济学可以对很多现实问题提供较好的解释和指导。所以在经济幸福学中,工程学方法与伦理学方法应当结合起来,但为避免偏离幸福目标,工程学方法的运用应当在伦理学方法的指导下进行。

3. 以经济幸福学改造现有的理论经济学。这一步骤的关键是对经济学的三大理论基石进行改造。第一,复归效用(utility)的幸福内涵,以幸福最大化取代财富最大化原则。这要求我们一方面要认识到财富只是影响幸福的因素之一,是实现幸福的手段之一,从而充分认识到建立在狭窄化和物质化的效用概念基础上的财富经济学的危害性,明确经济学的幸福本质和增进人类幸福的根本任务;另一方面要尽快建立起一个能够尽可能客观精确地衡量国民幸福感的指标体系,取代 GDP 作为经济社会发展的衡量标准。第二,以"幸福人"假设替代"经济人"假设。"经济人"作为西方经济学理论中的一个基本假设,实际上是不幸福的人性假设,其自私、狭隘、唯利是图的特性决定了他不仅自身会被困在马斯洛需求金字塔理论的最底层,看不见也找不到通往幸福的光明之路,还会极大地妨碍他人幸福和社会幸福的实现。目前看来,"幸福人"假设应当是最符合时代要求和社会需要的人性假设,只有"幸福人"才真正体现了人类的根本追求和终极目的,其他人性假设如"社会人""自我实现人""复杂人"等都没有把握住人性的本质。[①]第三,终止对帕累托效率的迷恋,使"看得见的手"与"看不见的手"协同作用。正如美国经济学家理查德·布隆克所说:"自由市场这看不见的手,尽管它有不可怀疑的力量,但是它仍不足以确保许多牵涉到人类幸福以及能让人们对人类进步抱乐观态度的社会目标的实现。因此,如果我们想保护环境,减少贫困和失业,避免恶性竞争的后果,那么自由市场就很有必要由强有力的道德框架、社会凝聚力和有理性的政府干预来支撑。"[②]但如果政府的作用发挥不当,不遵循经济规律,也会产生消极的后果,所以为了克服"市场失灵"和"政府失灵",需要"两只手"的协同作用。

4. 用经济幸福学以及幸福化了的理论经济学去统帅、指导和改造其他各个经济学科,最终建立起整个幸福化了的经济学科体系。应用经济学是与现实经济实践联系最为紧密的经济学科,为了更好地指导经济实践,消除经济活动中一切不幸福的因素,促进不幸福经济向幸福经济转变,应用经济学必须明确经济社会发展的目标是幸福而不是财富,从始至终坚持以经济幸福学的基本理论观点为指导;而经济史、经济思想史之类研究借鉴、评价分析性质的学科,则应当

---

① 王彦勋、卢苓霞:《幸福人假设及在管理领域的意义》,《经济管理》2007 年第 13 期。
② [美]理查德·布隆克:《质疑自由市场经济》,林季红译,江苏人民出版社,1999 年,第 5 页。

以是否有利于增进民众幸福为原则，来评判各个历史时期不同国家地区的经济活动以及各个历史时期出现的经济思想、经济学说和经济政策，从而为经济社会的更好发展、为人民群众更幸福的生活提供经验和政策依据；至于经济分析和计量方法就更需要进行革命性的改变了。正如阿马蒂亚·森所指出的那样，只注重"工程学"方法，而忽略伦理学方法的重要性，对经济学已经造成了严重的损失。[①]如果以幸福而不是财富为目标，以经济幸福学而不是现代理论经济学为指导，将会有利于伦理学方法的回归。

四、结论与建议

1. 近一个多世纪以来，人类经历了空前的危机，这些危机大都根植于人们的经济活动，并借助经济的强大影响力向社会其他领域不断蔓延、渗透，从各个方面消减着人们的幸福感。对于不幸福经济的形成和蔓延，经济学作为人类经济实践的重要指导负有不可推卸的责任，因为正如卢芩贝格所言，现代经济学已经蜕变成一种"不幸福的经济学"了。要真正克服乃至根除"不幸福经济"现象，必须在经济学领域内掀起一场彻底的"幸福革命"，从根本上恢复经济学的幸福本质。

2. 现有的"取代论"和"分支论"这两种革命思路都不能将这场新的经济学革命成功进行到底。这是因为，它们不仅自身都存在着种种问题，而且都没有正确理解经济学与幸福的关系，从而没有把握住这场经济学幸福革命的主旨，即恢复经济学原有的幸福本质，使其成为真正"幸福的"经济学，而不是另创一门"幸福学"来取代经济学，抑或创建"幸福（或快乐）经济学"来解决经济领域中的幸福问题。

3. 要完成经济学的幸福革命必须经历 4 个步骤：（1）建立幸福学这门具有终极意义的新学科，确立其在社会科学中的"母学"地位；

---

① ［印］阿马蒂亚·森：《伦理学与经济学》，王文玉、王宇译，商务印书馆，2000 年。

（2）以幸福学为指导创建经济幸福学；（3）由经济幸福学去改造现有的理论经济学；（4）以经济幸福学与幸福化了的理论经济学一同去统帅、指导其他各门经济学科，逐步完成整个经济学科体系的幸福化改革。在这场经济学的幸福革命中，我们还必须立足于"幸福"这一终极价值和目标，在深刻扎根于"母学"的基础上，广泛借鉴哲学、社会学、心理学、管理学、政治学等其他学科的研究成果及方法。

4. 不幸福经济学只是导致不幸福经济的一个重要理论根源，不幸福经济的产生还有其他的理论根源和社会根源，所以经济学的幸福革命只是消灭不幸福经济和建设幸福经济的起点，要彻底消灭不幸福经济现象、发展幸福经济，还需要其他学科的理论工作者以及最广大的社会成员长期共同的努力。同时我们还必须认识到，经济也只是诸多的幸福源泉之一，因此，为了最大限度地增进人类幸福，应当以建立幸福化的社会科学体系和幸福化的现代社会为目标，在整个社会科学体系和全部的社会生活领域中展开幸福革命。

第五章　理论方略

　　理论的价值在于"管用"。这是邓小平的理论价值观。中国特色理论，具有可行性方略，从而具有实践价值。在新时代，应着力导演好新"三国演义"，中国将因此雄立于世界舞台，自觉地大力发展美丽经济，以建设美丽中国和美丽世界。

第一节　美丽中国、平安中国和健康中国

　　在新时代，我国正在同一时空中建设美丽中国、平安中国和健康中国。这"三个中国"实际上是中国式现代化三个目标、三项任务、三大战略。这三个"中国"实际是统一的，它们相互联系和相互促进。具体来说，美丽中国是基础、平安中国是保证、健康中国是目的。因为健康直接关系着人民群众的生命、生存质量和幸福感。三者的这种关系决定，应当以系统论为指南，把系统论作为方法，站在系统的角度，以系统的眼光考察新时代的"三个中国"。认识"三个中国"的内在关联有着重要的意义，它将使我们得以找到和确定建设"三个中国"的正确思路和有效战略举措。由于美丽中国、平安中国、健康中国三者是一个互为条件、相互促进的系统，因而三个角色缺一不可，更不能唱独角戏。只有这样，才能做到三者互为条件，相互促进，更好地显示并发挥美丽中国的基础作用，平安中国的保障功能，从而得

以较好地实现建设健康中国的目的。所以,在新时代要认真编导好新的"三国演义"。

一、美丽中国解读

洞察和把握美丽中国在"三个中国"中的基础地位与作用,需要对它进行全面、深入的解读,要正确认识 21 世纪的美丽中国,新时代赋予它新的使命、目标和任务。新时代的美丽中国是一个现代化的发达的美丽中国。人们歌唱美丽的祖国,是歌唱它有蔚蓝色的大海、辽阔的大草原、高高的兴安岭、白皑皑的雪山。但这是美丽中国的容颜外貌。新时代的美丽中国,是发达的、完全的美丽中国。真正的美人,不仅容貌美,而且心灵美,秀外慧中。同样,发达的美丽中国既有绿水青山、蓝天白云、鸟语花香等美丽的自然景色;而且还有美丽经济、美丽政治、美丽文化和美丽人物。

所谓美丽经济,包括美丽的生产环境及条件、美丽的劳动产品和美丽的劳动者这"三美"。第一个论及美丽经济的人是古希腊的农学家、经济学家色诺芬。他在《经济论　雅典的收入》一书中,极力主张和倡导发展农业,鼓励人们从事农业生产。这是因为在他看来,农业是美丽产业。表现在农业生产有绿水青山、田园牧歌式的美丽生产环境;同时,农业生产收获的是绿果红花、金谷黄粟的美丽成果;而农业生产者则有着美好优良的品德。这是由农业生产的特点决定的。正如中国俗话所说:"人哄地皮,地哄肚皮","人勤地不懒",从而使农业生产有利于劳动者养成勤劳、诚实的美好品德。

而在新时代,发达的美丽经济,具有新的内容与标准,有着更高的要求。例如,它要求保护好绿水青山,从而不仅为农业劳动者提供优美的生产、生活环境,而且为城镇居民提供休息娱乐场所、新鲜纯净的用水和空气;它还要求把绿水青山转化为"金山银山",成为发展乡村旅游业的资源;并且要求它为农村、城镇居民提供不仅颜色鲜美而且品质良好、没有污染的食品;为农副产品加工业提供同样品质良好、没有污染的原料。当然,它还要求利用农业生产有利于培养劳动者美好品德的天然功能,让一代又一代的农业生产者成为最美的中国人。

发达的美丽经济,不仅要求农业生产是发达的美丽产业,同时还要求工业、交通运输业、现代信息业、旅游休闲业、文化艺术行业都要成为美丽产业,它们能让劳动者在美丽的环境中从事生产劳动,生产品质美好的产品,并且使劳动者成为身心俱美的人。

关于新时代的美丽政治,即古人所推崇向往的"美政"。它要求权力在阳光下运行,从而得以保证在政治生活领域中,丑恶腐败的东西难遁其形,做到政治生活政廉风清,符合真、善、美的要求。习近平创造性地提出"政治生态"这个新的政治学概念。它有助于人们理解和规定美丽政治。绿水青山是自然界的美丽生态,政廉风清则是政治界的美丽生态。美丽的政治生态的形成与保持,需要有符合公平、正义要求的政治体制机制;同时还要具有美好的思想品德与作风的最美的行政者。至于新时代的美丽文化,是指符合真、善、美要求的文化艺术。就其总体和本质来说,文化艺术是美丽的。然而在文化艺术体系中,作为社会生活的反映,也难免会掺杂一些伪劣丑恶的东西,它们是美丽的文化艺术应当扬弃和批判的东西。最后是美丽的人物,美丽的人即品德、情操高尚的人,在古代尊称为"美人"。人是万物之灵,是美丽经济、美丽政治、美丽文化的创造者、守护者和享受者。千千万万最美的人的培养涌现,又有赖于美丽经济、美丽政治、美丽文化这些必要的良好条件。

经过上述有关现代美丽中国的全面阐释,现在应不难理解,为什么我们指出并认定,在建设"三个中国"中,美丽中国是基础。因为这个具有美丽经济、美丽政治、美丽文化和美丽人物的发达的美丽中国,它将为建设平安中国、健康中国提供良好的经济、政治和文化条件,奠定坚实的基石;并且培育合格的人才,即最美中国人。事在人为,这一点尤为重要。具体来说,例如,良好的生态、美丽的生产、生活环境有利于减少、防止自然灾害和空气、用水和食品污染。不言而喻,这直接有助于平安中国和健康中国的建设。又如,在美丽中国的美丽经济、美丽政治和美丽文化的摇篮中培养出来的千千万万的最美公务员、最美工人、最美农民、最美医生和最美战士,他们必定是合格、优秀的平安中国与健康中国的建设者和保卫者。

正是由于美丽中国是基础,因此,在建设"三个中国"这场伟大舞台上,要把建设美丽中国置于中心位置,花大力气抓好美丽中国建设。而美丽中国建设的基本思路是:以美丽经济为基础,以美丽政治为保障,以美丽文化为主导。为此,要着力发展和夯实美丽经济这个基础。而这又要求美丽政治提供可靠的保障,美丽文化提供正确的指导。在新时代,发展和壮大美丽经济,必须贯彻新发展理念,走高质量发展道路。不言而喻,新发展理念有助于美丽经济的发展壮大,因为它倡导绿色发展、平衡发展。

为了切实贯彻新发展理念,需要开辟并坚持文明发展的道路。在过去很长一段时期里,由于片面追求 GDP 增长、迷信人定胜天等原因,我们国家乃至整个人类社会误入盲目乃至野蛮发展的歧途,无视自然规律和经济、社会规律,对于自然及社会资源盲目地过度开发,造成环境严重破坏和资源的极大浪费。对此,人们进行了深刻的反思,认真总结了经验教训。在此思想基础上,习近平总书记在党的十九大报告中提出,在新时代,必须开辟和坚持文明发展道路。为了让人们对于这条新的发展道路有充分的认识,他强调说:"走向生态文明新时代,建设美丽中国,是实现中华民族伟大复兴中国梦的重要内容。"①在这里,习近平总书记告诉人们,开辟和坚持文明发展道路,这是时代的要求。在他看来,人类社会已进入"生态文明新时代";同时,它是"建设美丽中国"的重要战略举措;并且是"实现中华民族伟大复兴中国梦"的题中应有之义。习近平还进一步指出:开辟和坚持

---

① 《习近平谈治国理政(第一卷)》,外文出版社,2018年,第211页。

文明发展道路,必须实行发展方式和生活方式转型,"推动形成绿色发展方式和生活方式"①。

为了坚持不懈地推动绿色发展方式和绿色生活方式,习近平提出六大战略:

一是加快转变经济发展模式,用新的"塑造更多依靠创新驱动、更多发挥先发优势的引领型发展"的模式替代"过多依赖增加物质资源消耗、过多依赖规模粗放扩张、过多依赖高能耗高排放产业的发展模式"。二是加大环境污染综合治理。"要以解决大气、水、土壤污染等突出问题为重点,全面加强环境污染防治。"三是加快推进生态保护修复。"要坚持保护优先、自然修复为主,深入实施山水林田湖一体化生态保护和修复。"这方面,主要做好这两项工作:1.开展大规模植树造林及种草的绿化行动;2.对荒漠化、石漠化及水土流失进行综合治理。四是全面促进资源节约集约利用。对此,要树立"节约集约循环利用的资源观,用最少的资源环境代价取得最大的经济社会效益"。五是倡导推广绿色消费,"推动形成节约适度、绿色低碳、文明健康的生活方式和消费模式"。在生态文明新时代,每个人都是生态文明建设成果的占有者、享用者。因此,人人有责任保护生态环境,应当积极参加生态文明建设。而这就要求大力进行生态文明的宣传教育,发展生态文化,培养人们,尤其是青少年的生态意识和良好的生活习惯,成为合乎生态文明新时代要求的"生态人"。六是建立健全生态文明制度体系。"推动绿色发展,建设生态文明,重在建章立制。"这方面,一是建立各种有关生态保护的法规法律,用"最严密的法治保护生态环境",力求做到有法可依并执法必严;二是"健全自然资源资产管理体制,加强自然资源和生态环境监管"。具体要求做好"完善环境保护公众参与制度""落实领导干部任期生态文明建设责任制"②。

---

① 《习近平谈治国理政(第二卷)》,外文出版社,2017年,第394页。
② 同上,第395-396页。

这六大战略开辟并规范了一条明确而宽广的生态文明发展道路。这是一条发展壮大并保护美丽经济的金光大道。只要我们坚定不移地沿着这条大道前行,就将使美丽经济逐步发展壮大起来。为了美丽经济快速并稳定地发展,应有意识地注意做好这两件工作:一是大力发展美容、美饰、美食、美术这些典型的美丽产业;二是大力培养包括"生态人"为代表的最美中国人。他们是发展壮大美丽经济的组织领导者和生力军。

为了充分发挥美丽政治对美丽经济及整个美丽中国建设的保障作用,一是加强和改善党的领导。中国共产党是一个诞辰已逾百年,执政长达 70 多年的成熟的政党,是领导中国社会主义事业的核心力量。在中国,发展壮大美丽经济、建设发达的美丽中国,必须坚持中国共产党的领导。历史已经并将继续证明,如果没有中国共产党的领导,实现中华民族的伟大复兴、建设美丽中国必将成为空想。因此,美丽政治集中表现为依靠中国共产党的领导。为此,要大力加强党的思想建设、组织建设、作风建设,以加强和改善党的领导。二是建设良好的政治生态。政治生态是从自然生态移植而来的一个新的政治学概念,很形象,很能说明问题。良好的政治生态合乎真、善、美要求。美丽政治要求建设良好的政治生态,用美丽的政治生态取代丑恶的政治生态。我们国家的政治生态中曾一度出现一些严重的丑恶现象,最有代表性是跑官、要官、买官乃至哭官的丑陋行为。为了切实改善政治生态,在政治生活领域,要牢记"五个必须",严防"七个有之"。在政治生活领域,决不能搞封建依附那一套,决不能搞小山头、小圈子、小团伙那一套,决不能搞门客、门宦、门附那一套,决不允许搞利益集团、人身依附、拉帮结派那一套,力求做到能者上,贤者用,弱者下,劣者惩。并且"要坚决防止和纠正自行其是,各自为政,有令不行,有禁不止,上有政策、下有对策等行为"①。

----

① 江金权:《把党的政治建设摆在首位》,《求是》2017 年第 22 期。

发展壮大美丽经济、建设美丽政治,发挥美丽文化的主导作用至关重要。它给美丽经济和美丽政治提供正确的方向、目标、原则、方法和动力。物质变精神,精神也可变物质。美丽文化如古人所说可以文化人、以文造物。美丽文化蕴含着对美好事物的信仰与尊崇,由此形成一种"精神动力"①。而它就是发展壮大美丽经济、建设美丽政治的不竭的力量源泉。为了更好地发挥美丽文化的主导作用,需要重视并大力发展和宣传美丽文化。为此,要严肃批判和清除文化艺术领域中的丑恶的东西,让真、善、美的东西成为主流。

二、建设平安中国、健康中国的战略构想

从目前各方面情况来看,建设平安中国也是空前伟大且艰巨的事业,需要探索和制定有效的战略。俗话说:平安是福,好人一生平安。由此可见,在中国传统文化中,在中国人的心目中、追求中,平安占据非常重要的地位。而中国共产党人的初心和使命是为中国人民谋幸福,为中华民族谋复兴。因此,我们必须迎难而上,力争早日建成合格的、为广大人民群众所期待和热爱的平安中国。为此,首先应对平安中国有一个全面的认识,正确地把握、明了它的内在要求和发展规律。

之所以说建设平安中国是一桩伟大而艰巨的事业,这是由于在智能化、信息化和全球化经济社会条件下,决定影响人们安全的因素很多,问题很大,矛盾十分复杂激烈。具体来说,决定、影响安全的因素可大致分为两大类型,一是传统安全因素,二是非传统安全因素。传统安全的因素主要是水旱、风、震、虫、兽、兵、匪、病等天灾人祸,它们造成诸多传统安全问题。②在人类社会发展上,它们给人们带来成千上万次的巨大灾难。如在古代的中国,由于暴雨成灾,淹没无数田园,所以出现大禹治水的千古壮举;又如由于久旱无雨,赤地千里,致

---

① 《邓小平文选(第三卷)》,人民出版社,1993年,第63页。
② 参见余潇枫、林国治:《论"非传统安全"的实质及其伦理向度》,《浙江大学学报(人文社会科学版)》2006年第6期。

使颗粒无收,迫使在饥饿线上挣扎的中国农民铤而走险,爆发了李自成等农民起义。还有在中国多次出现如乌云压顶的蝗虫,它们飞临之地,庄稼、树叶皆被啃光,造成损失巨大的"虫灾"。当然,天灾还不如人祸,第一次、第二次世界大战,战火摧毁了欧洲和亚洲数十个国家的城市和村庄,使数以千万计的人群死伤于无情的枪弹之下。传统安全因素造成的这些安全问题,给人类带来的各种灾难,将永远留在人们的集体记忆中,造成永远的伤痛。

但是,同当今出现和存在的一些非传统安全因素相比,它们的危害却是小巫见大巫,后者对人类安全造成的影响,更是难以估量。例如,热核武器、生化武器、信息武器都有着传统的常规武器不可比拟的破坏性,它们足以摧毁地球上所有的城镇、村庄,威胁全人类的健康与生命安全;并能使一个地区、一个国家的信息网络陷于瘫痪,不能正常运行。且不说发生热核战争,苏联一家核工厂发生事故,就使得周围城乡遭受了毁灭性的伤害,危及几十万人的身体健康。

非传统安全因素,还有气候变暖与特大流行疾病,它们造成的非传统安全问题,同样也足以影响全人类的生命安全和身体健康。此外,恐怖主义也是值得关注和重视的一个非传统安全因素。众所周知,20年前的"9·11恐怖袭击事件",直接引起美国出兵阿富汗,花费3万亿,死伤几万人,打了20年的所谓"反恐战争",给阿富汗人民及美国人民带来巨大灾难。因此,借用美国学者托尼·朱特的话来说,当今世界是"沉疴遍地",并且是灾难满天。当然,中国在一定程度上是个例外,"风景这边独好"。但是,中国人不能高枕无忧,而应居安思危。因为她仍然受到一系列不安全因素的威胁,甚至可以说是危机四伏。所以,虽然今天中国经济以比较强劲的势头在发展,但人们却有如履薄冰之感。应当说,对于所处的局势有这种清醒的认识、正确的态度是好的。相信只要采取有效战略,我国就将逐步消除上述诸多不安全因素,或迟或早成功建成平安中国。

关于健康中国,首先要全面认识和规定它的内涵与要求,在此基础上,才能确定正确的思路和采取有效的战略。清代学者邹岐山在《启后留言》中肯定地指出:"凡人有身病,有心病。"这意味着,既无身病,又无心病者,才是真正的健康。由此决定:健康中国要求占全国人口绝大多数的中国人既无身病,又无心病。让绝大多数中国人没有身病固然不易,而要让绝大多数中国人没有心病更非易事。因为有关数据表明,近些年来,在我们国家患各种"身病"的人日益增多,患各种"心病"者也不在少数,更有一部分人同时患有"身病"与"心病",真可谓祸不单行。

具体来说,"身病"方面,由于生态环境恶化,空气、水源、土壤、食品污染状况短时期内难以根本改变甚至缓解,导致肺癌、气管炎、鼻炎之类呼吸道疾病和肠癌、胃癌、肠胃炎等消化道疾病日益增多。有关资料显示,2020 年,肺癌患者增加 820 万人,死于肺癌者多达 71 万人。专家预计,由于近十几、二十年空气污染严重,雾霾异常严重,到21 世纪 30 年代初,中国将出现肺癌高峰期,将有一两千万人患此重症。有关资料还显示,2020 年,肠胃癌患者新增 104 万人,死于该病者已达 56 万人。因此,肺癌、肠癌、胃癌已成为中老年人患病死亡的重要原因。另外,近些年,每年全世界死于肠、胃、食管癌者已达 1 000万人左右,中国死亡人数位列第一。心脑血管病也是严重威胁中国广大中老年,乃至青年生命和健康的严重疾病。目前,中国的中老年人群,有"三高"者的比重已高达 80%,其中高血糖者多达 2 亿,糖尿病患者已逾 2 000 万。至于"心病"方面,2020 年,青少年的抑郁检出率已高达 24.6%,其中重度者为 7.4%。这些心理疾病,已严重损害了青少年及中老年人的健康,甚至威胁到他们的生命。

由于不安全因素往往同时影响人们的平安和健康,而且产生不安全因素和影响身心健康的因素有着大致一样,甚至同一的根源,因此,建设平安中国和健康中国可以采取共同的战略。

在新时代,为了顺利、有效地建设平安中国和健康中国,需要开辟和坚持以下三条"道路":

1.文明发展道路。文明发展道路不但通向美丽中国,从而为平安中国、健康中国打下坚定的基础,创造良好的经济、政治、文化条件,培育合格的主观因素,即美丽的中国人;而且直接助力平安中国、健康中国的建设,给予二者以积极影响。对此,党的十九大报告明确指出:"坚定走生产发展、生活富裕、生态良好的文明发展道路,建设美丽中国,为人民创造良好生产生活环境,为全球生态安全作出贡献。"不言而喻,它有利于中国的生态安全。而生态安全可谓一安百安,一全百全,一好百好。消除生态危机和隐患,维护良好的生态可以从根本上消除和缓解水旱、风沙、病虫等传统安全因素引发的安全问题;还可以消除和缓解气候变暖这个非传统安全因素可能引发的毁灭性灾难。这就是对建设平安中国的积极作用。至于文明发展道路对于健康中国建设的促进作用,则表现在它既有助于防治"身病",又有助于防治"心病"。这是由于良好的生态环境使得气候宜人;同时,纯净无污染的水源、土壤所生长的食物得以保证"舌尖安全"。这一切为人们的身体健康提供了可靠保证,创造了良好条件;同时,良好的生态、美丽、清洁、安全、安静的生产生活环境,有利于人们修养心灵和精神;养成美好的品德和气质,即所谓的地灵人杰。穷山恶水、满目疮痍,无疑不利于青少年身心的健康成长。

2.坚持走和平发展道路。党的十九大报告提出一系列发展方略,其中之一是"坚持走和平发展道路,构建人类命运共同体"。和平发展道路也是通向平安中国、健康中国的正确道路。因此,开辟和坚持和平发展道路,是顺利、成功地建设平安中国和健康中国的有效战略、有力举措。而归根到底,走和平发展道路是历史的必然、时代的要求。习近平总书记曾深刻指出:"历史告诉我们,一个国家要发展繁荣,必须把握和顺应世界发展大势,反之必然会被历史抛弃。什么是当今世界的潮流?答案只有一个,那就是和平、发展、合作、共赢。"①和平与

————————

① 《习近平谈治国理政(第一卷)》,外文出版社,2018年,第266页。

发展之所以成为当今世界的潮流,那是由于中国人民和全世界人民既希望和平,同时又把美好生活的希望寄托于发展。而且二者有着密切的联系,经济、社会发展,需要和平的环境。而从平安中国来说,坚持和平发展,既能防止传统安全因素引发常规的军事冲突乃至大规模的战争,也能防止非传统安全因素引发新的足以毁灭整个地球的核战争、生态战、信息战及太空战争。而这是决定平安中国重要的外部因素与条件。"世界好,中国才会好。中国坚持走和平发展道路,是世界繁荣发展的正能量。"①而世界繁荣发展,又反过来推动中国的繁荣发展,并且得以长治久安。不难理解,在一个硝烟四起、经济凋敝的世界,中国人不可能独善其身,平安地生产生活。

更为重要的是,我们国家通过开辟和坚持走和平发展的道路,将实现一个空前伟大的目标,就是推进构建人类命运共同体。它是平安中国和健康中国的重要保障和积极因素。党的十九大报告曾向国际社会发出"各国人民同心协力,构建人类命运共同体,建设持久和平、普遍安全、共同繁荣、开放包容、清洁美丽的世界"的呼吁。不难理解,构建人类命运共同体,将使包括中国在内的整个世界成为美丽世界、平安世界、健康世界。为了推进构建人类命运共同体,习近平总书记倡议说:"大道至简,实干为要。构建人类命运共同体,关键在行动。"②为此,他创造性地指出五个"坚持"、五个"世界"的行动纲领。它们是"坚持对话协商,建设一个持久和平的世界";"坚持共建共享,建设一个普遍安全的世界";"坚持合作共赢,建设一个共同繁荣的世界";"坚持交流互鉴,建设一个开放包容的世界";"坚持绿色低碳,建设一个清洁美丽的世界"。

不难理解,上述五个"世界",概括而言,正是包括美丽中国、平安中国、健康中国在内的美丽世界、平安世界、健康世界。而它们都是开辟和坚持和平发展的结果,是构建人类命运共同体的题中应有之

---

① 《习近平谈治国理政(第一卷)》,外文出版社,2018年,第64页。
② 《习近平谈治国理政(第二卷)》,外文出版社,2017年,第541页。

义,是它的任务和目标。而五个"坚持",则是和平发展道路的具体形态和有效举措。

开辟和坚持和平发展道路,推进构建人类命运共同体的中国方案,不仅具有历史必然性,符合时代潮流和全人类的强烈愿望,而且具有实践价值和可行性。这方面主要表现在找到了有效的战略举措,创造性地提出并全力推行"一带一路"建设。在一定意义上可以说,"一带一路"就是和平发展道路的具体形态形式。这是一条和平之路、幸福之路,它有助于推进建设平安中国、健康中国,并且将把世界推进平安、健康的美好境界。

正因为如此,"一带一路"举措得到国际社会各界人士的欢迎与支持,并以实际行动参与"一带一路"建设。因此,"一带一路"建设影响很大,成果显著。2017年5月14日,习近平总书记在"一带一路"国际合作高峰论坛开幕式上的演讲中指出:"2013年秋天,我在哈萨克斯坦和印度尼西亚提出共建丝绸之路经济带和21世纪海上丝绸之路,即'一带一路'倡议。'桃李不言,下自成蹊。'4年来,全球100多个国家和国际组织积极支持和参与'一带一路'建设,联合国大会、联合国安理会等重要决议也纳入'一带一路'建设内容。'一带一路'建设逐渐从理念转化为行动,从愿景转变为现实,建设成果丰硕。"①据此,可以预言,"一带一路"将会不断取得更加丰硕的成果,从而为平安中国、健康中国建设创造更好的外部及内部条件,发挥更大的积极作用。

3.开辟和坚持走共同富裕道路。邓小平明确提出:共同富裕是社会主义的本质,要求在适当的时候把它作为"中心课题"。我国开始下共同富裕这盘"大棋"。在14亿人口的中国实现共同富裕,这堪称千秋盛事,建设"三个中国"这台大戏躬逢其盛。建设"三个中国"与共同富裕这盘"大棋"之间有着密切的关系。前者是后者的题中应

① 《习近平谈治国理政(第二卷)》,外文出版社,2017年,第509页。

有之义,一个重要组成部分;而后者则是前者宝贵的机遇、条件、形势、氛围,更是力量的源泉、火车头。二者之间的这种关系源于共同富裕的幸福实质。

关于共同富裕的幸福实质,共产党的领导人和众多的理论家,都有明确论述。世界上第一个社会主义国家的创始人列宁曾指出:社会主义就是要使"所有劳动者过最美好的、最幸福的生活"①。中国共产党的主要创建者之一李大钊同志,早在中国共产党诞生的前夕就明确指出:建立社会主义社会,目的就是使社会财富大家共享,人民群众能够"得最大的幸福"②。列宁、李大钊的这一重要思想为新时代的中国领导人所继承,并加以发展。习近平总书记在关于《中共中央关于制定国民经济和社会发展第十三个五年规划的建议》的说明中指出:"我们追求的发展是造福人民的发展,我们追求的富裕是全体人民共同富裕。"③理论界的学者也明确指出:共同富裕,最终要体现在人民群众能够享受高品质的生活上。它是指广大人民群众在政治、经济、文化、生态及精神等方面拥有更多获得感、幸福感和安全感的生活。④更有学者强调指出,共同富裕是关乎国家稳定和全体人民幸福的重大议程。⑤正是由于共同富裕的幸福实质,而使平安中国、健康中国成为它得以实现的重要战略举措。因为从幸福学来看,平静、安全的生产、生活环境和身心健康是决定和影响幸福感高低,乃至幸福有无的重要因素。因此,要下好实现共同富裕这盘"大棋",就要力争早日建成平安中国和健康中国。而这也就意味着,党中央和各级政府号召并带领全国人民实现共同富裕这桩千秋盛事,必将推动平安中国、健康中国建设,为二者提供良好的机遇与条件。

① 《列宁全集(第三十四卷)》,人民出版社,2017年,第356页。
② 《李大钊全集(第四卷)》,人民出版社,2013年,第246页。
③ 《习近平关于社会主义社会建设论述摘编》,中央文献出版社,2017年,第35页。
④ 参见杨煌:《共同富裕:中国共产党百年的奋斗与追求》,《世界社会主义研究》2021年第9期。
⑤ 参见郁建兴、任杰:《共同富裕的理论内涵与政策议程》,《政治学研究》2021年第3期。

三、结论与建议

1. 美丽中国、平安中国、健康中国三者有着内在关联。美丽中国是基础,平安中国是保障,健康中国是目的。这就决定了三者在同一时间和空间上一起登台,由此再现新的"三国演义"。

2. 新时代现代化的美丽中国由美丽经济、美丽政治和美丽文化构成。美丽经济又是美丽中国的基础。发展壮大美丽经济,是建设美丽中国的首要任务。但要发挥美丽政治和美丽文化的促进和主导作用。

3. 幸福学认定:平安、健康是决定、影响幸福的重要因素;而幸福是共同富裕的实质。因此,建设平安中国、健康中国,是实现共同富裕的有效战略举措。这就要求在实现共同富裕的进程中,努力推进平安中国、健康中国和美丽中国建设。

4. 建设美丽中国、平安中国、健康中国,要求开辟并坚持不懈地走文明发展道路、和平发展道路和共同富裕道路。

第二节　全面建设美丽中国

在21世纪,我们国家已拉开了全面建设美丽中国的序幕,并取得了初步成果。全面建设美丽中国,这是时代的要求,也是美丽中国自身的要求;同时是实现共同富裕的要求。全面建设美丽中国,包括建设美丽自然生态、美丽经济生态、美丽政治生态、美丽文化教育生态;发展美丽经济、美丽政治、美丽文化教育。为此,应当坚持新发展理念。

一、问题的提出

21世纪,应当实施全面建设美丽中国方略,把它作为明确的目标。必须确认:美丽中国不仅是蓝天白云、绿水青山、鸟语花香;而且在蓝天白云下面、绿水青山之间、鸟语花香之中劳动、生活的是最美的中国人。他们发展的则是美丽的经济,建设的是美丽政治,从事的是美丽教育,培育的是美丽文化。从而在中国 960 万平方公里的辽阔大地上,既有美丽的自然生态,还有良好的政治生态和文化教育生态;既有美丽的物质文明,还有美丽的精神文明。由此,放眼望去,这是一个无处不美、遍地皆优的国家。

之所以要建设这样一个全面而非片面美丽的中国,这是因为只有这样四处皆美、无处不丽的国家,才能充分满足中国广大人民群众对于美好生活的向往。进一步来说,只有全面建设美丽中国,才能彻底解决党的十九大报告所提出的"中国特色社会主义进入新时代,我国社会主要矛盾已经转化为人民日益增长的美好生活需要和不平衡不充分的发展之间的矛盾"①。从而切实做到不忘初心,牢记使命,为中国人民谋幸福,为中华民族谋复兴。之所以如此,是因为未能着力发展美丽经济、建设美丽政治、培育美丽文化与美丽教育,是目前存在比较严重、已引起社会各界关注的这种"不平衡不充分发展"态势的一个不容忽视的主要原因。因此,从现在开始,必须自觉地、有意识地花大力气全面建设美丽中国。

理论的力量在于彻底;理论的力量也在于创新。而全面建设美丽中国,这是一个理论创新,是一个富有新意的理念,并且具有科学理论应有的彻底性。全面建设美丽中国理论、理念全面、深入、缜密地揭示了美丽的自然生态、自然环境生存与维护的原因和条件,从而有助于人们按照它们的内在要求进行决策和行动。全面建设美丽中国理念,是在深入、正确地认识、把握美丽自然生态与美丽经济生态、政治生态和文化教育生态之间的关系的基础上提出来的。换言之,它是洞察自然生态和诸社会生态之间的密切关系后的结果。具体来说,全面建设美丽中国理念认定:只有发展壮大美丽经济,才能保持

---

① 《习近平谈治国理政(第三卷)》,外文出版社,2021年,第9页。

和恢复美丽的自然生态。不言而喻,如果经济生态恶化,势必毁坏自然生态;而美丽的经济生态、发达的美丽经济,毫无疑义,它又与美丽政治、良好的政治生态有着密切关系,需要后者为它提供政治保障。同样不难理解,如果政治生态恶化、贪污腐败成风、工作方法简单粗暴,势必对美丽经济造成危害。而事在人为,只有建设美丽文化、美丽教育,美丽的文化、教育生态才能培养符合美丽经济、美丽政治要求的最美丽的管理人才。

在此,有必要强调指出,对于自然生态与经济、政治、文化教育生态之间的密切关系,已逐渐为人们认同。2021 年 6 月,中共中央、国务院发布了《关于浙江高质量发展建设共同富裕示范区的意见》。浙江省委、省政府的领导中肯地指出,新时代的共同富裕不只是物质上的共同富裕,而且是经济建设、政治建设、文化建设、社会建设、生态文明建设"五位一体"全面推进。联系浙江近十几年致力于建设美丽乡村的决策与行动方略,浙江省委省政府将抓住实现共同富裕这个契机,拉开全面建设美丽浙江的序幕。而这将使浙江从实现共同富裕的示范区变为全面建设美丽中国的示范区。

二、发展美丽经济

在经济思想史上,第一个对美丽经济作了比较全面探索的是古希腊的农学家色诺芬,他在《经济论 雅典的收入》一书中指出:农业是美丽产业,是农民从事的美丽经济。他以农业为研究对象分析说:美丽经济包括三个基本构成要素:一是美丽的生产环境;二是美丽的产品;三是美丽的生产者。在色诺芬看来,农业经济是天然的美丽经济。首先,农业是把大地、水、空气等美丽的自然资源作为基本的生产要素,农业生产的场所处于美丽的大自然怀抱中,是大自然的一个组成部分;其次,农业劳动者生产的花、果、谷物等产品,色、香、味、形皆美;最后,农业生产有利于培养生产者美好的身体与品德。用今天的话来说,就是可以培养最美的人、最美的劳动者。生产"人哄地皮,地哄肚皮"，它依靠人们勤劳和诚实的劳动，因此，农业生产方式有利于人们养成勤劳、朴实的品德。但在现代化条件下，人类生产领域、行业扩大了，不再限于农业部门。不言而喻，一般来说，其他的非农产业并没有建设美好经济、发展美丽经济的天然属性。而且农业部门现在由于机械化、化肥化、商品化的发展，原始农业、自给农业所具有的天然美丽属性，也基本丧失。因此，总的来说，对于现代化经济，人们应当自觉而有意识地按照美好经济生态的要求，有目的有计划地决策和行动。

伟大的事业需要伟大的理论来指导。一位伟人曾指出：没有革命的理论，便没有革命的行动。据此，我们可以进而说，没有科学的理论指导，就不可能建设美丽的经济生态，发展美丽经济。因此，习近平总书记非常重视科学理论、正确理念的作用，2015 年 10 月 29 日，在党的十八届五中全会第二次全体会议上的讲话中，习近平总书记强调指出："理念是行动的先导，一定的发展实践都是由一定的发展理念来引领的。"他进一步明确说："发展理念是否对头，从根本上决定着发展成效乃至成败。"①正是基于对发展理念决定性作用的认识和肯定，在《中共中央关于制定国民经济和社会发展的第十三个五年规划的建议》即将起草前，习近平再次强调说："首先要把应该树立什么样的发展理念搞清楚，发展理念的战略性、纲领性、引领性的东西，是发展思路、发展方向、发展着力点的集中体现。"②据此，以习近平同志为核心的党中央在全面总结中国正反两方面的发展经济的经验教训基础上，立足我们国家经济社会发展的实际，提出了创新、协调、绿色、开放、共享这个"五位一体"的新的发展理念。这个新的发展理念"集中反映了我们党对经济社会发展规律认识的深化，也是针对我国发展中的突出矛盾和问题提出来的"③。从美丽经济的角度来看，一定意义上可以说，新发展理念是"美丽发展理念"。因为其中的"绿色

---

①②③《习近平谈治国理政（第二卷）》，外文出版社，2017 年，第 197 页。

发展"是直接与建设美丽经济生态、发展美丽经济密切关联,对后者有直接影响。对于"绿色发展",习近平曾分析指出:所谓"绿色发展,就其要义来讲,是要解决好人与自然和谐共生问题"①。而我们国家的经济发展虽然取得了举世公认的巨大成就,在长达20年的时间里保持了两位数的增长速度;一直到今天,在大的经济体中,发展速度仍然快于其他国家。但是,美中不足的是,在快速发展的过程中,发生并积累了比较严重的生态问题。这个问题将继续影响着我们国家经济的可持续发展,引发了一些严重的生态灾难。为此,党的十九大报告强调指出:必须树立和践行绿水青山就是金山银山的理念,坚持节约资源和保护环境的基本国策。党的二十大报告再次强调:"必须牢固树立和践行绿水青山就是金山银山的理念,站在人与自然和谐共生的高度谋划发展。""加快发展方式绿色转型","深入推进环境污染防治","提升生态系统多样性、稳定性、持续性","积极稳妥推进碳达峰碳中和"。②

　　至于"创新发展""协调发展""绿色发展""开放发展""共享发展",它们也直接或间接影响着美丽经济生态建设和发展美丽经济。如"创新发展",它推动了发展方式的转变与发展质量的提高,这就给予发展美丽经济以巨大的推动和引导作用。这是由于"创新发展",将推动低能耗、资源耗费少、占地少、无污染、少污染的高新行业的发展。近年来,东部及中部地区,由于实行创新发展,高新尖产业和企业迅猛增加,在很大程度上取代乃至完全取代过去那些高能耗、高污染的产业与企业,从而显著改变了生产生活环境,使被破坏了的生态得到了恢复,生态状况得到根本性改善。又如"协调发展",它有利于缓解由于人口和经济过度集中而引起的严重污染和资源过度开发现象。"开放发展"与"共享发展",因为对外开放是我们国家的基本国策;而共赢共享,是中国共产党构建人类命运共同体的中国方案的基

---

① 《习近平谈治国理政(第二卷)》,外文出版社,2017年,第207页。
② 习近平:《高举中国特色社会主义伟大旗帜　为全面建设社会主义现代化国家而团结奋斗——在中国共产党第二十次全国代表大会上的报告》,人民出版社,2022年,第50-51页。

本原则。它们有利于促进中国的持续发展和创新发展。就是说，二者对于建设美好的经济生态、发展壮大美丽经济，有着直接和间接的作用，构成了重要的外部条件和国际环境。在 21 世纪，中国要发展美丽经济、建设美丽中国，必须打开国门，关起门来是搞不成功的。为此，党的十九大报告提出："必须统筹国内国际两个大局"，并向国际社会发出"各国人民同心协力，构建人类命运共同体，建设持久和平、普遍安全、共同繁荣、开放包容、清洁美丽的世界"的呼吁。在小小的地球村，只有"世界好，中国才能好"，一花独放不是春，独木不成林。对此，我们当有清醒的认识。

总之，新发展理念是以绿色发展为核心，以创新发展为动力，以协调发展、开放发展、共享发展为条件，把中国社会经济的发展推向美丽的境界，从而使中国人民实现过上美好生活的愿望。

"道路决定命运。"①为此，在新发展理念的指导下，建设美丽的经济生态、发展壮大美丽经济，必须探索和确定正确的发展道路。党的二十大报告提出："中国式现代化是人与自然和谐共生的现代化"，坚定不移走"文明发展道路，实现中华民族永续发展"，"中国式现代化是走和平发展道路的现代化"，"坚定站在历史正确的一边、站在人类文明进步的一边，高举和平、发展、合作、共赢旗帜，在坚定维护世界和平与发展中谋求自身发展，又以自身发展更好维护世界和平与发展"②。"文明发展道路"要求经济发展遵循天人合一、以人为本、崇尚自然的法则。因此，不难理解，"文明发展道路"本质是美丽发展道路，有益于建设美丽经济生态，发展美丽经济。同样，"和平发展道路"也是美丽发展道路。这是由于和平发展道路的目的是包括中国人民在内的全世界人民都进入一个美好的社会，过上期盼已久的美好生活。这又是由于沿着和平发展道路，国际社会将建成"五个世界"。

---

① 《习近平谈治国理政（第二卷）》，外文出版社，2017 年，第 482 页。
② 习近平：《高举中国特色社会主义伟大旗帜　为全面建设社会主义现代化国家而团结奋斗——在中国共产党第二十次全国代表大会上的报告》，人民出版社，2022 年，第 23 页。

"五个世界"方案是习近平 2017 年 1 月 18 日在联合国日内瓦总部的讲话中提出来的,而在党的十九大报告中,它又成为"坚持和平发展道路,推动构建人类命运共同体"这一重要议程的具体方案。这"五个世界"分别是:"坚持对话协商,建设一个持久和平的世界";"坚持共建共享,建设一个普遍安全的世界";"坚持合作共赢,建设一个共同繁荣的世界";"坚持交流互鉴,建设一个开放包容的世界";"坚持绿色低碳,建设一个清洁美丽的世界"。从美丽的角度来看,这"五个世界"都是美丽世界。"绿色低碳"自然是美丽的世界。而"持久和平的世界""普遍安全的世界""共同繁荣的世界""开放包容的世界",同样也是美丽的世界,甚至是更加美丽的世界。殊不知,"持久和平""普遍安全""共同繁荣""开放包容""绿色低碳",在全体中国人民和全世界人民心目中,是多么美好的词汇,是多么美好的愿望,是多么美好的明天。全中国、全世界人民要坚定不移地沿着和平发展、文明发展的道路前进,力争早日建设好这"五个世界"。

三、建设美丽政治

在美丽的性质与特点上面,美丽政治生态、美丽政治与美丽经济生态、美丽经济有所不同。前者主要是内在美,而后者则主要是外在美。因此,认识和评价二者的角度与标准随之有所区别。认识和评价美丽政治生态、美丽政治,主要的着眼点是内在的东西;评价标准则主要是真善美。评价美丽政治生态、美丽政治,一般来说,真的、美的就是美丽的。

美丽政治生态、美丽政治是一个有机系统,其主要组成要素是政治体制机制、政治决策和行为的结果、政治决策与活动的主体。因此,我们评价一种政治生态是否美丽,美丽的属性怎样,就是从它的各个组成要素入手,审查它们各自是否符合真善美标准的要求,符合的程度如何。在审查评价过程中,往往出现这种情形:一种美丽政治生态、美丽政治的结果变坏了,不符合真善美标准了,而它的政治体制机制并没有发生变化或者发生大的变化。究其根源,原因只能是在从事政治决策和活动的主体身上,是由于它发生了不符合真善美要求的不良变化。这种情形值得注意,应当加以研究分析,说明在美丽政治生态、美丽政治系统中,主体有着十分重要的地位与作用。

为了正确地认识和估价主体在美丽政治生态、美丽政治中的这种重要地位与作用,还是让事实说话,让它告诉我们。事实是最有说服力的。这方面的典型事实就是苏联的蜕变。苏联在进入社会主义社会之后,实事求是地说,在一个较长的时期内,经济发展迅速,人们安居乐业,社会风气也比较好。这个时期苏联的政治生态应当说基本是美丽的。但到苏联解体前夕,昔日堪称美丽的政治生态荡然无存。在政治生活中,官僚主义盛行,贪污腐败分子大肆侵吞公共财富;许多公务人员说一套,做一套,甚至公开表演,是非颠倒,善丑不分。但那个时期,苏联的政治体制并没有改变,依然存在。因此,苏联解体前夕,政治生态的结果变坏变丑,主要原因只能归结于政治决策与活动的主体,也就是当时苏联党和国家的领导人。他们不是真正的马克思主义者,不是真心实意为人民服务,他们中的许多人私欲膨胀,心灵丑恶,道德败坏,以权谋私,不择手段,从而使原本美丽的社会主义政治生态被毁坏殆尽。

由此可见,在新时代,我们国家建设和巩固美丽政治生态,发展美丽政治,要实行标本兼治的思路,基本方略是实行法治和德治相结合。"法治是治国理政的基本方式。"①为此要制定和建立健全的法律制度。正如党的二十大报告所指出的:要"完善以宪法为核心的中国特色社会主义法律体系",健全保证宪法全面实施的制度体系,加大推进科学立法、民主立法、依法立法,完善和加强备案审查制度。②但是仅仅靠法治还不行,要"坚持依法治国和以德治国相结合,把法治

① 《习近平谈治国理政(第一卷)》,外文出版社,2018年,第138页。
② 习近平:《高举中国特色社会主义伟大旗帜 为全面建设社会主义现代化国家而团结奋斗——在中国共产党第二十次全国代表大会上的报告》,人民出版社,2022年,第40-41页。

建设和道德建设紧密结合起来,把他律和自律紧密结合起来,做到法治与德治相辅相成、相互促进"①。这是因为道德意识、道德气氛,是实行法治的社会条件。特别是我们作为社会主义国家,"从思想道德抓起具有基础性的作用,思想纯洁是马克思主义政党保持纯洁性的根本,道德高尚是领导干部做到清正廉洁的基础"②。在中华优秀传统文化中,"思想纯洁""道德高尚"的人就是"君子""美人",也就是今天所说的最美的人。

当然,领导干部、公务人员——这个"清正廉洁的基础",还需要不断防微杜渐,不断加强加固,才能长久保持。这方面除了继续不放松思想道德教育这条"生命线","不断夯实党员干部廉洁从政的思想道德基础,筑牢拒腐防变的思想道德防线"③。与此同时,还要用规章制度加以约束,也就是"把权力关进制度的笼子里"。党的二十大报告指出,我们要"健全党统一领导、全面覆盖、权威高效的监督体系,完善权力监督制约机制,以党内监督为主导,促进各类监督贯通协调,让权力在阳光下运行"。"把权力关进制度的笼子里"具有制度约束,"让权力在阳光下运行"是群众监督。这两条颇有功效,它们各有所长,二者缺一不可。

除此之外,建设美丽政治生态,或者说纯洁政治生态,千头万绪,但要抓紧抓好这一条:人事组织部门"要坚持正确的用人导向"。党的二十大报告指出:我们要"坚持德才兼备、以德为先、五湖四海、任人唯贤,把新时代好干部标准落到实处","树立选人用人正确导向,选拔忠诚干净担当的高素质专业化干部","坚持把政治标准放在首位","完善干部考核评价体系,引导干部树立和践行正确政绩观,推动干部能上能下、能进能出,形成能者上、优者奖、庸者下、劣者汰的良好局面"④。在选拔干部、晋升职务上,公平公正,任人唯贤,严格按照德才兼备的

---

① 《习近平谈治国理政(第一卷)》,外文出版社,2018年,第145-146页。
②③ 同上,第391页。
④ 习近平:《高举中国特色社会主义伟大旗帜　为全面建设社会主义现代化国家而团结奋斗——在中国共产党第二十次全国代表大会上的报告》,人民出版社,2022年,第66-67页。

原则办事，力求做到能者上、优者奖、庸者下、劣者汰这种用人机制，既能保证让合格的优秀人才上来，人尽其才，办好事情，又能保证好的干部不至于为了钻营跑官而变坏，从而使政治生活中丑恶的人与事得到有力抑制，美丽的政治生态由此得以建成并巩固。

四、培育美丽文化教育

美丽文化教育生态、美丽文化教育事业，也是一个丰富的系统，它们由这四个要素组成：一是美丽的文化教育环境；二是美丽的文化教育主体，就是文化艺术的创作者与教育者；三是美丽的文化艺术与教育的受众，就是广大的读者、观众和受教者学生；四是美丽的文化艺术作品。因此，建设美丽文化教育生态，发展美丽文化教育事业，主要是着眼于这四点，从它们入手，而这首先要弄清楚它们的内涵、本质特征和以此为依据的评价标准。

美丽文化教育生态、美丽文化教育事业的美丽，既是外在的，同时又是内在的。美丽的文化教育环境，具体来说，如剧场、展览馆、公园、学校，它们的美主要是外在的。为此，近些年，一些地方的教育机关评选"花园式校园"。而文化艺术作品，则要求内外美兼顾。至于美丽文化教育的活动主体和受教育者学生，则以内在美为主。内在美的内涵与评价标准也是真善美。具体来说，从事文化艺术教育事业的演员、作家和教师，以及他们的受众，即读者、观众和学生的形象、气质，尤其是品德、心灵、情感，都要合乎真善美的本质要求。

近些年，我们国家各级政府和各个领域、行业的领导机关都在呼唤"最美的人"。而呼唤什么，往往是缺少什么。这表明，我们的社会虽然是好人多，但真正称得上"最美的人"或者如古人所点赞的"美人"者，还是太少了。这就要求在新时代要进一步加强建设美丽的文化艺术生态，大力发展美丽的文化教育事业。目前，我们的文化教育界，虽然曾经出现过梅兰芳、常香玉这样德艺双馨的艺术家，出现过一些德才兼备的优秀教师和德智体全面发展的学生，以及一批优秀的文学艺术作品,但在这些耀眼的美好的人物和作品后面,实事求是地说,还存在着不堪入目、入耳,更不能入脑入心的丑恶的人与事。为此,必须采取有力举措净化文化艺术生态,恢复它们应有的美丽本质。为达此目的,在目前及今后一个时期内,应当采取有效的行动方略。目前,应集中力量做好两个方面的工作:一方面要弘扬美丽文化,营造爱美氛围。虽然说爱美之心,人皆有之。但真正爱美的人,有爱美能力的人,实际并不多见。因为,爱也是一种能力、一种修养。一个人要具有爱美能力,具有较高的爱美修养,需要进行美丽文化的长期陶冶,而这就需要建设并弘扬美丽文化。

当今社会上,像《红楼梦》中贾宝玉那种真正懂美并有爱美能力的有修养者不多,而类似于贾琏,甚至像薛蟠那种虽然也爱美,由于缺乏爱美能力、缺乏修养,结果以丑为美、以坏为好者,却随处可见。前些年,从中央到地方倡导践行社会主义荣辱观,实际是建设和弘扬以真善美为本质要求的美丽文化,旨在全社会营造美丽氛围,培养人们的美丽意识,提高人们的爱美修养和能力。

弘扬美丽文化,还有许多工作要做,其中最有价值的是弘扬中华优秀传统文化。有5000多年文明发展史的中华民族,其传统文化源远流长,已融入每个中国人的血脉之中,成为中华民族的基因。更为重要的是,从美丽文化的角度来评价,可以说,中华文化是典型的美丽文化。因为无论它的基本理念,还是追求的目的,都合乎真善美的要求。中国传统文化的美丽本质,具体体现在这些有代表性的思想理念之中。它们是"上天有好生之德""厚德载物""天人合一""舍身取义""仁者爱人""君子成人之美""待人以诚,待人以恕"等。传统文化再根据这些符合真善美标准的理念,培养人才,造就"美人"。不言而喻,传统文化中的"美人"是合乎真善美要求的、具有比较高的爱美修养和能力的人。而大力弘扬中华优秀传统文化,将在全社会营造出一种崇尚美、追求美、以美为荣、不美为耻的氛围。这不仅对于建设美丽文化教育生态,而且对于建设美丽经济生态、美丽政治生态都有所助益。对中国传统文化的重要地位与积极作用，习近平强调指出："优秀传统文化是一个国家、一个民族传承和发展的根本。"①因此，要坚持古为今用的方针，"努力实现传统文化的创造性转化、创新性发展，使之与现实文化相融相通，共同服务以文化人的时代任务"②。弘扬传统文化以培养人们的爱美意识，提高人们的爱美修养和能力，这正是与现代文化"共同服务以文化人的时代任务"。另一方面，把培养最美中国人作为教育事业的主要任务，提高"美育"的地位。教育事业的目的是为社会主义事业培养接班人和建设者。毫无疑义，合格的接班人和建设者，应当是"最美的中国人"，是各个领域和行业的最美人物。为此，在新时代，应当以培养造就千百万"最美中国人"、各个领域与行业的最美人物为导向和目的进行新的改革，提高美育在整个教育事业中的地位，进一步增强美育的作用。

在很长的一个时期内，认为教育包括德智体美"四育"。应当说，这个提法和规定是比较科学、全面的，可惜后来"美育"不再被提起。在学术研究中，美学是一门独立的科学。美学不仅有其学术价值，而且有重要的实践价值，美育向广大青少年和群众宣传美学知识，提高他们爱美的修养与能力。因此，在新时代，应当恢复美育，并提高它的地位。中小学及大学中的美育，不能局限于美术、音乐教育，而是要以"美学"为理论基础和知识源泉，并且要有意识地把美学原理渗透到德育、智育、体育中去，让它们自觉不自觉地合乎美丽的本质要求，就是真善美的原则，并且让学生认识自然与社会科学的美丽性质。杨振宁等人曾精辟地指出：物理学、数学中的许多东西都符合美的规定，充满美的因素。至于德育，古人说"美德"，就是指道德的本质是美的，所以把道德高尚者视为"美人"。人是万物之灵，是美丽经济、美丽政治、美丽文化教育的创造者、守护者和享受者。当然，千千万万最美的人的培养涌现，又有赖于美丽经济、美丽政治、美丽文化

---

①②《习近平谈治国理政（第二卷）》，外文出版社，2017年，第313页。

教育这些必要的良好条件。

新时代现代化的美丽中国由美丽经济、美丽政治和美丽文化教育等构成。美丽经济是美丽中国的基础。发展壮大美丽经济,是建设美丽中国的首要任务。但要发挥美丽政治和美丽文化教育的保障和主导作用,为此,要着力发展和夯实美丽经济这个基础。而这又要求美丽政治提供可靠的保障,美丽文化提供正确的指导。在新时代,发展和壮大美丽经济,必须贯彻新发展理念,走高质量发展道路。为了充分发挥美丽政治对美丽经济及整个美丽中国建设的保障作用,必须加强和改善党的领导,建设良好的政治生态。发展壮大美丽经济、建设美丽政治,发挥美丽文化教育的主导作用至关重要,因为它给美丽经济和美丽政治提供了正确的方向、目标、原则、方法和动力。为了更好地发挥美丽文化教育的主导作用,需要重视并大力发展和宣传美丽文化教育。为此,要严肃批判和清除文化艺术中丑恶的东西,让真、善、美的东西成为主流。我们坚信,只要我们矢志不渝地坚持经济、政治、文化教育领域中以美丽为导向和目的的建设和发展,我们国家必将建成经济发达、政治昌明、文教繁荣、人尚美丽的现代化的美丽中国。

第三节　美丽经济

美丽经济是一个崭新的经济范畴。但作为一种经济形式在古代已经存在。古希腊的农业经济学家色诺芬认为农业是一种典型的美丽经济。美丽经济可以分为若干类型,它们从不同角度显示美丽经济的丰富内涵和诸多特征。它是美丽中国和中国梦的经济基础;是满足人民群众对于美好生活需要的物质基础;美丽经济对于中国经济的可持续发展、国内市场的开拓以及内需的扩大,都有着巨大的推动作用。因此,需要把美丽经济列入国家和各级政府的社会经济发展规划中,加强对美丽经济的引导,使其快速健康发展。同时,还要开展对美丽经济的研究与宣传。

一、美丽经济的内涵与类型

习近平曾指出，人民对美好生活的向往，就是我们的奋斗目标。党的十九大报告进一步指出：当前，我国社会主要矛盾是人民日益增长的美好生活需要和不平衡不充分的发展之间的矛盾，并提出要建设美丽中国的目标。党的二十大报告再次"明确我国社会主要矛盾是人民日益增长的美好生活需要和不平衡不充分的发展之间的矛盾，并紧紧围绕这个社会主要矛盾推进各项工作，不断丰富和发展人类文明新形态"[①]。改革开放以来，随着人民生活水平的日益提高和居民消费的不断升级，"美丽经济"正在成为一道美丽的风景线。而美丽经济正是美好生活、美丽中国的物质基础。因此，在21世纪，为了让人民群众过上美好生活，我们国家应当努力实现国民经济的美丽转型，大力发展美丽经济。2015年12月通过的表达人类社会共同愿望的"巴黎协定"，也需要以美丽经济为基础。只有拥有日益发达的美丽经济，才能顺利地实现全球气候治理的伟大目标，在不久的将来，使地球成为风景优美、气候宜人的星球。

在中国乃至世界经济学园地，美丽经济都是一个新的经济范畴。它是2003年由重庆一家专业报刊《新女报》创造性地提出来的。在此之前，国内外一些媒体曾出现"女人经济""美女经济"等概念。由于受"女人经济""美女经济"已有提法的影响，《新女报》的美丽经济仍局限于"女人经济"。这表现在该报明确提出美丽经济范畴之后，依然强调围绕女性做文章，主要是关注女性在想什么、做什么、用什么。

把美丽经济局限于女人经济，使人有以偏概全、过于狭窄之感。为此，学术界对于美丽经济的内涵及外延，进行了探索性拓展，力图让它超越"女人经济"与"美女经济"。如有学者强调指出：美丽经济

[①] 习近平：《高举中国特色社会主义伟大旗帜　为全面建设社会主义现代化国家而团结奋斗——在中国共产党第二十次全国代表大会上的报告》，人民出版社，2022年，第7页。

不仅仅是美女经济,而是以美丽为资源所进行的财富创造和配置活动。①还有学者指出:美丽经济不应限于美容、美体、美服、美饰等为内容的产品和服务的商业活动,而是指"围绕着能够使人类产生美的感官享受的事物所展开的经济活动和经济行为"②。上述两者都超越了美女经济与女人经济,拓展了美丽经济的内涵和外延。但是,"以美丽为资源的财富创造活动和配置活动"同"围绕着能够使人类产生美的感官享受的事物所展开的经济活动和经济行为"这两个定义,实际上有着不容忽视的重要区别。两者比较而言,后者所规定的美丽经济范围更广,数量更大,质量更高。前者只是对已有的美丽资源的开发利用,而后者不再是限于已有的美丽资源,如美女、美丽风景的开发利用,而且还包括其他能让人获得美感享受的经济活动和行为,如对于美饰、美食、美宅的创造性生产行为和消费行为。概而言之,后者所给出的美丽经济范畴不仅包括对于美女之类已有的美丽资源的开发利用,而且还包括根据社会经济文化发展水平的许可和人们不断增长的对于美丽事物的需求,让经济美丽化,即按照人们的美丽偏好和需求进行创造性经济活动和经济行为,有目的地生产、制造能给人们以美感享受的各种物品。如美服就是典型的经济美丽化的产物。人类在进入文明社会初期,衣服只是为了防晒御寒和避免蚊虫叮咬,但当人们解决温饱之后进而要求穿着美观,这样,为满足人们对于美服美饰需要的制造业便兴盛起来。美食、美车、美宅的制造业也是如此发展起来的。这表明美丽经济本质上是一种创造性的经济形式,人类以创造性的劳动来满足自身的美丽需求。尤其是在现代化条件下,可以创造新的美丽资源,从而让人类一切经济活动和行为美丽化,都合乎美丽的本质要求,这是美丽经济的发展趋势和前景。因为在现代社会,只有高度发达的美丽经济,才能满足人们日益强烈

---

① 王琪延:《休闲经济与美丽经济》,《中国企业家世纪论坛会议论文集》,2007 年,第 11-13 页。
② 朱焕良、王敏洁:《谈美丽经济》,《商场现代化》2008 年第 34 期,第 197 页。

的美丽偏好与需求,从而使美丽经济有着旺盛的生命力和强大的发展动力。

　　为了正确地规定美丽经济的内涵,澄清关于美丽经济认识上的混乱状况而达成共识,有必要站在不同的角度,按照不同的标准,将美丽经济划分为若干类型。美丽经济有代表性的类型可以从以下几个角度进行划分:

　　1.从时间角度

　　从时间角度对人类社会经济发展史上的美丽经济进行类型划分,有着重要的理论与实践价值。它有助于认识并把握不同历史条件下美丽经济的发展水平和特征,从而正确地给予不同发展程度的美丽经济以应有的地位,肯定其各自所具有的作用。

　　从时间角度对不同社会条件下的美丽经济进行类型划分,可以大致分为古代型与现代型两种美丽经济。这样就能避免以偏概全,既不会以现代社会经济条件下的美丽经济为标准去衡量、评价古代社会条件下的美丽经济;当然,也不会与之相反,以后者去衡量、评价前者。从而也就不至于发生以前者否定后者,或者以后者否定前者的现象,能够求同存异,既肯定两者基本的相同点,又能看到并承认两者所存在的区别。目前,学术界认为美丽经济起源于 20 世纪 50 年代,无视古代美丽经济的存在,这与未能从时间角度进行类型划分不无关系。人们实际上只承认现代型的美丽经济。

　　2.从美丽资源生存方式角度

　　不同的美丽资源的生成方式是有区别的,如泰山、草原的壮美风光就是大自然的杰作;而美服、美宅及美术作品则是人工制作的产物。开发利用有着不同生成方式的美丽资源,可以将美丽经济划分为自然型和人工型两种类型。前者的显著特点是自然性,后者则是社会性。一般来说,自然性美丽经济易于开发,成本低,并且易于为消费者所接受;相对来说,人工型美丽经济则难以开发,成本较高,也难以为消费者所接受。但是,在经济文化发达的现代社会,由于自然性美丽资源是有限的,远不能满足人们迅猛增长的美丽需求,因此,要大力发展人工型美丽经济,以解决自然性美丽资源相对短缺的问题。因此,可以预言,在 21 世纪,人工型美丽经济将逐渐成为美丽经济的主要组成部分。

3. 从美丽所处位置角度

由于美丽所处位置不同,而使美丽有内在美和外在美之分。由此决定美丽经济也分为外在型和内在型两种有代表性的类型。如理论界与媒体宣称"美丽也是一种生产力""美丽脸蛋长大米"。这种依靠"素材型"美女,即天生丽质的"美人效应"所发展起来的美女经济,就是典型的外在型美丽经济;又如以美丽的自然风景为资源发展起来的旅游经济,同样也是外在型美丽经济。而内在型美丽经济,则是以物体优良的品质与效用为资源开发利用发展起来的经济形式。如绿色食品制造业就是现代条件下的内在型美丽经济。在新的历史时期,人们不仅偏好外在美,而且追求内在美。这是由于具有内在美的物品能给现代人以安全和健康,并能给人们以精神上的美感享受和长久愉悦的缘故。为此,可以预言,内在型美丽经济在今后一个时期内将迅猛增长,有着广阔的前景。

4. 从相互作用角度

美丽经济是一种典型的形象经济、眼球经济、注意力经济。为此,它有着很强的带动性与时尚性。这使美丽经济体系的各个组成部分之间关系密切、相互影响。由此使美丽经济分为本源性和派生性两大类型。例如,人们所看重的美女经济,就是一种典型的本源性美丽经济。这是因为美女经济具有超强的带动性和时尚性,跟风向、赶潮流的模仿特征非常显著。为此,美女经济的派生能力很强,效果十分可观。这表现为围绕美女经济形成一个庞大的美丽产业群。这个庞大的美丽产业群包括下列相关的美丽产业:化妆品产业、健美业、银行业(用于女子消费的银行卡)、花卉业、珠宝业、电讯业、餐饮业、娱乐业、广告业等。这个数量众多的美丽产业群就属于典型的派生型美丽经济。不言而喻，如同美女经济一样，美食、美宅制造业这些本源性美丽经济，也必定带动起一个十分庞大的相关的美丽产业群，从而发展起同样规模巨大的派生型美丽经济。如为美食、美宅制造业提供各种原料的生产部门，就是一个规模巨大的美丽产业群，是属于派生型美丽经济。

5. 从人类不同需求角度

人类的生活资料大致可分为生存资料、发展资料和享受资料三种类型。美丽经济的产品主要就是为了满足人们的美丽偏好，给人以美感享受，由此决定美丽经济属于享受型经济。但是，随着社会经济的不断发展，物质文化生活水平的逐渐提高，衣食住行的必需品，也就是生存资料，逐渐发生"美丽转型"，具有美丽的特征与功能。它们在满足人们生理需要的同时，还能在一定程度上满足人们的心理需要，即对美丽的偏好与享受。由此就出现一种新的美丽经济，即生存型美丽经济。但它与美女经济及由此派生的美容业、珠宝业等行业形成的美丽经济是有区别的。后者属于享受型美丽经济。具体来说，前者是以生存性功能为主，享受性为辅；而后者是以享受性功能为主，乃至完全以享受为目的。

6. 从发展水平角度

在人类社会经济漫长曲折的发展进程中，美丽经济已经历并将要经历不发达、中等发达和高度发达这三个阶段。为此，从美丽经济的发展程度角度来看，可划分为不发达美丽经济、中等发达美丽经济和高度发达美丽经济这三种类型。高度发达美丽经济不仅实现了美丽经济化，一切美丽资源都得以合理开发；而且整个经济体系、一切经济活动和经济行为都按照美丽的要求进行改造和完善，实现高度美丽化；而中等发达美丽经济，无论是美丽经济化和经济美丽化都在进行中，尚未最后完成，但在两个方面都已取得了一定的成绩；至于不发达美丽经济，无论是美丽经济化还是经济美丽化，都还处于初始阶段，水平很低。

从上述诸种角度,按照不同标准对美丽经济进行类型划分,它们分别显示出美丽经济这个方面或者那个方面的本质特征;并且揭示了美丽经济发生发展的规律和历史进程。这使我们对于美丽经济的内涵及外延有了明确清晰的认识,从而得以更加具体和准确地加以把握。

综上所述,所谓美丽经济,是指合乎美丽的本质要求、具有美丽特征,从而能够给予人类以美感享受的经济形式。美丽经济是实现人类美丽偏好、美好享受的物质基础。因此,美丽经济是最理想的经济形式;发达的美丽经济是人类经济形式的最高阶段。

二、经典文献中有关美丽经济的论述

"爱美之心,人皆有之。"爱美是由人类本性决定的。人类对于美丽的不懈追求和偏好,必定反映到他们的经济生活中去,由此给予经济以美丽属性。经济生活的这种美丽属性必定给予以人类经济行为和经济关系为研究对象的经济学说以重大影响,经济学家们不可避免地在自己的论著中论及美丽问题,美丽经济成为他们绕不开的议题。因此,毫无疑义,回顾经典文献有关美丽经济的论述,加以梳理评析,这对于我们进一步认识和把握美丽经济的内涵,正确评价美丽经济的地位和作用,都有着十分重要的意义。

人类不仅具有物质利益偏好,而且有着强烈的美丽需求本性,经济学家认定:健康的经济不仅能够满足人们的物质需求,而且能够满足人类的美丽偏好。持这种观点的代表人物,在古代首推古希腊的色诺芬,他是农学家,也是经济科学的开山鼻祖。色诺芬的《经济论　雅典的收入》是全世界最古老的经济学著作。在这部著作中,色诺芬坚持古希腊众多思想家所倡导的幸福终极目的论,把幸福视为人类从事政治、经济、文化教育等一切活动的终极目的。为此,色诺芬极力推崇农业、农村和农民。这是由于在色诺芬看来,农业是一个美丽产业,从而是最有利于人们幸福生活的产业。具体来说,农业不仅具有美丽的生产、生活环境,而且有利于培养管理者、劳动者的美好心灵与品德;同时,农产品是色美味香的美好的物品。这样,在色诺芬的心目中,农业可谓是"三美"产业。而农业美丽的生产、生活环境和美好的产品,无疑会给予农业生产者和消费者以幸福快乐。从"道德幸福观"来看,农业有助于培养人们美好的心灵与道德,这也能提高幸福感。

　　关于农业的"三美"品质及其能够给予人类美好享受的功能,色诺芬在《经济论　雅典的收入》一书中作了全面论述与评价。在该书中,色诺芬借大思想家苏格拉底之口极力推崇农业与战术,认定"这是两种最高尚最必需的事业"①。农业的必要性不言而喻,它的"高尚"性则是指能够让土地成为生产"美好东西的'乐园'"②。在色诺芬看来,农业之所以是"高尚"的产业,这是"因为从事农业在某种意义上是一种享乐,也是一个自由民所能做的增加财产和锻炼身体的手段"③。这又是由于农业能够为人类提供"最优美的景色"和"许多美味食品的原料"。不仅如此,农业"虽然她所供给的美好的东西十分丰富,她却不让人们不劳动就能得到它们,而是使人们习惯于忍受冬季的严寒和夏季的炎热"④。色诺芬由此把土地看作是一位教人正直、诚实、勤劳的"老师"。他说:"土地诚心诚意地教育那些能够学习的人,使他们公平正直;因为你服侍得她越好,她报偿你的好东西就越多。"⑤这样,土地这位优秀的"老师"就将人们培养成为"身心俱健的人"⑥。

　　从物质生产和美丽特征这两个方面研究农业,这应当说是色诺芬一个重大的理论贡献,他拉开经济科学史上美丽经济研究的序幕。色诺芬是古代美丽经济研究的开拓者,而亚当·斯密则是近代美丽

---

① ［古希腊］色诺芬:《经济论　雅典的收入》,张伯健、陆大年译,商务印书馆,1981 年,第 13 页。
② 同上,第 14 页。
③④ 同上,第 16 页。
⑤⑥ 同上,第 17 页。

经济研究的奠基人。后者在他所处的社会经济条件下,理论结合实践,不仅继承了前者及其他前辈的美丽经济思想,而且予以丰富发展,作出了重大的理论贡献。

亚当·斯密如同色诺芬一样,也是把幸福视为人类一切社会活动的终极目的。他曾明确指出:生产物质财富本身不是目的,幸福才是人类从事经济活动的"唯一目的"①。因此,经济发展要有利于增进公众的幸福。而快乐幸福与美丽有着内在的本质联系。所以,亚当·斯密由道德哲学转向经济研究之后,在其名著《国富论》中强调提出:为了实现公众幸福这个终极目标,物质财富的增长必须合乎美丽的本质要求。就是说,健康的经济必定是美丽经济。斯密的这一重要思想,具体表现在以下几个方面:

1. 高度评价和倡导以农业为基础的北美工业发展模式。同色诺芬一样,亚当·斯密也极为赞赏和推崇农业、农村的生产、生活环境和方式。他曾称赞说:"农村美丽的景象,乡村生活的快乐,以及它所带来的内心的宁静,凡是人类法律的不公没有破坏它所提供的独立性的地方,这一切所具有的魅力多多少少吸引着每一个人;而且由于耕种土地本是人类最初的目标,因而在其生存的每一阶段看来对这个原始的职业都保有一种特别的好感。"②由此可见,斯密把农村视为美丽处所,农业是美丽产业,它们是让人劳动和生活愉快的幸福之地、幸福经济。

2. 严厉批评和揭露了社会经济生活中不合乎真、善、美原则的丑陋现象。亚当·斯密在《国富论》中曾尖锐地批评资产者的贪婪与"上流社会"的丑行。他一针见血地揭示资产者的丑恶嘴脸:"他们大都以欺骗公众、压迫公众为利益。"为此,他建议公众要小心对待资产者的意见和提案,不能轻易采用。

3. 力主加强教育,造就"最美公民"。亚当·斯密清醒地认识到,

---

① ［英］亚当·斯密:《道德情操论》,商务印书馆,1997 年,第 390 页。
② ［英］亚当·斯密:《国富论(上册)》,谢祖钧译,中华书局,2018 年,第 326 页。

劳动分工、技巧熟练虽然有助于劳动效率的提高,但是它们严重损害了劳动者的身心健康。为此,斯密呼吁:"为了防止大多数的人民完全腐化和退化,政府就必须给以某些关注。"①他强调提出要加强教育,认为这是政府应当实施的必要举措。

4. 提出良好的效用是产品具有美好品质的"重要来源"。亚当·斯密在《道德情操论》一书中论及一系列重要的经济问题,包括"看不见的手""经济人假设"理论。此外,在该书中还论及物品的效用问题。在分析艺术品的美丽品质时,斯密认为:"效用是美的主要来源之一,这已为每个多少考虑过什么东西构成美的本质的人所注意到。"②他举例说:"任何设备或机器只要能产生预期的结果,都赋予总体一定的合宜感和美感。"③世人所说的价廉物美,可以从这里找到理论依据。在斯密眼中,所谓物美,不仅是外观漂亮,而且有内在之美,即质量、性能和效用优良。亚当·斯密认定"效用是美的主要来源之一",这就创造性地提出一种美丽观,它就是"效用美丽观"。在效用美丽观看来,只有那些有着良好品质效用的物品,才是真正美丽的物品。

色诺芬和亚当·斯密是在经济科学发展史上有着极为重要地位的经典作家,他们二人有关美丽经济的论述,使我们对于美丽经济内涵的认识和把握更加理论化、系统化和具体化。他们二人的有关论述,概括起来主要有下面两点:

1. 美丽经济是一个系统,美丽的本质特征渗透表现于整个社会生产过程和生产的主客观要素。具体来说,美丽经济的生产环境、生产成果和生产者、管理者都无一例外合乎美丽的本质要求,具有美丽特征。色诺芬和亚当·斯密二人都揭示并阐述了生产环境、生产成果和生产者所具有的美丽品质。美丽经济之所以要求生产环境、生产成果和生产者都要合乎美丽的本质要求,这是由于这三者之间相

---

① [英]亚当·斯密:《国富论(下册)》,谢祖钧译,中华书局,2018年,第319页。
②③ [英]亚当·斯密:《道德情操论》,商务印书馆,1997年,第223页。

互作用,互为条件和因果。具体来说,只有生产环境优美,劳动者具有健康的身心、美好的品德,才能生产制造出既有外在美又有内在美的质地优良的、价廉物美的产品。总之,只有生产环境、生产成果和生产者三者都合乎美丽的本质要求,才能保证美丽经济健康发展,让经济行为真正合乎并且持续保持美丽的本质特征。这就要求我们在认识、把握美丽经济的内涵时,不能只关注生产成果而忽视甚至无视生产环境和生产者的美丽品质与特征;同时,不能只注重物品的外在美,还要透过现象看本质,重视它的内在美。

2. 发展美丽经济的终极目的是人的幸福。人们之所以偏好美丽的事物、追求美丽的东西,这是由于美丽的事物能够给予他们快乐幸福。正因为如此,色诺芬把农业这个美丽产业视为幸福产业。亚当·斯密也把乡村视为美丽居所,进而是幸福之地。因此,我们要站在幸福的角度,以幸福理论为指导去考察、探析美丽经济,把握其幸福本质。只有这样才能科学地对待和评价美丽经济,使美丽经济有正确的发展方向和目标,从而有助于从根本上克服和防止目前美丽经济发展进程中出现的一些不合乎美丽本质要求的不健康的乃至丑恶的现象,让美丽经济真正美丽起来,健康发展,永葆它的美丽本色,从而给予人们更多的幸福。

三、美丽经济价值考评

美丽经济的价值问题直接关系人们对它的态度和决策,因而影响美丽经济的前途与命运。美丽经济对于我国目前与今后较长时期的经济社会的发展,有着难以估量的作用。概而言之,美丽经济的价值主要有下列诸点:

1. 有助于消除"幸福悖论"

所谓"幸福悖论",是指虽然经济增长、收入增加,但人们的幸福感却没有相应提高,甚至反而有所下降这种经济现象。而近50年中,欧美发达国家的"幸福悖论"现象日益凸显。近50年,美、英等国家人民大众的收入成倍增加,但感觉自己幸福的人数却日益下降。为此,美国有学者撰写了《无快乐的经济:人类获得满足的心理学》,该书断言美国经济已成为"无快乐的经济"①。目前,"幸福悖论"现象在我国也有较显著的表现。一是在近十年中,虽然人们的收入有较多的增长,但幸福感却并未相应提高,部分人甚至有所下降;二是在"幸福城市"评选中,温州、深圳这两个经济发展水平居于前列的城市未能入选;三是虽然城市人口收入高于农村人口收入,但前者的幸福感却低于后者。从幸福终极目的论来看,这使经济发展的价值大打折扣。

为了有效地消除"幸福悖论"这种不良现象,极有必要大力发展美丽经济。因为美丽经济实质是幸福经济,它是人们幸福不可或缺的基础、是幸福的源泉。这是由于美丽经济能够给人以美的享受,从而使人快乐幸福。在美丽经济条件下,人们愉快地劳动和生活,身心健康,是真正幸福的人。所以说,要有效地消除"幸福悖论",让人类的经济活动和行为真正有助于幸福感的提升,发展美丽经济是重要的战略举措。而"幸福悖论"的消除,有助于中国梦的实现。这是因为中国梦实质是幸福梦。中国梦的设计者和倡导者明确指出:中国梦的目的是实现国家富强、民族振兴、人民幸福。人民幸福是中国梦的终极目的。从幸福学的角度来看,只要财富增长有益于人民群众幸福感的提高,人民幸福的目的或迟或早就能实现。"幸福悖论"的出现,它从反面给我们以警示:要防止和避免重犯欲速不达的错误。这就要求我们自觉地按照美丽经济的要求进行决策和行动,使我们国家稳步地向着中国梦这个宏伟目标前进。

2. 美丽经济是美丽中国的经济基础

建设美丽中国,是党在十九大提出的一个重要目标,它是全国人民的迫切要求。美丽中国,顾名思义,它首先要求我们国家具有美丽

---

① [美]提勃尔·西托夫斯基:《无快乐的经济:人类获得满足的心理学》,高永平译,中国人民大学出版社,2008年。

的自然环境。而完整、发达的美丽中国,则是全面美丽化的中国,它不仅是生态环境、自然风光美丽,而且经济、政治、文化教育都合乎美丽的要求,具有美丽的特征和功能。美丽中国最适宜、可靠的经济基础和条件,正是发达的美丽经济。同时,美丽经济还使政治、文化教育中的丑恶现象失去经济条件,它给予政治、文化教育的影响以积极的正能量。

近几年,我们国家呈现了令人振奋的美丽热潮。从中央到地方,先后制定和推出了美丽乡村、美丽家园、美丽城市的目标与蓝图。与此同时,最美教师、最美警察、最美医生及最美老干部的评选活动如火如荼。他们一方面表明广大人民群众对于美丽的偏好与追求,比历史上任何时期都强烈和迫切;另一方面也表明,目前丑恶现象泛滥,美丽资源短缺,乃至面临美丽危机。而这要求我们国家加快发展美丽经济,扩大其数量并提高它的质量,为美丽中国构筑起坚实的经济基础。

3. 美丽经济同时满足人类的生存和美感需要

古希腊的色诺芬认定农业是典型的美丽产业,它提供的粮食满足人们的生存需要;而它所具有的美丽的田园风光和产品的美色美味,又使人得到美感享受。在现代化条件下,整个经济系统日渐美丽化,其他的产业同农业一样,也具有满足生存和美感需要的双重功能。例如,从前普通的衣、食、住、用等方面的物品,开始变得不仅实用,而且美观,合乎美丽的本质要求。我们国家经济社会发展的宗旨是以人为本,为人民服务,美丽经济当是最有代表性的民本经济。由此可以预言,在 21 世纪,美丽产业是最有生命力的产业,美丽经济是最发展前途的朝阳经济。

4. 美丽经济有助于经济可持续发展

美丽经济有着优良的生产环境和劳动产品,生产者也有着健康的身心,这三者无疑直接或间接有助于国民经济的可持续发展。因为生产力主客观要素所具有的美丽品质和素养有利于生态的保护和资源的合理利用。在此还有必要强调指出,作为美丽经济体系重要组成部分的观光旅游业和以美女经济为基础而形成的庞大的美丽产业群,是所谓的"无烟工业",它们能耗低、"三废"少,更是有助于国民经济的可持续发展。因此,我们国家的增长方式转变,经济结构调整,应当实行"美丽转型",大力发展美丽经济。

美丽经济有助于国民经济的可持续发展,还在于它能刺激消费,扩大内需,并且大幅度增加产品的附加值,从而形成或拓展出一个有别于传统市场的新兴的美丽经济市场。先哲墨子有言:"食必常饱,然后求美;衣必常暖,然后求丽。"我们国家绝大多数人口已经解决温饱问题,进入或即将进入墨子所说的"求美""求丽"的新的美丽消费时代。目前,美丽消费已成为我们国家的三大消费主题之一。例如,中国化妆品市场规模在近几年保持了高速增长,从 2016 年的 3 298亿元上升至 2019 年的 4 677 亿元,年均复合增速达到 12.3%。2020年中国化妆品市场规模达到 5 000 亿元,同比增长 6.9%。[①]全新的《化妆品监督管理条例》也已于 2021 年 1 月 1 日正式实施。截至2019 年底,中国美容美发行业规模达到了 3 512.6 亿元,就业人口达2 700 万人;预计未来五年内,中国美容美发行业市场规模将维持 4.6%的复合增速增长,到 2022 年市场规模将突破 4 000 亿元。因此,美丽经济已成为我们国家继房地产、汽车、电子通信后的又一个消费热点,成为刺激国内消费市场扩展的重要推动力之一。

美丽经济有助于国民经济可持续发展还在于它作为人类经济形式的新的发展阶段,一种新的形态,为我们国家及世界各国经济发展提供了新时期的正确的目标和模式,从而引导经济走上健康发展的道路;与此同时,美丽经济的美丽品质和功能,也为人们的物质世界和心灵世界注入了一股新的力量,从而有助于培养和造就千百万"最美的人",他们是合乎美丽要求的新型的生产者和管理者,由此为经济可持续发展提供合格的优良的人力资源。

---

① 《中国化妆品市场前瞻洞见与发展方略》,《中国化妆品》2021 年第 2 期,第 39-40 页。

四、结论与建议

美丽经济本质上是一种人性经济、人本经济,是一种精神文化经济。美丽经济的出现和发展是人性的要求,也是人性的实现、提升与完善。但是,人类对于美丽经济的偏好与追求,又是受客观条件制约的。因此,美丽经济发展是有规律的。墨子说的"食必常饱,然后求美;衣必常暖,然后求丽"这一名言,就是美丽经济发展具有规律性的表现。为此,要求我们决策和规划美丽经济的发展速度与规模,必须按照客观经济规律办事。

由于改革开放以来中国经济的快速发展,已实现全面小康,将迈入"求美""求丽"的新的发展阶段。这预示在今后一个较长的时期内,我们国家的经济发展模式和人们的生活消费方式将逐步进行"美丽转型",实现美丽化变革。因此,美丽经济是有着辉煌发展前途的朝阳经济,它对于中国社会经济、精神文化的发展,有着难以估量的价值。美丽经济是美丽中国、中国梦、美丽乡村、美丽城市的建设必不可少的物质基础;也是培养各行各业最美人物的深厚土壤和良好条件。同时,美丽经济对于扩大内需、提升经济、保护生态、节约资源,都有着巨大的作用,因此,有助于经济的可持续发展。

"美女经济"虽然对美丽经济体系的发展有着重要的带动作用,并且以它为核心形成了一个庞大的美丽产业群,但是,不能就此过分夸大它的地位和作用,更不能以偏概全,把美女经济等同于美丽经济。美女经济始终只是整个美丽经济体系的一个组成部分,而且随着美丽经济化,美女经济的地位将会降低。过高估计美女经济的地位与作用,就会导致过低估计整个美丽经济体系在人类社会经济发展史上的地位作用,一叶障目不见泰山。总之,无论是所谓"广义"美丽经济,还是"狭义"美丽经济,美女经济都不能代表美丽经济。就其本质而言,美丽经济是指利用已有的美丽资源和创造性地开发新的美丽资源的经济活动与经济行为,它能给人以美感享受,最终目的是造福人类。简而言之,凡是具有美丽品质,从而具有美感功能的经济形式就属于美丽经济范畴。美丽经济可以从不同角度划分为若干类型。探析这一系列类型的美丽经济就将全面、深入、准确、具体、明晰地认识和把握美丽经济内涵及外延,弄清楚它的基本特征与发展前景。

鉴于美丽经济在我们国家社会经济发展过程中有着极为重要的地位与作用,建议将它纳入国家社会经济发展目标与规划,并制定和实施有关的政策和措施予以必要的引导和推动。从长远来看,国家与地方政府应当自觉地有计划地实行经济发展模式的"美丽转型",一方面继续进行美丽经济化,开发利用现有的美丽资源,如发展和提升观光旅游业与美女经济;另一方面进行经济美丽化,按照美丽的本质要求,改造人们的生产生活行为和方式。经济美丽化,这是广大人民群众的迫切愿望与要求,也是中国经济得以可持续发展的重要战略。

21世纪,在一定意义上讲,我们国家进入了美丽化时代,这表现为美丽中国、美丽乡村、美丽城市的建设已形成热潮;而培养评选美丽家庭和各行各业、各种人群"最美人物"的活动也日益高涨。在这种形势下,毫无疑义,应当大力发展和提升美丽经济,为美丽化时代夯实必要的经济基础。有目的、有计划地开展美丽经济的研究与宣传。这是引导美丽经济健康发展的一个重要环节。总之,美丽经济已经成为热点,对它的研究与宣传也应成为热点,应尽快改变目前这种理论落后于实践,美丽经济发展缺乏理论指导的状态。

第四节　"文化人"假设

美国学者提勃尔·西托夫斯基认定,人们身处丰裕社会后,物质消费领域的"冗余"过多。由此产生了闲暇时间日益增多,而新奇刺激性供给不足的问题。对此,他的"解决之道就是文化"。为此,西托夫斯基创造性地构想了富有"冗余"文化、具有高雅文化艺术"消费技巧"的新型文化人。这个堪与亚当·斯密的"经济人假设"比肩的"文化人假设",是新世纪所需要的"幸福人""最美的人"和"生态人"之"母",具有极其重要的价值。为此,应当自觉地采取开展博雅教育,扶持高雅文化艺术等战略,大力培养新型文化人。新型文化人取代"经济人",是人类社会的光明前途所在。

一、问题的提出

哲人说:新的实践呼唤新的理论。同理,新的实践呼唤新人。因为只有合乎新社会要求的新人才能使新社会得以存在和发展;同时,也才能使人们在新社会的生活幸福美好。

据此,在西方经济学界,继亚当·斯密的"经济人假设"之后,出现了两个值得关注的新的假设:一个是美国经济学家彼得·F.德鲁克在《后资本主义社会》一书中构想的"知识人假设";另一个也是美国的经济学家提勃尔·西托夫斯基在《无快乐的经济:人类获得满足的心理学》一书中构想的"文化人假设"。

在我们看来,德鲁克的知识人是以知识作资本谋取经济利益,因而其本质仍然是"经济人",只不过是知识型"经济人",一种新的经济人而已。而西托夫斯基的"文化人"假设却是一种崭新的假设。因为它具有独特的内涵,不同于中华文化中的"文化人"与"文人"。中华文化中的"文化人"是特指"抗日战争前后从事文化工作的人"和知识分子。而"文人"则是"指会做诗文的读书人"①。而西托夫斯基提出和规定的"文化人"是专指具有文学艺术修养,对于文艺作品拥有"冗余",从而掌握"消费技巧"的人。

我们之所以认定西托夫斯基的"文化人"假设值得关注,并且堪与亚当·斯密的"经济人假设"比肩。是因为它同后者一样,具有极其重要的价值,具有更加深远的影响。而这需要在理论与实践相结合的

---

① 《现代汉语词典》,2002 年增补本,第 2006－2007 页。

基础上加以论证。但是,它的提出者却低估了它的价值与影响。

二、"文化人假设"

当今世界,人类社会正在经历百年未有之大变局,面临诸种危机,要应对各种挑战。当然,危中有机,也给了人类以新的发展机遇。而事在人为,这就需要充满潜能的新人,而"文化人假设"则是 21 世纪的新人之"母",它可以为新的世纪孕育所需要的各种新人:

（一）幸福人

马克思主义认定:"历史不过是追求着自己目的的人的活动而已。"[1]而幸福学告诉我们:人类所进行的经济、政治、文化、教育等一切活动的最终目的是幸福。这个"幸福终极目的论"为古今中外众多哲学家、经济学家认同和坚守。古希腊的亚里士多德曾明确指出:"幸福是终极的和自足的,它是行为的目的。"[2]西方主流经济学的奠基人亚当·斯密也认定:经济发展,财富增长的最终目的是"公众幸福""社会幸福""人类幸福"。马克思主义的主要创立人之一恩格斯也说过:人们追求幸福,"它们是颠扑不破的原则,是整个历史发展的结果,是无须加以论证的"[3]。值得一提的是,美国的《独立宣言》中也有类似的理念。

因此,一个合理的、进步的社会,必定是符合幸福终极目的论的社会,从而是人民能过上美好幸福生活的社会。因此,一旦一个社会、一个国家不符合幸福终极目的论,不能让人民过上美好幸福生活,不能使人们的幸福感提升,反而使之下降的话,这就表明这个社会、国家的经济遭遇了"幸福短缺"危机。《不幸福的经济学》一书的作者理查·莱亚德就明确指出:"我们的生活在很多方面都比五十年前更好:我们有空前的财富,更好的健康,更棒的工作,但是我们并没

---

[1]《马克思恩格斯文集(第一卷)》,人民出版社,1990 年,第 295 页。
[2]［古希腊］亚里士多德:《尼各马科伦理学》,苗力田译,中国人民大学出版社,2003 年,第 19 页。
[3]《马克思恩格斯全集(第四十二卷)》,人民出版社,1979 年,第 374 页。

有更幸福。"①这就是所谓的"幸福悖论"现象。

"幸福悖论"现象在 20 世纪的 70 年代,便开始萌芽和生长,它表明当时发达国家的经济已开始蜕变为不幸福的经济。于是,提勃尔·西托夫斯基据此撰写《无快乐的经济:人类获得满足的心理学》一书,在书中独具匠心地构想了"文化人假设",旨在用文化人缓解"幸福悖论",让人们能够重新幸福地生活。

在幸福理论看来,在一定意义上,幸福是一种能力、一种技巧、一种方法。这个道理不难理解。例如,拥有同样的物质条件、身份地位的一群人,有的人感到很幸福,而有的人却感到不那么幸福,而有的人则感到非常不幸福。之所以出现这种情形,就是这群人中有的人谋取幸福、感受幸福、创造幸福的能力很强,而有的人这方面的能力一般,而有的人这方面的能力则很弱。正是由于这个原因,西托夫斯基创造性地构想了"文化人假设",倡导把人们培养成新型的文化人,使他们有文艺修养,有占有、使用、享受文艺作品的能力,从而获得数量大、程度高的新奇刺激,由此找到了新的幸福源泉,使之重新感受到生活的美好幸福,拥有比较高的幸福感。

西托夫斯基之所以认定"文化是一个好东西"。"文化构成了生活所能提供的最好、最有价值的东西。"这是由于在他看来,"文化活动是最佳的满足之源,无论是从个人的视角还是从社会的视角"②。应当说,这是极有见地的精辟理念。它为人类进入丰裕社会之后遭遇的"幸福悖论""幸福短缺"即幸福危机的缓解提供了一种极有价值的新的思路和有效方略。这是因为文化的确是仅次于物质财富的幸福源泉。而当人类遭遇"幸福悖论"之后,在物质财富对于人们的幸福感提升与保持无能为力时,更凸显文化对于幸福的重要性,具有不可取代的价值。

---

① 〔英〕理查·莱亚德:《不幸福的经济学》,陈佳伶译,中国青年出版社,2009 年,第 74 页。
② 〔美〕提勃尔·西托夫斯基:《无快乐的经济:人类获得满足的心理学》,高永平译,中国人民大学出版社,2008 年,第 256 页。

文化艺术之所以是人类重要的幸福源泉，这是因为一般说来，真正的文化艺术作品，尤其是思想性、艺术性较高的文艺作品，它们对于欣赏者的影响在数量与时间两个方面具有无限性。郑板桥有一副自题书斋联："咬定几句有用书，可以充饥"。对于优秀的文学艺术作品也是如此，一首好诗、一幅好画、一部好书，可以使人终身受用，人们可以从它们那里得到无穷无尽的快乐愉悦。世人有言：好书不厌千回读，如《唐诗三百首》《四大名著》，常读常新，每读一次有一次的收获。因为对它们的了解愈多，理解便愈深入且广泛。因此，不少人将著名绘画、书法作品悬挂于厅室；将著名诗词选集和小说、散文集置于案头，以供常年欣赏；对"二泉映月""贵妃醉酒"等名曲名剧则不时收听。由此可见，对于西托夫斯基构想的文化人假设，站在幸福学角度来看，他就是幸福人。不言而喻，在人类陷于不幸福经济、"幸福悖论"日益凸显的 21 世纪，极其需要让千千万万的人成为西托夫斯基所构想的这种新型文化人，进而成为拥有超强幸福能力的幸福人。

（二）最美的人

中国传统文化中的"美人"，是指具有美好的道德情操及风度气质的人。我们今天所谈的"最美的人"或者"美丽的人"，就是古人所颂扬的"美人"。

近几年，在我们整个国家及各个地区、部门、行业、战线，都在呼唤最美的人，他们包括最美公务员、最美医生、最美教师、最美退伍军人、最美警察、最美老干部、最美少年儿童、最美军嫂等。每年各个部门、行业都开展评选"最美的人"的活动，评选出一批最美的人。这些评选出来的"最美的人"，以及他们美好的品德、操守和所创造的美好的故事、美丽的业绩，为我们的生活、我们的国家、所处的社会增添了一抹美丽的风景，为人们树立了学习的榜样，也让人们感受到生活中所具有的美好的东西。美好的东西使人感到欣慰，并受到鼓舞，激发了人们向美向善之心。

毋庸讳言,人们之所以这样热烈地呼唤、热情地关爱最美的人,是因为耳闻目睹社会上,乃至自己身边不时出现丑恶的人与事,使人气愤,让人震撼,令人难忘。近几年褒奖最美的人,正是针对社会上存在值得关注、乃至一些令人难以容忍的丑恶的人与事。榜样的力量是无穷的,旨在为整个国家、全社会及各个领域、行业、战线树立一批最美的人的光辉榜样。这些最美的人的光辉榜样可供广大群众学习,也可供那些做了不光彩、不漂亮事情的人进行反思,为其改恶从善、变丑为美提供正面的经验。

人是环境的产物。最美的人、美丽的人的成长受到各种因素的影响。西托夫斯基构想的新型文化人,无疑也是培养最美的人的一种有效的重要途径和方式。这是由于高雅的文学艺术使人向善,使人高尚,使人热爱美好的事物。而这又是由于高雅的文学艺术作品具有真、善、美的内在品质;并且具有向人们宣传、灌输真、善、美的审美观、价值观的教化功能,也就是古人所说的以文化人。它们潜移默化、润物无声。世人说:喜好音乐的孩子不会变坏,就表明了这个道理。还有人说:艺术家的高雅风度、美好气质是装不出来的,也表明了这个道理。所以说,西托夫斯基构想的新型文化人是最美的人之"母"。据此,只要我们花大力气培养大批的新型文化人,我们国家的各个领域、部门和行业,就将不断涌现出大批最美的人,从而使我们的国家由此变为美丽的国家,我们的社会由此变为美丽的社会。因此,我们应当把培养一批又一批、一代又一代新型文化人,作为培养最美的人的重要战略。这个战略必定会取得很大的成果。这方面有许多成功的例子,例如,著名翻译家、学者傅雷教子学习中国诗歌,对他的儿子傅聪美好情感品质的产生有重要影响。在国际上负有盛名的钢琴演奏家傅聪回忆说:"诗词常在手边,我越读越爱它们,也越爱自己的祖国、自己的民族。""除了音乐,我精神上的养料就是诗了,还有那个李白,那个热情澎湃的李白,念他的诗,不能不被他的力量震撼;念他的诗,我会想到祖国,想到我出生的祖国。"

（三）生态人

文艺复兴运动后，在工业文明时代，人文主义与科学主义的世界观确立了人的中心地位，改变了对人与自然关系的认识，用新的征服统治意识彻底取代了神话时代的敬畏服从意识，人成为大自然的主人，而大自然则沦为被人占有和役使的"奴隶"。在新的历史时代，在大自然面前以主人自居的人类认定："如果有可能，便无论什么都想开发、生产，科学、技术、文明、制度、组织等不断自我增殖，认为生产越多越好的最大生产原理、最大效率及最大消费的观点支配着整个社会。"①但当人类取得了对自然界的一个又一个的胜利后，却不知不觉日益深陷于因为过度掠夺而酿成的生态危机中。对此，早在40多年前，著名的未来学家阿尔温·托夫勒就郑重而痛心地指出："可以毫不夸张地说，从来没有任何一个文明，能够创造出这种手段，能够不仅摧毁一个城市，而且可以毁灭整个地球；从来没有整个海洋面临中毒的问题。由于人类贪婪或疏忽，整个空间可以突然一夜之间从地球上消失；从未有过开采矿山如此凶猛，掘得大地满目疮痍；从未有过让头发喷雾剂使臭氧层消耗殆尽，还有热污染造成对全球气候的威胁。"②而到今天，生态危机更为严重，经济发展给环境带来越来越大的压力；空气、水源、土壤的污染日益加剧，给世界各国人民造成难以忍受的巨大生态灾难，尤其是气候变化已危及人的健康乃至生命。

对于如何缓解生态危机以拯救地球、拯救人类自身，捷克裔加拿大学者瓦茨拉夫·斯米尔在《增长：从微生物到大城市》一书中提出：归根到底，唯一的解决办法是大幅度减少浪费和大幅度减少消费。应当说，这个办法或者说思路是对的。但是，要切实照此处事，必须采取有效的方略，而有效的方略之一，就是培养尽可能多的生态人，

---

① ［韩］赵永植：《重建人类社会》，清玉、姜日天译，东方出版社，1995年，第5-6页。
② 阿尔温·托夫勒：《第三次浪潮》，朱志焱、潘琪译，生活·读书·新知三联书店，1983年，第175-176页。

准确地说,设法让人们逐步成为生态人。

而西托夫斯基所构想的新型文化人,也是生态人之"母",有下列几个方面的原因:

1. 新型文化人减少物质消费和物质浪费。今日的世界之所以生态失衡、环境污染日益凸显、酿成世界性的生态危机,重要原因是一部分人,乃至大多数人的消费属于浪费性消费。具体来说,当今一个美国人消费的衣服用品,是50年前的5倍,100年前的10倍;而从中国来看,虽然还只是个发展中国家,近亿人刚刚脱贫,但一般中国民众消费的衣服用品,是40年前的4倍,100年前的6倍。其中一部分比较富裕的中产阶层,他们人均消费的衣物,是40年前的10至20倍。因此,如果以合理消费的标准来衡量,今天全世界居民的消费,总的来说是属于浪费型消费。因此,要缓解生态危机、修复自然景观,重要措施正如斯米尔所言,应大幅度减少物质消费。各个国家和地区培养成千上万的新型文化人,对于大幅度减少物质消费,的确是比较有效的措施。

这是由于新型文化人重视文化生活,把文化作品与文艺活动作为打发日益增多的闲暇时间、获得幸福快乐的新的源泉,这样就使他们的生活需求有了必要的分流,不仅有物质消费,而且还有精神文化消费。不言而喻,这就会或多或少地减少物质性生活资料的消费。而精神文化性消费,由于可以重复使用,因此能耗和污染物质远比物质性消费的能耗和污染物质少,是天然的绿色消费。

2. 新型文化人促进文化产业的发展。文化产业是天生的绿色产业、生态经济。因为它的能耗、原材料及排放物相对较少,甚至没有污染。而新型文化人逐步增多,对文化艺术品的需求随之增加,由此使文化艺术品市场不断扩大。这样一来,文化产业将成为支柱产业。不言而喻,文化产业愈发展,生态就愈趋于平衡。

3. 高雅文化本质是生态文化。这表现在高雅文化艺术作品,如诗歌、散文、音乐和绘画等许多是以大自然为题材和主题,赞颂自然景观及其中动植物的美丽奇妙，讴歌田园牧歌，推崇简单朴素的生活。因此，受高雅文化艺术作品熏陶的人们热爱大自然、关爱大自然，从而自觉地维护生态，保护环境，认同和实践简单朴素的生活。

从以上三个方面来看，一定意义上，新型文化人就是生态人。新型文化人所孕育的生态人、幸福人和最美的人，对于缓解当今和今后一个时期人类所面临的生态危机、幸福危机和道德危机有着不容置疑的重要作用。这就是西托夫斯基所构想的新型文化人的价值所在。这种价值是难以估量，不可取代的。正因为如此，所以，应当自觉地努力加强对于新型文化人的培养。

三、培养新型文化人

我们要为西托夫斯基所构想的新型文化人营造适宜的社会环境，创造必要的条件，为此需要制定和实施以下战略：

（一）广泛深入地开展博雅教育

无聊对于人们的身心健康是最大的杀手。"技术进步把越来越多的时间从工作中解放出来，从而提高了人对刺激的需求。"但是，"我们的经济没有能够为无技能的消费者提供他所希望的、最大限度的愉悦性刺激"①。这是由于在现代社会中，看电视、驾车兜风和购物等消费行为所提供的刺激量有限，远不能满足人们对新奇性的需要。对于这个矛盾，西托夫斯基强调提出："解决之道就是文化"②。"文化是我们在享受进一步的信息处理过程之前必须首先拥有的知识。"③即所谓"冗余"。在西托夫斯基看来，"我们对文化作出狭隘一些的界定是有用的，即把文化定义为一种训练和技巧——享受某种类型的刺激

---

① ［美］提勃尔·西托夫斯基：《无快乐的经济：人类获得满足的心理学》，高永平译，中国人民大学出版社，2008年，第207页。
② 同上，第208页。
③ 同上，第200页。

性满足所需要的训练和技巧"①。这样,"'文化'一词往往使人联想到欣赏文学、音乐、绘画或其他纯粹艺术的能力"②。为了让人们拥有这种"能力",即较高级且多方面的"消费技巧",就有必要对广大群众开展博雅教育(liberal education)。对此,西托夫斯基建议道:"由于消费技巧主要是年轻人在学校里获得的,因此,在学校课程里设置更多的艺术必修课是一个选择。"③但是,为了不断提高人们的艺术修养、消费技巧,并且与时俱进,让人们熟悉和享受新的文学艺术作品,有必要对广大群众进行终身的博雅教育。尤其是退休后的老年人,他们被剥夺了工作所给予的刺激性,而经济又无法提供足够的刺激量,从而陷入无聊,严重影响了他们的健康与寿命。所以,老年大学之类的老年教育机构和休养单位,应注意对老年人进行博雅教育,让他们从文学艺术中获得丰富的新的刺激,以增强他们生活的乐趣。

在此有必要提出:中国古代的教育,在很大程度上属于博雅教育。中国古代儒家要求学生掌握六种基本才能,即"六艺"——礼、乐、射、御、书、数,共六个方面的知识。因此,在现代社会中,虽然不可能也不必要进行"六艺"教育,但是,我们应当继承古代博雅教育的传统,从中吸取有益的经验,以便有效地培养新时代的新型文化人。

(二)积极引导和扶持高雅文化艺术

从消费角度来看,文化内容、类型广泛繁杂。如酒文化、茶文化、美食文化,以及通俗文学、通俗艺术、流行音乐等俗文化。但西托夫斯基倡导的是高雅文化,是纯粹的文学和艺术。之所以如此,这是因为在西托夫斯基看来,那些低级的、通俗的文化艺术作品,它的"冗余"较少,给予人们的新奇刺激性有限。

但是,不容讳言,令人遗憾的是,在文化艺术领域、在文化艺术品市

---

① ② [美]提勒尔·西托夫斯基:《无快乐的经济:人类获得满足的心理学》,高永平译,中国人民大学出版社,2008年,第201页。
③ 同上,第218页。

场，低级、庸俗，乃至下流、恶劣的文学艺术作品占据了相当大的市场，而且影响巨大。这种不良情形，早在 10 年前就凸显出来了。2012 年，骑马舞姿成为风行世界的招牌动作，而它的源头则是韩国歌曲《江南 style》——MV 中形象滑稽的"鸟叔"扭腰摆胯的滑稽的舞姿。这部充斥着上流奢侈生活标志性图景的作品，由于具有欢快而简单的旋律，很快风行全世界。2012 年 11 月 8 日，这部 MV 还获得吉尼斯世界纪录认证，成为 YouTube 史上最受欢迎的视频。而在此之前的 2004 年初，美籍华裔孔庆翔参加"美国偶像"电视频道的歌舞表演比赛，因其唱歌走音，行动笨拙，缺乏专业常识，成为另类"美国偶像"。这些现象表明，审丑文化已经成为一股世界性文化潮流。而且它已波及中国的文艺界，如《最炫民族风》就与《江南 style》在趣味风格上大体相同；还有《大话西游》中的《Only You》、《嘻唰唰》《甩葱歌》《Nobody》等在趣味与风格上都很夸张、无厘头、适合恶搞。它们都有着俗不可耐、见怪不怪、美丑不分的"审丑"倾向。对于文化艺术的这种发展趋势和不良现象，有学者深刻而中肯地指出：在"这种现象背后，正意味着一个简爱时代的来临。简爱时代的一个最基本的特征是：简单的才爱。爱的就是简单，对复杂事物失去耐心，一切都要精短化、碎片化、傻瓜化、充分娱乐化"①。不言而喻，这是"一种文化退化"，其结果使人们尤其是青年人堕落"成为一个个文化贫民，只能跳着骑马舞戏谑着芙蓉姐姐和凤姐，围观名人的婚变，沉溺于这个肤浅的'愚乐'时代"②。

因此，为了让人们成为新的文化人，让新的文化人在今天的世界上、当今的中国大地上大量涌现、健康成长，必须积极引导和扶持高雅文化艺术，让它成为包括中国在内的全世界文化艺术的主导和主体。为此，需要采取以下措施：

1. 对青少年及全体社会成员进行正确的世界观、人生观、价值观教育。因为正确的"三观"对一个人的审美标准有着直接或间接的决

①② 张天潘：《简爱时代》，《读者》2013 年第 5 期。

定作用与影响,它让一个人真正懂得什么是美,什么是丑;什么是光荣,什么是可耻;什么有价值,什么无意义;什么是真正的幸福。不难设想,一个具有正确人生观、价值观的人,他们不可能喜好、偏爱庸俗、低劣的文学艺术,不会借助于低劣的文学艺术作品以获得一时的感官刺激。他们必定喜好、偏爱高雅的文化艺术。因为高雅的文化艺术才符合他们的审美标准,让他从中得到真正的美好享受、幸福快乐。

2. 引导和鼓励青少年研读经典的文学艺术作品,以及有关人生修养方面的书籍。其中包括哲学方面的普及读物。中国古人有"读书明理"之说。其实,读书不仅"明理",懂得为人处世之道,而且可以提高一个人的文学艺术修养、品德修养和气质,即所谓"腹有诗书气自华"。毫无疑义,一个人通过研读经典作品提高文学艺术修养后,就不会迷恋低级庸俗的文学艺术,只有高雅的文学艺术才能入其"法眼"和心灵。为此,学校和有关社会组织和政府机关应当在这两个方面着手:一是在城市和乡镇、企事业单位设立图书馆与图书室,让广大群众有书可读,并且方便读书;二是经常组织"读书节"之类的读书活动,并且评选和奖励勤于读书者。

3. 从这三个方面进行扶持:一是舆论扶持。有良知的文学艺术批评家以及文学艺术工作者,当以应有的责任感和担当,对于走红、有影响的低级、粗俗,尤其是思想艺术性低劣的文学艺术作品,要严肃批评,揭露它们的"审丑"倾向和对社会风气、人们的思想品德的不良影响。与此同时,对于思想性、艺术性优良的高雅文学艺术作品和表演,要给予肯定、鼓励,进行各种方式的宣传,尽可能扩大它们的影响,让它们对高雅文化艺术的发展和新型文化人的成长发挥应有的尽可能大的积极作用。二是政策扶持。如税收政策,对于从事高雅文学艺术的团体、个人和企业,免收各种税收;又如教育方面的政策,可以考虑在大中小学开设新的"文艺学习与实践"课程,这门课程的内容包括文学艺术理论与作品赏析,以及绘画与音乐的创作实践。这门课程应当规定为大中小学的必修课程,对学生的升学与毕业,乃至就业都有影响。通过这种政策,有助于有效防止青少年成为"文化穷人",成长为合格的新型文化人;三是经济扶持。西托夫斯基曾经指出:"由于消费技巧的获得主要是通过实践获得的,因此,对艺术的资助是另一种选择。"①所谓"经济扶持",主要指政府和社会企事业单位出钱开办各种形式的高雅文化艺术的宣讲班和培训班,对于参加人员给予艺术实践与生活方面的资助;与此同时,资助高雅文艺作品的创作与生产,给予从事高雅文化的团体以经济支持。

最后,要借助实现共同富裕这股东风,逐步把高雅文化艺术的发展壮大推进到新的发展阶段。正如许多学者提出并认同的那样:今日的共同富裕,不仅要求物质富裕,而且要求精神富裕。而从上面的分析来看,要想让广大群众都实现精神富裕,不做"文化穷人",必须发展高雅文化艺术。因此,毫无疑义,共同富裕实现之日,必定将是高雅文化艺术繁荣昌盛、亿万人民群众成为新型文化人之时。更为重要的是,世界各个国家和地区,为了缓解社会矛盾,随着经济的可持续发展,都将或迟或早致力于共同富裕。由此可以预见,高雅文化艺术的发展和一批批新型文化人的不断涌现,"文化穷人"必将逐步变为文化富人。这将是新的世界潮流,任何力量都不可阻挡。

以上论述表明,西托夫斯基构想和倡导的文化人假设,对于21世纪及此后人类社会的可持续发展,人的全面发展;缓解当前人类面临的诸种危机,应对所面临的挑战,都有着难以估量的意义。因此,需要我们在理论与实践相结合的基础上,了解和把握新型文化人的本质特征和成长规律,进而制定和实施有效的战略,让新型的文化人逐步取代经济人,在新时代,一批批、一代代地涌现出来。这应当是中国和整个世界的光明前途所在。

----

① [美]提勃尔·西托夫斯基:《无快乐的经济:人类获得满足的心理学》,高永平译,中国人民大学出版社,2008年,第218页。

第六章　理　论　目　的

理论的力量在于彻底。理论的彻底性又在于以幸福为终极目标。中国特色社会主义理论的彻底性，主要表现在它通过共同富裕方略实现人民大众幸福这个终极目的。

第一节　"幸福悖论"的文化进路

西方主流经济学实质是"物本经济学"，它以物质财富的增长为最终目的，以经济效益为最高原则，把追求与获得物质财富看作是生活幸福的基础和关键，带来的逻辑结果是经济主义、物质主义和消费主义盛行；"幸福悖论"现象日渐凸显，经济日益成为"无快乐的经济"。而"文化是一个好东西"，是后物质主义时代的重要幸福来源，发展文化避免了社会对经济无限增长的追求，破除了人们对物质财富和消费主义价值观的迷恋，从而为人们开辟了新的幸福源泉，提供了走出"幸福悖论"的文化进路。具有系统的幸福知识、良好的道德修养、较高的生产和消费能力的新型"文化人"，需要从经济、政治、文化和教育等方面构建相应的培养机制。

一、物质主义时代的"幸福悖论"

近40年来以里根、撒切尔夫人为标志，新自由主义的全球治理导致美国和世界范围内的贫富对立不断加剧;西方发达资本主义国家经济生活中的"幸福悖论"现象日益严重;西方主流经济学摧残人民幸福的本质日益显露。有鉴于此,西方学术界一些有良知的进步学者从幸福学的角度对资本主义经济及作为其理论基础的西方主流经济学进行了反思和批判,提出了各种各样的解决方案。①美国学者提勃尔·西托夫斯基在其名著《无快乐的经济:人类获得满足的心理学》(后面简称为《无快乐的经济》)一书中指出,欧美发达国家的经济发展到今天,已成为"无快乐的经济"。这是由于在当今经济高度发达的丰裕社会,"一旦人们将他们的财富用于完全的、持续的需求满足,他们就会弱化或丧失他们的快乐"②。为此,西托夫斯基主张开辟新的幸福道路,寻求另外的幸福源泉。在西托夫斯基看来,新的幸福源泉就是文化活动,因为文化"不仅能够到处造福,而且能够减少痛苦"。这样就把"文化人"推上人类社会的历史舞台,而不再只是"经济人"的"独舞"。当然,《无快乐的经济》一书完全无视社会制度和经济制度对幸福的决定作用,把幸福看成一种脱离主体所处社会生活环境的纯粹心理活动是不对的。但其"文化人"构想对当今社会摆脱或减少经济学的"幸福悖论"提供了一个全新的文化进路,具有一定的理论价值与实践意义。

"幸福是人类一切活动的终极目的,几乎没有人会否认幸福作为社会发展终极目标的合理性。"③追求幸福是人生的永恒主题,也是人类全部"行为的目的"④。人类思想史上凡属进步的理论,都或明或暗地将幸福视为人类进行经济、政治、文化、教育等一切活动的终极目的。瑞士经济学家布伦诺·弗雷和阿洛伊斯·斯塔特勒在《幸福与经济学——经济和制度对人类福祉的影响》一书中指出,"幸福是人

---

① 王历荣、陈湘舸:《幸福学:〈资本论〉研究的新视角》,《〈资本论〉研究》2020 年第 1 期。
② [美]提勃尔·西托夫斯基:《无快乐的经济:人类获得满足的心理学》,高永平译,中国人民大学出版社,2008 年,第 63 页。
③ 王艺、程恩富:《马克思主义视野中的"幸福指数"探究》,《学术月刊》2013 年第 4 期。
④ [古希腊]亚里士多德:《尼各马科伦理学》,苗力田译,中国人民大学出版社,2003 年,第 19 页。

们的一个根本目标,幸福本身就是一种目标"①,"对于大多数人来说,幸福虽说不是生活的惟一终极目标,但也是主要的生活终极目标"②。中国学者陈惠雄也提出:"所有人类行为的终极目的或根本目的只在于追求一种'快乐的精神'而非物质","福祉或快乐才是人们的终极目的"③。

　　但是,近一个多世纪以来,尽管人类的物质财富经历了前所未有的增长,但人们的幸福感却未随之同向同步提高,甚至在许多国家不升反降。所以,越来越多的人开始逐渐认清一个事实,那就是:我们目前发展的经济正在逐步蜕变为无助于人们幸福保持和增加的不幸福经济——"无快乐的经济"。这就是人们通常所称谓的"幸福悖论"。1974 年,伊斯特林在其《经济增长可以在多大程度上提高人们的幸福》一文中对传统经济学认为的"财富增加将导致福利或幸福增加"命题加以反证,指出财富和幸福之间并不存在明显的正相关性,"财富并不等同于幸福""收入增长并不一定能带来幸福增长"④。而纵观现在的西方主流经济学,由于其实质是"物本经济学",其以物质财富的增长为最终目的,以经济效益为最高原则,缺乏社会科学应有的终极意义与彻底性,也就是未能以幸福为目的,没有严格按照幸福规律的要求探索和构建经济体制、制定和实施经济战略,因此,西方主流经济学已经成为"不幸福的经济学"⑤,它所倡导和构建的经济形式,已蜕变成一种以单纯的物质财富增长为出发点和目标的"财富经济学",已经蜕变为只是促成财富增长却"无快乐的经济学"。西托夫斯基指出,经济学对人性的片面画像妨碍了这个学科对塑造主导生活方式的因素的思考,把我们推向对它的简单接受和适应,同时还阻

---

① [瑞士]布伦诺·弗雷、阿洛伊斯·斯塔特勒:《幸福与经济学:经济和制度对人类福祉的影响》,静也译,北京大学出版社,2006 年,第 192 页。
② 同上,第 190 页。
③ 陈惠雄:《快乐思想的发展与科学意义》,《浙江学刊》2001 年第 3 期。
④ 陈湘舸、王艺:《论经济学的"幸福革命"》,《经济理论与经济管理》2009 年第 11 期。
⑤ [英]理查·莱亚德:《不幸福的经济学》,陈佳伶译,中国青年出版社,2009 年。

止了经济学家对行为——包括消费行为——背后的重要动机的承认和探索,从而使得人类经济性满足的问题未能得到很好的解决,并且由于人们缺少对经济在人类满足图景中的地位的理解,使得许多非经济的满足之源也被忽视了。[①]但"个人的本性或人类的本性则是由特定的社会环境所决定的"。"旧'经济人'理念视利己心为与生俱来和一成不变的东西,不分历史时点地把'自私人'抽象化、永恒化和绝对化,无视特定的经济关系和经济制度对人的经济行为与经济心理的作用","用个人的低级本能及其经济行为与经济心理替代人的多样化社会本性,形成思维的单一性和呆板性",[②]违背了客观认识规律。

二、后物质主义时代的幸福追求

"20 世纪西方最伟大的经济学家凯恩斯曾作出一个经济哲学的重要预言:一旦民众都实现了物质富足,人们就会'再一次把目的看得重于手段,宁愿追求善而不追求实用'"[③]。因为追求幸福是人的本性所在。费尔巴哈曾言,"生活(自然是无匮乏的生活、健康的和正常的生活)和幸福原来就是一个东西。一切的追求,至少一切健全的追求都是对于幸福的追求"[④]。还有学者更加明确指出:"世上任何财富都是手段,唯独幸福这种财富,是我们生命的目的。"[⑤]

幸福是人的需要得到满足之后的一种积极的心理感受。而人的需要除了基本的物质需要外,还有更为丰富的社会需要和精神需要等。幸福的"内涵是很丰富的,既涵盖物质生活,也涵盖文化生活,以

---

① 〔美〕提勃尔·西托夫斯基:《无快乐的经济:人类获得满足的心理学》,高永平译,中国人民大学出版社,2008 年,第 7 页。
② 程恩富:《新"经济人"论:海派经济学的一个基本假设》,《教学与研究》2003 年第 11 期,第 23 - 24 页。
③ 同上,第 26 页。
④ 〔德〕费尔巴哈:《费尔巴哈哲学著作选集》,荣震华、王太庆、刘磊译,商务印书馆,1984 年,第 543 页。
⑤ 仇小敏、金红菊:《试论幸福文化的内在意蕴》,《理论月刊》2013 年第 3 期,第 150 页。

及社会生活和政治生活"①。除了生存型幸福外,幸福类型还可分为
享受型幸福和发展型幸福。除了"经济幸福"外,还有"政治幸福""文
化幸福""社会幸福"和"生态幸福"。②"它们分别反映人在不同时空上
的生活状态,反映人的需要在不同广度、深度和不同水平上的满
足。……无论就个体抑或人类总体而言,人的需要都是一个由低级
到高级、由简单到复杂、由单一到多种的动态演化系统,同样,满足这
些需要的手段和方法也是不断扩展和丰富的。"③"当物质财富还不能
满足人们需要的时候,物质对幸福的意义是绝对的,但当物质财富能
够满足了人们需要的时候,它对幸福的贡献就呈现了递减的趋
势。"④马克思曾经说过,人的本质是为了实现自我创造、自我发展、自
我完善,这意味着人的需要主要不在于物质欲望的满足,就其本质来
说,人的需要取决于精神追求。美国心理学家马斯洛的五层需求理
论也是逐级上升的,一个需求获得满足后,追求下一个更高层次的需
求就成为新的目标。不管是马克思的人的本质论,还是马斯洛需求
层次理论,都强调了人的物质需求是低层次的、有限度的,精神需求
是高层次的、无限度的。因此,"作为一种符合人性的伦理导引,西方
经济学的形而上的前提是错误的、有问题的。因而它对人们消费方
式的导引也是有问题的"⑤。

　　于是,人们开始深刻反思资本主义工业文明采取的商品和资本拜
物教带来的物质主义、消费主义的合理性。德国历史学派指责"经济
人假设"与现实不符,且强调了历史与文化在形成人的动机方面的作
用。新制度经济学也强调人们的追求不再仅仅是以纯粹的物质利益
为目标,还包括非经济利益和精神满足,并指出,"个人选择的社会

---

① 吴灿新:《幸福文化本质上是一种道德文化》,《伦理学研究》2012 年第 1 期,第 118 页。
② 王历荣:《新中国 70 年幸福观的逻辑演进与创新发展》,《云南社会科学》2019 年第 6 期。
③ 王艺、程恩富:《马克思主义视野中的"幸福指数"探究》,《学术月刊》2013 年第 4 期,第 71 页。
④ 胡吉红、刘华政:《试论幸福文化的维度和构建原则》,《广西教育学院学报》2015 年第 3 期,第
　　34 页。
⑤ 孙希有:《面向幸福的经济社会发展导论》,中国金融出版社,2005 年,第 283 页。

性"与"经济人"的"个人性"截然对立,主张用"社会—文化人"取代
"经济人",即用具有多重目标的人来取代单纯追求经济利益最大化
的独来独往的人。①德谟克利特反复强调,"对于一切沉溺于口腹之
乐,并在吃、喝、情爱方面过度的人,快乐的时间是很短的","那些贪
图财富并且被别人看作很有福气而又无时无刻不想着钱财的人,就
会被迫不断地投身于某种新的企图,并陷入贪得无厌"。②因此,为了
获得长久的幸福,必须要以道德来驾驭物质财富的获得与享用。英
国学者英格尔哈特在《寂静的革命:西方公众变化中的价值观和政治
方式》一书中更是提出了超越物质主义的后物质主义幸福观。他强
调指出,人都追求自由和自主,但人们只会将最高的价值赋予最紧迫
的需求。当物质匮乏时,"人们会将这类'物质主义'目标定为优先。
而在繁荣的环境下,人们则更可能会强调诸如归属感、尊重、审美和
智识满足之类的'后物质主义'目标"③。

　　不可否认,物质财富是幸福的前提条件和物质基础,实现幸福就
要发展经济。但在文化愈来愈成为综合国力的重要组成部分以及人
民群众日益追求的重要价值目标的后物质主义时代,文化作为幸福
的一个重要内容和生活的一种存在方式,其作用日益凸显。通过发
展文化,破除社会对经济无限增长的追求,破除对物质财富和消费主
义价值观的迷恋,需要建立起人们更高层次和更高水平的幸福精神
家园。因为文化之于人类,是一种精神上的内在需求、更高需求,也
是终生相伴的需求。人们需要通过文化来启蒙心智、认识社会,获得
思想上的教益,也需要通过文化愉悦身心、陶冶性情,获得精神上的
满足和依归。文化事关精神信仰、思想状况、文化权益和生活品质,

---

① 程恩富、朱奎:《西方旧"经济人"假设的批判与新"经济人"理论的构建》,《海派经济学》2008 年
　 第 23 辑,第 14 页。
② 北京大学哲学系外国哲学史教研室编译:《古希腊罗马哲学》,生活·读书·新知三联书店,
　 1957 年,第 118 页。
③ [美]罗纳德·F.英格尔哈特:《西欧民众价值观的转变(1970—2006)》,严挺译,《国外理论动
　 态》2015 年第 7 期,第 68 页。

也直接关系民生幸福。因此,西托夫斯基说,"文化构成了生活所能提供的最好、最有价值的东西。……文化活动是最佳的满足之源,不论是从个人的视角还是从社会的视角。"①罗素说,文化幸福是"一种根本性的幸福,任何不利的环境都不能完全将它夺走"②。马克思曾说,"如果音乐很好,听者也懂音乐,那么消费音乐就比消费香槟酒高尚。"③也就是说,文化有助于人们幸福感的提升和幸福感的持续。

三、文化人的幸福本质及其作用

作为社会性动物,人具有历史性,在不断发展进化。西托夫斯基的文化人学说就是从另一个角度显示了人的发展态势,即在新的历史时期,人类将既是"经济人",又是"文化人"。而"文化人"既是生产者和消费者,又是幸福的创造者、感受者与享受者。根据西托夫斯基的分析和论证,当今物质生活资料已经弱化或丧失他们的快乐功能,这意味着"经济人假说"在人类谋求幸福中的地位与作用已经下降,其主体地位将一定程度上被更注重幸福感受能力的"文化人假说"所取代,人也不只是"经济化",更多的是"文化化"。但是,在"无快乐的经济"的情势下,文化人要创造、感受、享有新的幸福,不断提高幸福感,需具有以下素养和感受幸福的能力:

其一,文化人需要有系统的幸福知识。苏格拉底曾提出和倡导知识幸福理论。他强调,理性、知识对于人们谋求幸福有着决定性的作用,幸福只有通过知识才能得到。缺乏知识的指导,难以获得幸福且还可能遭遇痛苦乃至灾难。文化人需要拥有幸福知识,并用它们来指导自己谋求幸福的活动。幸福知识主要是关于幸福的本质特征、根源和影响要素,以及幸福产生的条件和增长机制等方面的知识。

---

① [美]提勃尔·西托夫斯基:《无快乐的经济:人类获得满足的心理学》,高永平译,中国人民大学出版社,2008年,第256页。
② [英]伯特兰·罗素:《自由之路》,李国山译,文化艺术出版社,2005年,第89页。
③ 《马克思恩格斯全集(第二十六卷第一册)》,人民出版社,2005年,第312页。

幸福知识包括幸福之道和幸福之术,它主要回答什么是幸福,以及怎样谋求幸福这两个方面的问题。文化人作为在文化活动中寻求幸福的人,无疑要求了解和掌握尽可能系统且深入的幸福知识。因为在幸福知识的指导下,文化作品、文化活动才会提供更多的快乐幸福,文化人所具有的文化享受能力和消费能力才能得以更好地发挥其谋取幸福的作用。

其二,文化人需要有良好的道德。古今中外的伦理学、幸福学多是坚持并倡导"道德幸福观"。他们认定,幸福是具有真、善、美属性的心灵感受,幸福就是道德,幸福文化离不开道德文化。古希腊著名思想家梭伦认为,没有德行的财富是不义之财,是不可能让人幸福的。思想家德谟克利特认为人对幸福的追求是人的道德活动的出发点和动力,人的道德活动的最终目的就是要达到幸福。①德国哲学家费尔巴哈认为,人的本性都是追求幸福的,德行就是自己的幸福,离开了对幸福的追求,就不可能有什么道德。②柏拉图则主张人生的根本目的就是达到至善,人为了使自己幸福,就必须用智慧和德性去追求善和至善。③亚里士多德认为,"最优良的善德就是幸福,幸福就是善德的实现,也是善德的极致"④。因此,要谋求和享受幸福,就必须拥有良好的道德修养,也就是美德。高雅文化具有真、善、美的内在属性,自然而然会赢得追求幸福者的喜好、偏爱、推崇和追求。只有那些具有美德的人,才会也才能从文化活动中谋取幸福。与此相反,缺乏美德的人,因为找不到正确的幸福之道与幸福之术,从而多数沉湎于纸醉金迷、灯红酒绿、声色犬马的物质享受之中,以此为乐,不去、不会、更不能从文化所蕴含的真、善、美品质中获得美好的幸福感受。当然,他们也感受不到,发现不了其中所蕴含的真、善、美。在他们眼中,高雅的文化艺术作品、文化活动不是他们所喜爱和追求的幸

---

① ③ 罗国杰、宋希仁:《西方伦理思想史(上卷)》,中国人民大学出版社,1985 年,第 50 页。
② 费尔巴哈:《费尔巴哈哲学著作选集》,荣震华、王大庆、刘磊译,商务印书馆,1984 年,第 575 页。
④ [古希腊]亚里士多德:《政治学》,商务印书馆,1965 年,第 364 页。

福,只是赚取名利,以达到某种丑恶目的的工具而已。

其三,文化人需要有较高的生产和消费能力。中外幸福理论都无一例外地承认,必要的物质条件是幸福的重要因素。文化人的大批出现需要以社会生产力高度发达、物质财富极大丰富、人类进入丰裕社会为基础,这就对人们的生产技能提出了更高的要求。只有提高生产技能,才能有较高的劳动生产率,才能创造丰裕的物质财富。当人们拥有比周围人更高的生产技能,由此得以拥有更多的物质财富,达到富足的经济状况和高消费的物质生活水平时,他们会对"无快乐的经济"的弊病有更深刻的感受,从而加入文化人队伍,以求得新的幸福。同时,这也为他培养高雅的消费能力,更多地参加文化活动,成为优秀的文化人提供了必要的物质条件。与此相反,如果一个人生产技能水平低下,即使身处丰裕社会,他也处于相对贫困之中。显然,这种经济状况对他的消费能力的培养以及发挥,都会产生不良影响。那些因生产技能水平低下而收入水平随之低下者,就没有相应的支付能力来较多地参加文化活动,尤其是难以参加那些高雅的文化活动。因此,在丰裕社会中,一个人想要过上比较幸福的生活,必须首先具有较高的生产技能;同时还要具有一定的消费能力。"只有欣赏严肃音乐或者真正的爵士音乐的能力,才被视为具有音乐文化的标志。"①也就是说,只有那些具有良好的文化知识修养的人,才具有文化性消费能力。

总之,一个合格的,尤其是优秀的文化人,必须同时具有幸福知识、美德、生产和消费能力。文化人是这三种素养缺一不可的统一体。这就是以幸福理论、幸福学为观照所认识和规定的新型文化人。他们在人类社会发展史上有着下列极其重要的地位与作用:

第一,文化人有助于人类需求的合理"分流",从而促进社会和谐发展。在当今世界,由于物质主义、消费主义、享乐主义盛行,致使物

---

① [美]提勒尔·西托夫斯基:《无快乐的经济:人类获得满足的心理学》,高永平译,中国人民大学出版社,2008年,第201页。

欲横流,许多人深陷其中而难以自拔,结果导致人类社会面临生态危机、资源危机、道德危机、经济危机等诸多危机。为此,有识之士畅言并力主让需求"分流",以此减缓或消除危机,实现社会和谐发展。所谓需求"分流",是指针对目前人们把生活消费需求过分集中于物质产品这种不合理的状况,通过调整需求结构,适当增强对文化艺术及其他非物质产品的需求和消费。但是,迄今为止还没有找到比较有效的举措实现需求"分流"。西托夫斯基文化人假设无疑是实现需求"分流"的一种行之有效的构想。

文化人之所以能让需求"分流",是因为他们具有实行需求"分流"的内在要求与动力。在人类消费生活中,绝大多数是个人消费,这就需要每一个人有消费的主动性和积极性,同时还要有消费技能和消费能力。文化人假设所设想的文化人,具有进行需求"分流"所必需的上述品质和条件。在"无快乐的经济"的情势下,为了摆脱物质消费带来的无聊、无趣、无快乐的境况,得到超越物质主义的新的幸福,文化人有投身文化的内在要求,能主动提高自身消费能力,增加文化需求与消费,从而成功实现需求"分流"。

社会和谐包括人与自然、人与社会、人与人以及人的身心之间和谐,需求的合理"分流",可以促进社会和谐。首先,需求的合理"分流",有助于缓解生态危机,使人与自然和谐共处。目前,生态危机日益严重,大河断流、雾霾肆虐、风旱水灾频发、气候日益变暖等问题严重威胁人类的健康乃至生存。而造成这种不良状况的重要原因正是人类的需求结构不合理,重物质、轻文化,需求过分集中于物质产品,由此过度开发利用自然资源,致使远远超过大自然的自净和再生能力,结果酿成日益严重的生态危机。而文化人自觉调整自己的消费需求结构,适当增加对非物质性文化艺术作品的消费,由此对自然资源的开发利用就有可能缩减到大自然的自净和生产能力所允可的范围内。而这就将从根本上缓和乃至根除生态危机,恢复并保持人与自然的和谐。

需求的合理"分流",有助于消除个人对社会与他人可能造成的种种危害。如果一个人信奉物质主义、消费主义、享乐主义,把需求集中于物质产品,迷恋灯红酒绿的物质享受,就难免为了满足自己不正当的物质欲望而违法乱纪、贪污受贿,甚至去抢劫偷窃;或者敲诈勒索,或者坑蒙拐骗,结果对社会和他人造成伤害。文化人最合乎人类"文化动物"的本质属性,最合乎幸福真、善、美的本质,从而能把自己的物质需求控制在合理消费的范围内,他们高尚的理想信仰和良好的道德修养使他们不仅不会做有害于社会和他人利益的事情,反而是社会公共利益和他人合理权益的捍卫者。

第二,文化人是经济健康发展的推动者。实现幸福目的是任意一种经济形式的使命和应当追求的目标。如果某种经济活动、经济形式不能为人们增加幸福快乐,那么,它就失去了应有的价值,成为不健康的经济。文化人的素质、能力和人生目标,无疑有助于经济发展实现幸福的目的,并能让经济得到可持续发展。之所以能使经济得以重新健康发展,首先是由于,如上所说,文化人使需求合理"分流",从而有助于实现社会和谐。而人与自然、人与社会、人与人以及人的身心之间和谐相处的自然和社会环境将为经济可持续发展提供良好的自然和社会条件。其次是因为,文化人有着多种身份,他们既是文化活动的参与者、文化艺术作品的消费者,又是物质生产活动的参与者与生产者。这些身份既互为条件,又相互促进。例如,一个人为了能有条件参加文化活动,占有和消费文化艺术作品,必须有一定的物质基础或说经济实力,而这就会激发文化人作为物质生产者和经济人的积极性。同时,文化人拥有消费技能,经常参加文化活动,从而有利于提高他们的智力和创新能力,以及他们的道德水平。这不仅有助于使他们成为合格的文化人,而且有助于提高他们作为生产者、经济人的素质,从而提高劳动生产率。经济发展促进文化艺术的进步,而后者的进步又反过来促进前者的发展。文化人对于经济发展的推动作用还表现在文化产业上面。在 21 世纪,文化产业是朝阳产业,文化人对它的推动作用越来越大。文化产业直接为文化人服务,是培养文化人的摇篮和土壤。文化人日益增长的文化性需求,为文化产业提供了广阔的市场和巨大的推动力量。这是生产决定消费,消费又反作用于生产这一规律作用的必然结果。

四、文化人培养机制构想

鉴于文化人对于人的全面发展、社会经济的健康发展有着不容忽视的重要推动作用,因此,它的历史地位和作用如同经济人一样,不容置疑,也不应忽视。文化人掌握系统的幸福知识,拥有良好的道德修养,具有较高的生产和消费技能。这种高素质人员的培养就更需要多方面的保障。

1. 经济方面。根据西托夫斯基的分析,文化人是在"无快乐的经济"条件下人类寻找物质财富之外新的幸福源泉的产物。当人们认识到"文化是一个好东西",是比物质财富成本更小、效果更好的幸福源泉时,便会由被迫参加文化活动的被动文化人到主动参加文化活动的自觉文化人。这种自觉文化人能够对需求进行"分流",从而只需要合理的物质生活消费资料。这样一来,就将极大地改变经济无快乐的状况。因为合理的物质需要和消费可使人从中感受到快乐幸福,让消费保持较高的新奇性和刺激性。同时,人们只生产必要的物质生活资料,从而就有更多的闲暇时间去参加文化活动,培养和提高自身的消费技巧。

而生产满足社会全体成员必要且合理需要的物质财富需要具有比较发达的社会生产力。文化人的大量涌现首先需要把经济"蛋糕"做大;同时还要把"蛋糕"分好。做大"蛋糕"是硬道理,只有经济"蛋糕"做大做好了,才有更多"蛋糕"可分。而分好"蛋糕"是关键,当社会财富积累到一定程度时,"分好蛋糕"尤为重要,它既可以为持续"做大蛋糕"提供持久动力,也可以营造和谐稳定的社会环境。文化人必要且合理的要求能够改变经济无快乐这种不正常的状况,让经济重新成为快乐幸福的源泉。这样,不仅文化活动是文化人的幸福源泉,而且物质生产活动也重新成为他们的幸福源泉,由此使人们得以享受更多的幸福。

2. 政治方面。人性是自然性、社会性、精神性的统一。人类的追求不仅仅在于物质生活的追求,还有政治生活和精神生活等的追求。无论哪种追求,都离不开政治制度的保障。只有具有民主法治、公平正义的政治制度,才能有效地保障社会成员拥有充分的民主自由权利,才能为人们的幸福提供坚强的制度保障。在文化人成为社会成员主体的时代,社会生活要求更加民主自由。因为,与传统的经济人相比较,文化人希望拥有更多的民主自由。首先,文化艺术作品需要创作者拥有充分的民主自由。只有在这种氛围里,创作者才能充分发挥其想象力和创造力,也才能真正做到"百花齐放,百家争鸣",不断推陈出新。只有这样,社会才能提供风格各异并雅俗共赏的高质量的文化艺术作品,从而更好地满足人们多样化的文化生活需要。其次,由于人们的文化价值、审美观念,以及消费技巧与能力存在差别,文化人有不同的偏好,有各自的评价标准,这要求他们在参加文化活动时能够享受充分的民主自由。再次,文化人中的优秀人物,往往不仅是文化活动和文艺作品的参与者、消费者,同时还是创造者、发起者与组织者。这同样需要拥有尽可能多的民主自由权利,以便更好地进行文艺作品创作。所以,文化人比传统的经济人更渴望也更需要民主自由。

3. 文化方面。在文化领域,要大力开展文艺作品、文化活动的创作。只有经常积极主动去欣赏和参与各种文艺作品与文化活动,才能给人以长久的新奇性和刺激。当然,不需要接受专门训练就能参与和进行的消费活动,给予人们的新奇性和刺激是非常有限且往往是短暂的。对此,西托夫斯基在对比了音乐和文学作品同开车兜风、看电视及逛商场购物这两类活动分别给予人们的新奇性与刺激后指出:总的来说,后者不如前者,尤其是从时间长度来看,前者更是优于后者。为此,西托夫斯基力主并倡导技能性休闲方式。为了切实加强技能性文艺作品、文化活动的创作,从而为文化人提供更多有价值的精神食粮,各级政府有必要采用物质奖励和精神鼓励的手段。生产决定消费,生产结果的性质、特点决定消费方式和消费内容。就是说,有什么样的消费资料,就有什么样的消费。这意味着,技能性文艺作品、文化活动势必潜移默化地影响文化人,不断提高他们的消费技能与欣赏品位。

4. 教育方面。在《无快乐的经济》一书中,西托夫斯基严厉批评了近现代教育轻人文、重科技的倾向,他指出,西方教育"越来越多地成为对生产技能的一种培训,而为人们享受生活做准备的内容越来越少"①。这种片面重视科技知识的教育丧失了它固有的人文本质。造成这种情形的原因,则主要是由于工业革命后实行工厂化生产,经济和技术的进步对生产技能的要求一直在不断提高的缘故。工业革命之后的机械化、工厂化生产要求劳动者掌握比较复杂的生产技能。这种高难度的生产技能,只有通过学校进行专门培训才能获得。但是,人类社会的经济发展到今天,由于机械化、自动化程度不断提高,劳动者生产自身及其他社会成员的生活必需品的时间大大缩短,闲暇时间显著增多,这种情形使人们有条件参加文化活动。而这就要求恢复并加强博雅教育,让培养文化人重新成为教育的主要任务之一,使受教育者同时成为优秀的生产者和合格的文化人。当然,要培养这种文化人,首先要求学校的教育工作重心转移到博雅教育上面来,要呈现以博雅教育为主,使博雅教育与科技教育密切结合的新局面。显然,这需要以新的教育制度作保证。

人的文化动物本性,使人具有文化性需求,并有着使用和享受文化性资料的潜在能力。而文化活动是人类幸福源泉之一。因此,在"无快乐的经济"条件下,以追求幸福为一切活动的终极目的,并且对

---

① [美]提勃尔·西托夫斯基:《无快乐的经济:人类获得满足的心理学》,高永平译,中国人民大学出版社,2008年,第203页。

幸福有着强烈内在渴望的人类必定转向蕴含着幸福源泉的文化领域,以此谋求新的幸福。这不仅使"文化人"假设得以成立,而且使之比"经济人"假设更高级、更完美,在人类进化史上有着更高的历史地位与更大的作用。在人类将物质生产活动作为主要幸福源泉的时代,亚当·斯密创造性地提出把"经济人"作为谋求幸福的主体;而在人类将文化活动作为主要幸福源泉的新时代,西托夫斯基创造性地提出了把"文化人"作为谋求幸福的主体,这二者都是各自历史时期新的社会实践呼唤的结果。

第二节　幸福宣言与幸福社会

英国新经济学基金会发表的《繁荣社会的幸福宣言》①(以下简称《幸福宣言》),值得一切关心和追求幸福的人们给予应有的重视。《幸福宣言》无论在理论上还是实践上都有着较高的价值,它直指人类一切活动的终极目标,直接呼应了世界上绝大多数人对幸福生活的衷心期盼。同时,《幸福宣言》直接或间接涉及当今人类社会面临的不少危机。现今人类社会面临并将继续面临的各种危机的一个直接或间接的重要原因,是未能弄清楚什么是真正的幸福、怎样才能获得并保持幸福②,而《幸福宣言》正是让人们在理论与实践上弄清楚这个问题。在金融危机浪潮危及人们安定幸福的生活,致使欧美社会痛苦指数飙升的今天,《幸福宣言》更加具有了实践价值。因此,全面深入地揭示和肯认《幸福宣言》所蕴含的显现与潜在的理论和实践价值,无疑具有重要的意义。我们应当对被世人冷漠待之的《幸福宣言》进行反思、重新评价,给予其应有的地位,让它对人类社会的政治经济生活发挥其应有的指导作用。但是,要深入揭示《幸福宣言》的

---

① 新经济学基金会:《繁荣社会的幸福宣言》,杜怡如译,《马克思主义评论》2005 年第 1 期,第429 页。

② 孙英:《幸福论》,人民出版社,2004 年,第 4 页。

价值,需要探析其产生的原因与条件。

一、《幸福宣言》提出背景

《幸福宣言》是作为幸福追求者的行动纲领与理论主张应运而生的。人类社会发展到今天,人们对幸福生活的渴望比过去任何时候都更迫切。但是,当今的政治、经济和文化教育实践却远远不能满足大多数人对幸福的渴望。为了满足新时期人们谋求幸福的实践需要,摆脱日益严重的幸福危机,开辟新的幸福之路,迫切需要创建新的理论,提出新的行动纲领与主张,《幸福宣言》正是由此而产生的。

当今社会的幸福危机主要表现为经济生活中日益显著的"幸福悖论"。1971年,美国心理学家菲利普•布里克曼和唐纳德•T.坎贝尔在《享乐的相对主义和规划美好的社会》一文中,通过将适应水平理论应用于个体和集体幸福研究,得出了更好的客观生活条件对个人福利没有影响的结论,即"幸福悖论"[①]。1974年,美国南加州大学经济学教授理查德•伊斯特林从经济学的角度对"幸福悖论"进行了阐发,在学界引起了强烈反响[②]。世界上各个国家与地区有诸多事实和数据反复印证了它的科学性,调查显示:在1946—2004年近60年间,美国人的平均幸福指数几乎没有大的波动,欧盟八国民众的平均幸福水平也呈现出同样的情形。

可以说,虽然随着物质财富的增加,我们进入了经济学家所说的丰裕社会,但收入与幸福的关系却呈一种剪刀差状态。英国新经济学基金会在2006年和2009年两次对全球近200个国家和地区所进行的"幸福指数"的评价和排名表明:"幸福悖论"是一种世界性的普

① P. Brickman & D. Campbell, *Hedonic Relativism and Planning the Good Society*, New York: Academic Press, 1971, pp.287 – 302.

② R. Easterlin, *Does Economic Growth Improve the Human a Lot?* New York: Academic Press, 1971, p. 118.

遍现象,且具有规律性。2006 年,178 个国家和地区幸福指数的排名中,前 50 名均为亚非拉发展中国家乃至落后国家。太平洋岛国瓦努阿图排名第一,其次为哥伦比亚,哥斯达黎加第三,多米尼加第四,巴拿马第五。在亚洲国家中,越南排名最高,居第 12 位,其次为菲律宾,居第 17 位,印尼第 23 位,中国大陆第 31 位,泰国第 32 位,马来西亚第 44 位。而经济发达且进入丰裕社会的欧美国家均排在前 50 名之后,其中瑞士第 55 位,冰岛第 64 位,意大利第 66 位,荷兰第 70 位,德国第 81 位,西班牙第 87 位,丹麦第 99 位,英国第 108 位,加拿大第 111 位,挪威第 115 位,瑞典第 119 位,芬兰第 123 位,法国第 129 位,美国第 150 位,俄罗斯第 172 位。于是有学者把"幸福指数"排行榜归结为一句话:金钱买不来幸福。而 2009 年的幸福排名再一次证明了这一结论,同时表明,"幸福悖论"已是一个不争的事实。这次有 143 个国家参排,占全球总人数的 99%。之前排名第三的哥斯达黎加升至第一,这个并不发达的国家成为全世界"最幸福"的国家。前 50 名中,只有荷兰作为发达国家跻身进入,其他均为发展中国家和落后地区。而在欧美发达国家中,美国排名第 114 位,成为欧美国家中"最不幸福"的国家,这与美国是金融危机的首发地不无关系。而在近年的金融风暴灾难中,欧美发达国家的痛苦指数(失业率百分比与通货膨胀率百分比之和)更是大幅飙升。不难推断,这些国家感觉自己很幸福的人必定在显著减少。

经济快速增长的现代社会所呈现的这种"幸福悖论"现象势必引起社会各界的关注,尤其是学术界的重视。1976 年,匈牙利裔美国经济学家提勃尔·西托夫斯基发表了他最负盛名的著作《无快乐的经济》,该书把发达国家的经济定性为"无快乐的经济",也就是不幸福的经济①。它给现代经济生活中发达国家日益明显的"幸福悖论"现象作了一个经典的总结。

---

① [美]提勃尔·西托夫斯基:《无快乐的经济:人类获得满足的心理学》,高永平译,中国人民大学出版社,2008 年,第 186 页。

在现代社会中,不仅经济生活领域出现了"幸福悖论",呈现出与幸福疏远化的显著趋势,政治生活领域也同样呈现出类似趋势,逐步丧失其应有的幸福本质,从而成为无快乐的政治,也就是一定程度上不幸福的政治。因此,当人们在关注不幸福的经济时,还要关注不幸福的政治。

在古希腊哲人苏格拉底看来,雅典时期的政治就是不幸福的政治①。为此,苏格拉底严厉谴责雅典当政的权贵们只是热衷于建造船舰、军港,教唆民众一味追求满足贪欲的感官之乐,诱使人们追求错误的生活目的而使人们变得骄纵贪婪,陷入不正义和邪恶,是在毒化人民的灵魂。他深恶痛绝地批评他们虚度年华,把过多的时间和精力花在空洞的欢乐和虚无的胜利上,只是满足了自己的虚荣和野心,看不到社会面临的巨大危机。他希望执政者改弦更张,回到政治的正道上去。这是由于苏格拉底认为,一个社会面临危机的政治原因即在于道德和人性的堕落。因此他向政治家指出,治理城邦的首要任务是改善公民的灵魂,给他们知识教养,让他们过理智的生活,追求至真至善,这才是政治家应尽的职责。这就是苏格拉底的"道德治国论",也就是德治思想。苏格拉底还有一个理论,就是道德幸福论。苏格拉底认定,财富并不会带来美德,而美德却会带来财富和其他一切福祉②,对个人和国家都是如此。以德求富,这是苏格拉底向政治家及民众指出的谋求富裕和幸福的基本思路与康庄大道。

如果我们站在苏格拉底的幸福政治论的立场重温他对雅典不幸福政治的深刻批判,那么,也就不难得出这样的结论:当今世界的政治潜伏着不幸福的因素,这些因素在一定情况下可能演变为不幸福的政治,最终会导致一定程度上的不幸福。这是因为当今一些政治家没有弄清楚自身真正的职责,也即不是像苏格拉底所指出和要求的那样——把改善公民的灵魂、培养人们的道德品质、引导他们追求

---

① ［古希腊］柏拉图:《理想国》,郭斌和、张竹明译,商务印书馆,1986年,第133页。
② 高国希:《道德哲学》,复旦大学出版社,2005年,第41页。

真、善、美作为治理国家的首要任务,而是片面地强调物质财富对人生和幸福的作用,从而制定多种制度与政策,并通过文化舆论引导民众去盲目追求物质财富和政治权力。这样做的结果是道德堕落、人性沦丧、风气败坏。人们不仅没能获得更多的幸福,反而觉得幸福减少了。这些年,国外一些从事幸福问题研究的学者已经明确地认定,政府的政策和政治家的执政行为对民众幸福感的升降有不容忽视的影响①。由此来看,当今美国的政治就不能称为幸福政治,而是不那么幸福的政治。因为早在 20 世纪 90 年代,一些学者就发现,美国公众对其政府的信心已明显下降,这也许从更广义的角度显示出公众对美国的政治不是很满意。其原因可能是公众感觉到在政治上无能为力,没有影响,产生了一种疏离感②。而在金融危机肆虐的今天,美国公众对其政府与当权者的疏离感必定更为强烈,因而对美国政治也会更加不满意。

如果经济领域存在由"幸福悖论"导致的不幸福的经济,政治领域也存在疏远幸福的不幸福的政治,那么,为经济和政治服务并受其影响的教育也就不可能保持其应有的幸福本质,从而成为一定程度上的不幸福的教育③。借用经济领域的"幸福悖论"用语,教育领域同样存在幸福悖论,也即教育投入越来越多,但受教育者的幸福感却没有随之增加,反而还在减少。

在疏远幸福的经济政治体制下,教育领域必定呈现"幸福悖论",这是由于功利化的教育不能使学生成为真正的读书人。所谓真正的读书人是这样一种人:世间万物,假如规定只能择其一,他的眼睛里就只看得见书,他会毫不犹豫地选择书。进一步而言,真正的本来意义上的读书人是这样的人,以书为宝,以书为友,以书为生命,进而以

---

① 〔瑞士〕布伦诺·S.弗雷、阿洛伊斯·斯塔特勒:《幸福与经济学:经济和制度对人类福祉的影响》,静也译,北京大学出版社,2006 年,第 139 页。
② 同上,第 145 页。
③ 刘次林:《幸福教育学》,人民教育出版社,2003 年,第 82 页。

读书为生活之必需，以读书为乐事。不难理解，只有这种真正的读书人，才能够感受到读书是福，才能成为幸福的人。如果与此相反，读书是怀着功利目的或屈从于外界的压力、诱惑，读书就难免会成为一桩苦差事，读书人也成为不幸者。

现实世界存在的不幸福的经济、政治和教育状况与人们追求最大幸福之间的矛盾，成为人类社会一个不容忽视的矛盾。面对这一日益尖锐的矛盾，英国新经济学界的一批有良知、有思想、有社会责任感的学者发表了《幸福宣言》，使人读后精神为之一振。《幸福宣言》发表的历史背景或是它所处的现实状况，都要求我们对《幸福宣言》进行反思，给予它应有的地位，发挥它应有的指导作用。近年来，面对金融危机，我国学术界对亚当·斯密的《道德情操论》进行反思，重新估价，挖掘其指导人们开辟幸福之路的方法，从中寻找通过摆脱幸福危机进而从根本上消除金融危机的路径。因此，《道德情操论》当是一本有关幸福的书，而《幸福宣言》与它可谓异曲同工。所以，我们重读《道德情操论》时，应当认真研读《幸福宣言》。

二、《幸福宣言》的本质与目标追求评析

《幸福宣言》就其实质来看是一个具有革命意义的宣言。从下面的分析不难理解，要想实现《幸福宣言》所提出的幸福经济、幸福政治和幸福教育的目标，无疑要进行一场以公众的幸福为目标的幸福革命，也就是亚当·斯密所说的"幸福革命"。亚当·斯密在《国民财富的性质和原因的研究》中评价说：都市商业对农村改良和开发的重大贡献对公众幸福来说，"这真是一种极重要的革命"[①]。从亚当·斯密的这一论述来看，幸福革命是以公众幸福为目的的幸福革命，它与其他革命有共同之处，正如《辞源》的定义那样，是社会、经济和政治的大变革，包括根本性的改造。《幸福宣言》所提出的幸福革命是人类

---

① ［英］亚当·斯密：《国民财富的性质和原因的研究（上卷）》，郭大力、王亚南译，商务印书馆，1972年，第379页。

社会发展史上的又一场新的革命,这场新的革命具有客观必然性。因为它所赖以提出的社会、经济、政治及文化教育的背景和现实情况决定,需要进行新的革命,幸福革命可以消除社会生活中的"幸福悖论"和幸福危机。而幸福革命既是实践上的,也是理论上的。也就是说,《幸福宣言》蕴含着实践与理论两个方面的幸福革命。列宁说过,没有革命的理论,就没有革命的运动。因此,对《幸福宣言》所蕴含的理论上的革命,也应给予充分关注。《幸福宣言》在实践上的幸福革命是全方位的,主要涉及以下几个领域:

（一）经济领域的幸福革命

《幸福宣言》明确提出了创建发展幸福经济的目标。《幸福宣言》认定:经济增长不一定带来更多的福祉。为此,它给自己提出这样一个问题:经济发展应该朝向什么方向才能促进幸福? 对这一问题,《幸福宣言》从以下几个方面作了回答:

1. 让劳动者能够从事优质的工作。只有优质的工作才有可能给劳动者带来快乐幸福。但是,要让劳动者能够从事这种可以给他们带来幸福的优质工作,除了改善管理方式方法之外,还需要对基本经济制度进行或多或少的根本性改革。《幸福宣言》提出:"有很多优良模范工作场所的经验,可以教授和传播给雇主。"①殊不知,这些堪称幸福企业的优质模范场所是企业社会责任运动的产物。而企业社会责任运动在本质上是一场新的革命,是美国等资本主义国家"第二次幸福革命",它使企业生产经营的目的发生了根本性变化。如美国大卫·施沃伦的《财富准则》一书所介绍的美国的太阳公司、胡桃亩等公司就是在企业社会责任运动中涌现出来的能使员工从事优质工作的"优良模范工作场所"的典型代表②。

---

① 新经济学基金会:《繁荣社会的幸福宣言》,杜怡如译,《马克思主义评论》2005 年第 1 期,第 431 页。
② [美]大卫·施沃伦:《财富准则——自觉资本主义时代的企业模式》,王治河译,社会科学文献出版社,2001 年,第 193 页。

2.发展绿色产业以保护环境。《幸福宣言》指出,未来世界的福祉依赖我们不再继续摧毁环境。近半个多世纪以来,工业化、城市化、现代化日益严重地破坏生态平衡,生态危机不仅严重损害了人们的身体健康,而且威胁到人类的生存,已成为影响人们幸福感的重要因素。但是,目前世界各国由于种种原因继续大规模兴建工厂,结果导致生态危机日益加剧。为此,需要对现有的经济制度进行根本性变革,至少是一定程度上的根本性变革,从而努力做到"不再继续摧毁环境"。

3.社会生产力的发展要"放在获取以时间为形式的基础上"[1]。《幸福宣言》告诫世人:为了获得更多的收入而挤压闲暇时间,无助于幸福指数的提升,只有花费更多的时间与我们的孩子、家庭、朋友和社区相处,才会给我们带来更多幸福。因此,我们应该开始将生产力放在获取以时间为形式的基础上。也就是说,社会生产力的发展、劳动生产率的提高再不能像过去那样以获取更多物质财富为目的了。这里的"以时间为形式"是指要把闲暇时间作为财富的新的形式,每个人要改变财富观,追求时间财富。这样一来,我们的经济也就由过去的物质财富经济转变为时间财富经济。而这势必引起经济领域中重大的变革,因为将追求时间财富经济作为社会生产力发展、劳动生产率提高的目的,必然导致现有企业的性质、财富的产权发生根本性的改变。

4.遏阻物质主义,并推广有根据的广告。幸福经济必定遏阻物质主义,因为一旦物质主义盛行,人们势必拼命追求物质财富的占有和享用,从而异化成为物质的奴隶。而当一个人成为物质的奴隶,也就没有真正的幸福可言了[2]。要从根本上清除物质主义,必须对经济、教育进行改革,因为现有的经济、教育是物质主义产生和加剧的土壤。

通过上述四个方面的幸福革命,可望消除经济领域的"幸福悖

① 新经济学基金会:《繁荣社会的幸福宣言》,杜怡如译,《马克思主义评论》2005年第1期,第431页。
② [英]R.W.费夫尔:《西方文化的终结》,丁万江、曾艳译,江苏人民出版社,2004年,第5页。

论",发展幸福经济,从而为《幸福宣言》所追求的幸福社会奠定必要的物质基础。

(二)政治领域的改革

《幸福宣言》结语强调说,如果我们所处的这个社会是为人类幸福而产生的,也就是以增进和保持公众幸福为目的的幸福社会,那么,就应当制定并实行相应的政策,这应该是国家决定政治问题的应有之义。也就是说,制定并实行有利于公众幸福的政策,应当是当今国家政府和政治家应尽之职责,是其应当追求的目标。由此可见,幸福社会的政治是幸福政治。

根据幸福政治的内在要求,《幸福宣言》主要提出下列两个方面的政策举措:

第一,加强公民社会建设。《幸福宣言》提出要活跃公民身份,让公民踊跃参与社区活动,这不仅使个人感觉到幸福,也可促进与他人互动。为此,政府要积极援助各种类型的社区建设与公民的社会性组织。

第二,加强福利社会建设。在每一个人能够少有所学、壮有所为、老有所养、病有所医、困有所助的福利社会,人们必然有较高的幸福感。福利社会可以说是幸福社会。幸福社会的政府必须随着经济的发展,逐步提高人民大众的福利水平,建设和实行健全的福利制度和有效的福利政策。为此,《幸福宣言》强调要加强福利社会建设。在这方面,鉴于健康对幸福的影响极大,《幸福宣言》尤其强调政府要"重新聚焦健康服务系统并促进完全健康"[①]。为此,政府要采取政策和措施,完善国民健康服务系统和其他为公众服务的机构,以实现公民的"完全健康",也就是世界卫生组织所定义的一种完全目标的、精神上的、社会完满的存在状态,并且不仅是远离疾病或体弱而已,也没有德行的瑕疵。可见,完全健康目标要求很高,是德、智、体全面发

[①] 新经济学基金会:《繁荣社会的幸福宣言》,杜怡如译,《马克思主义评论》2005 年第 1 期,第 432 页。

展,身心都很健康的生存状态,处于这种良好生存状态的人必定堪称幸福人。

但是,历史与现实的事实却反复表明,上述公民社会和福利社会这两个社会的建设在有些国家既有的政治体制及经济体制下是难以实现的。例如,由于依然庞大的华尔街使美国的政治成为"垄断的游戏和特权的政治",普通公民的政治参与权陷入虚幻化。至于福利社会的目标,在现有的政治经济体制下同样难以实现。美国堪称高福利水平的国家,但在金融风暴冲击下,2008 年由于失业率的飙升,贫困人口已由 2001 年的 3 650 万激增至 4 700 万。也许美国政府有财力使这些人免于饥饿,但他们的福利水平势必降低。更为严重的是,在美国及欧洲其他发达国家,公民的"完全健康"目标更是难以达到。因此,要想真正建成高水平的公民社会和福利社会,广大公民成为国家政治生活中名副其实的主体和完全健康者,必须在经济领域进行改革的基础上,进一步进行政治领域的幸福革命,才有希望使目前不那么幸福的政治变为幸福的政治。

（三）教育领域的幸福革命

《幸福宣言》认定,我们的幸福取决于三个要素,或者说这三个要素是幸福的重要源泉:一是我们的父母,通过他们的基因和养育方式,影响我们与他人相处时的幸福获得能力。这个要素变量大约占50%。二是我们的境遇,包括我们的收入,还有其他外在因素如气候和居住的环境,这部分只占 10%。三是我们对前途的展望和活动的参与,如我们和他人的友谊、参与的社群活动、从事的运动和种种爱好、人生态度等,占余下的 40%。不难看出,第一、第三两方面在一定程度上指教育或与教育有关。因此,《幸福宣言》提出创建幸福社会的重要举措之一是"创造一个促进涵养的教育系统"[①]。这里所说的"涵养"也可以理解为素质,也就是要让教育成为素质教育。但功利

[①] 新经济学基金会:《繁荣社会的幸福宣言》,杜怡如译,《马克思主义评论》2005 年第 1 期,第432 页。

化的学校教育难以使学生成为"完全健康"的人,不利于他们幸福地学习,并且也不利于他们走出学校后幸福地工作和生活。这是由于如前所述,由疏远幸福的经济、政治体制所决定的教育体制、教育内容和教育方式过度市场化、商业化和功利化,使学生不可能成为真正的读书人和文化人。

三、幸福革命的特征及其理论诉求前瞻

要创建《幸福宣言》所提出的以"拓展人民幸福"为宗旨的新型社会,也即幸福社会,建设以"促进人们的福祉是政府的首要政策目标"的新型政府,即幸福政府,或柏拉图在《理想国》中所设想的幸福国家,从《幸福宣言》产生的经济、政治和教育背景以及今天的现实态势来看,有必要进行一场以幸福为目的的幸福革命。至于这场新时期的幸福革命采取什么具体途径和方式,要走怎样曲折崎岖的道路,则要由今后的实践来回答。但幸福革命的基本特征则是可以预测的,它具有自觉性、统一性、渐进性等特征。

幸福革命之所以必定具有自觉性,是因为幸福革命发生的重要原因之一是人们对什么是真正的幸福以及怎样才能获得幸福这个问题的认识陷入盲目性,从而导致"幸福悖论",发生严重的幸福危机。既然幸福危机的重要原因之一是认识上的盲目性,是人们对幸福盲目追求的结果,那么,对这种实质是盲目性的危机,只能依靠人们的自觉性才可能有效地消除。只有当人们觉悟了,认识到自己在对待幸福这个问题上陷入盲目性,从而改弦更张,另辟谋求幸福的正确道路和方式方法时,他们才会具有进行幸福革命的内在要求和积极性,从而自觉主动地投身幸福革命,并将幸福革命进行到底,永葆"幸福革命者"的本色,使幸福革命的成果得以巩固并不断深入下去。当然,历史上迄今为止的革命都依靠领导和参加革命的人们具有自觉性,但幸福革命的自觉性可能更加显著,程度更高,这是由于幸福本身是一种个人的积极心理感受。为此,当一个人面临幸福危机,陷入极度

痛苦之中而又想要认识其根源时,势必会进行反思,由此就将具有幸福革命的自觉性。

　　幸福革命之所以具有与众不同的统一性或整体性,是因为日益严重的幸福危机不仅使某些阶层、集团深陷其中,而且一切社会阶层、集团无一例外遭受着这个危机的冲击和危害。所以,当幸福危机严重时,社会上所有的阶层、集团都会投入幸福革命,幸福革命也就成为所有阶层和集团的统一行动。由于幸福革命避免了社会的分裂,表现出统一性、整体性,所以这场革命的发动和进行较过去的革命阻力更少,可以避免重大挫折与失败。

　　对幸福革命的渐进性,当我们认识和把握了上述自觉性和统一性后,也就不难理解了。因为虽然社会各个阶层、集团的人们都具有投入幸福革命的自觉性,但它需要一个较长的过程才能养成和提高;而统一性又建立在社会各个阶层、集团参加幸福革命的自觉性基础之上,这就意味着它的形成与巩固同样需要一个较长的时间。而幸福革命的长期性决定了幸福革命的进程是渐进的而非突进的;幸福革命依靠人的自觉性而非强迫,这也决定了只能采取渐进的方式。因为幸福革命采取渐进的方式有利于使革命的进程与人们觉悟的提高速度相适应,从而不至于使革命进程超越人们觉悟的高度;同时,采取渐进的过程也有利于幸福革命统一性的形成和巩固。采取渐进性方式的幸福革命对人们思想的震动不是太大,而且革命的成果也易于被人们接受。

　　正如其他的社会革命一样,幸福革命也需要营造舆论氛围,需要理论指导,尤其当它不断深入时,更需要科学理论的指导,方能少走弯路,避免误入歧途。而这就意味着需要进行一场理论上的革命。因此,幸福革命包括实践上的革命和理论上的革命。实践上的幸福革命是变革原有不适应幸福的本质要求,以及不利于公众幸福感提高和保持的体制。而理论上的幸福革命则是批判、否定、清除一切不合乎幸福本质要求,不利于幸福感提升和保持的思想观念。

　　幸福革命理论方面的序幕早已拉开,且首先在经济学领域发动。如果说"幸福悖论"只是对现有的经济体制和生产方式进行批评,并没有涉及对现有经济理论的批评,那么,对现有经济理论提出直接批评的是《无快乐的经济》这本名著。在这本书中,作者提勃尔·西托夫斯基对传统经济学进行了尖锐的批评,指出由于经济学人性假设的固有缺陷及对消费行为动机研究的忽略,人类经济性满足的问题未能得到很好的解决;而且由于缺乏对经济在人类满足的整体框架中的地位的正确理解与定位,非经济性满足这一非常重要的问题被忽视了①。此后,美国经济学家马克·A.卢兹与心理学家肯尼斯·勒克斯合著的《人本主义经济学的挑战》一书以人本主义心理学作为自己经济理论的基石,进一步深入批判了经济学的最基本核心概念与假设,比如"理性人"和"经济人"假设、效用价值与帕累托效率及自由选择等②。而且此书有破有立,提出并阐述了创建人本主义经济学的心理学假设、价值观及研究方法等基本理论及其重新构建的合作企业模式。该书还创造性地提出了经济学作为一门科学,应当通过认识并整合所有基本的人类价值观来促进幸福这一终极目标的实现。为此,在该书作者看来,现行的经济学最主要的失败之处就是偏离了人类幸福这一终极目的,因而变得因循守旧,了无生气,它对现今社会问题的所有答案都是错误的,导致了"普遍存在的绝望"。可以说,《人本主义经济学的挑战》在经济学领域正式向传统理论宣战,拉开了理论革命的序幕。幸福社会的理论革命之所以在经济学领域首先展开,是因为经济生活的"幸福悖论"、幸福危机已经引起世人的严重关注,并且变得让人日益难以容忍,这种情形迫使一些有胆识、有良知的经济学家对现有的经济学进行反思与质疑③。

---

① [美]提勃尔·西托夫斯基:《无快乐的经济:人类获得满足的心理学》,高永平译,中国人民大学出版社,2008年,第125页。
② [美]马克·A.卢兹、肯尼思·勒克斯:《人本主义经济学的挑战》,王立宇、栾宏琼、王红雨译,西南财经大学出版社,2003年。
③ [美]理查德·布隆克:《质疑自由市场经济》,林季红译,江苏人民出版社,1999年。

但是,幸福革命的理论还需要向纵深发展,一方面要把幸福革命扩大到政治、教育、文化、艺术等一切社会科学乃至自然科学领域,另一方面要推陈出新,在批判现有不符合幸福本身要求、不利于人民幸福感增长的理论的基础上创建新的理论,使幸福革命的实践活动及时得到正确的理论指导。而为了使幸福革命两个方面的进程得以顺利进行,当务之急要创建幸福学。

幸福学顾名思义是以幸福为研究对象的学科。之所以要创建幸福学,正如亚里士多德所说,幸福是人类一切活动的"终极目的"。而且关于什么是幸福、怎样实现幸福的理论与实践问题非常复杂,除了幸福学之外,其他专业学科难以胜此重任。只有创建幸福学并确立它在社会科学中的"母学"地位,才能认识和保持社会科学的幸福本质,从而不至于像现在的经济学、政治学、教育学一样在一定程度上蜕变为"不幸福的经济学""不幸福的政治学""不幸福的教育学",丧失了经济学、政治学、教育学应有的幸福本质。正如宪法及其母法地位的确立有助于防止和制约其他子法违反立法的宗旨和总的目标一样,幸福学及其"母学"地位的确立,有利于幸福革命的理论在政治学和教育学等社会科学领域及自然科学领域的扩展及深入。

当我们站在以幸福学为"母学"的立场上,就将构建起崭新的社会科学体系。这个新的社会科学体系的结构分为三个层次,第一层次是幸福学;第二层次是部门幸福学,包括经济幸福学、政治幸福学、教育幸福学;第三层次为部门科学,即经济学、政治学、教育学。这样就把社会生活中经济、政治、教育等各个领域的部门科学置于幸福学和部门幸福学的基础之上,后者给前者以指导,使它们得以遵循幸福的内在要求和基本原则。

创建以幸福学为"母学"、为基础、为灵魂、为指导的社会科学体系,对幸福革命的深入发展和幸福社会的建立无疑具有重要的推动作用。而这一历史任务落在21世纪的社会科学工作者肩上,社会科学工作者应当主动承担起这个使命。幸福革命关系21世纪人类的幸福与生存,关系人类文化的复兴和发展。因此,我们对幸福革命应持欢迎和支持的态度,并且主动积极参与其中。

四、结论与建议

英国新经济学基金会发表《繁荣社会的幸福宣言》,意味着现有的繁荣社会,也即萨缪尔森等人所说的丰裕社会的公众幸福出了问题。繁荣社会之所以产生幸福危机,是因为现有的经济、政治及教育一定程度上不合乎幸福的本质要求,与幸福存在矛盾。这个矛盾是当前人类社会诸多矛盾中的重要矛盾之一。

世界正在面临的金融危机使人民大众面临的幸福危机更加严重,因此有必要对英国新经济学基金会的《幸福宣言》进行认真研读,予以应有的重视,力求从中得到应有的启示。这对我们从根本上反思金融危机的根源与后果,防止其再次发生,有着重要的意义。因为它将为我们开辟一条克服金融危机的新思路,找到更有效的解决方法。《幸福宣言》提出的背景及其问世后所处的现实态势,预示了在21世纪人类社会或迟或早将进行一场新的或者说重大的变革,即幸福革命,其目标是创建一个合乎幸福本质要求的崭新的幸福社会。

以创建幸福社会为目的的幸福革命需要营造舆论氛围,需要理论基础与指导思想。因此,社会科学界必将进行一场深刻的理论革命。幸福革命的结果是,创建以幸福学为"母学"的新的社会科学体系,从而保证社会科学领域诸学科为幸福的增进与保持服务。

和谐是幸福的本质要求,社会和谐是幸福社会的基本条件。因此,建设和谐社会、和谐世界,不断提高社会和谐程度,是创建幸福社会的重要步骤和战略。要继续坚持并扩大创建幸福城市的活动,进一步开展创建幸福企业、幸福学校及幸福社区的活动,这些都是我国建设幸福社会的有效方式。

第三节　马克思共同富裕理念及当代发展

在人类思想发展史上,亚当·斯密和马克思都有自成体系的共同富裕理论。这两种共同富裕理论有着相同的最终目的,都旨在实现公众幸福、人类幸福。但是,二者却有各自不同的理论基础、实现路径及方式方略。因此,二者在实践中有着不同的结果。改革开放以来,邓小平、习近平在认真总结国内外实现共同富裕正反两方面经验的基础上,结合中国实际,对于马克思的共同富裕理论进行了重要的发展创新,凸显了其理论上的彻底性,实践上的可行性。习近平的"为人民谋幸福的经济学",使马克思主义共同富裕理论更加完善和成熟。

一、斯密的共同富裕理论

可以将共同富裕划分为社会主义共同富裕和资本主义共同富裕两种类型,这有着理论与实践上的依据。早在人类社会初期,就产生了朴素的共同富裕思想,形成萌芽状态的共同富裕的社会。例如,东方华夏文明始祖伏羲创造的"太极八卦"的"大有"卦,就内蕴共同富裕的思想。"大有"之"有",非少数人富裕,而是普天共富。一国之民都获丰收,方称大有之年;人人安乐富足,方可称为大同。据此,"易"之卦序,以"大同"继"大有"。待到神农时代,形成了有饭同吃、有衣同穿、共创共享的原始型共同富裕社会。中国古代思想家构想的"小康"社会、"大同"理想,其本质属于共同富裕的初级或高级阶段。与此同时的西方世界,古希腊的大思想家柏拉图在《理想国》一书中所构想的"幸福国家",就是各个阶级、阶层都能过上美好幸福生活的共同富裕社会。以后的空想社会主义者,从它的奠基人托马斯·莫尔所设计的《乌托邦》理想国,到傅立叶的《全世界和谐》,都属于共同富裕的社会雏形;尤其是欧文,还将他所设计的理想社会的劳动公社付诸实践,进行了局部试验。

空想社会主义者的共同富裕思想及其实践,是与资本主义制度相对立的东西。但是,在资本主义社会中,还有另外一种共同富裕理论,它根植于资本主义制度与文化。它的创始人是亚当·斯密。由于亚当·斯密的《国富论》成为西方主流经济学与国家当政者的经典,因此他以经济学家的身份闻名于世。其实,亚当·斯密原本是位道德哲学家、伦理学家。亚当·斯密在大学任教时,经济学还未诞生。他所研究和讲授的道德哲学包括神学、伦理学、经济学、政治学等社会科学,是一个庞大的哲学社会科学体系。而道德哲学、伦理学继承了古希腊哲学家、思想家们的传统,奉"公众幸福"为宗旨。因此,亚当·斯密在其第一本著作《道德情操论》,就极力倡导利用人们自利的本性所形成的"看不见的手"来增加社会物质财富,以达到共有共享,即共同富裕的目的,以此实现在该书反复提出和倡导的"公众幸福""人类幸福""整体的幸福"这个崇高而伟大的目标。为达此目标,亚当·斯密又撰写了更负盛名的经济学名著《国富论》。该书是《道德情操论》思想在经济学领域的继承和深化。在这本书中,亚当·斯密把"看不见的手"提升为市场竞争的体制机制,利用"看不见的手",依靠具有"自利""自爱"这种"低级道德"的"经济人",让物质财富更快更多地涌现出来,让国家富裕,使公众幸福、人类幸福。在亚当·斯密看来,共同富裕、人类幸福是人类最理想的社会。所以他反对贫富差距、财富占有不平等。他曾尖锐地指出:"哪里有巨大的财富,哪里就有巨大的不平等。有一个巨富的人,同时至少必有 500 个穷人。少数人的富有,必定是以多数人的贫困为前提的。"①为此,他警告世人说:"当这个社会中的绝大多数人民是贫困而悲惨的,那么这个国家一定不会繁荣而快乐。"②由此可见,亚当·斯密主张、倡导共同富裕,不仅仅是信奉道德哲学、伦理学的幸福宗旨,也不仅仅

---

① [英]亚当·斯密:《国富论(下册)》,谢祖钧译,中华书局,2018 年,第 631 页。
② 同上,第 70 页。

只是同情人民大众。他作为一个杰出的经济学家,深刻地洞察了共同富裕与社会经济及文化繁荣之间的密切关系,前者对于后者有决定性作用与重要影响。实际上,亚当·斯密把共同富裕与社会繁荣二者之间的关系上升到普遍规律的高度。应当说,这是亚当·斯密在提出"看不见的手"的理论之外,又一个重大的理论创新。

　　实践是检验真理的标准。亚当·斯密的共同富裕理论曾为一定时期和某些地区的实践所证明。例如,在亚当·斯密生前,当时北美地区经济繁荣,劳动者收入水平较高,生活堪称幸福快乐。而在他逝世之后,西方发达国家和地区,在 20 世纪中叶到 2008 年金融危机之前的一个时期,不同程度地实现了共同富裕。这一方面表现为形成了中等收入群体在社会中占据主体地位的橄榄型社会结构,另一方面表现为大多数人的幸福感比较高。有关资料显示,这个时期欧美国家感到很幸福和比较幸福的人数占总人数的绝大多数。

　　还有一点值得一提的是,亚当·斯密有关共同富裕、消灭贫困、公民幸福的思想与忠告,为大多数美国总统所认同。例如,美国第一任总统乔治·华盛顿在其就职演说中,就强调说"因为真理告诉我们:在经济与自然发展过程中存在不朽的结合——美德与幸福不可分;责任与利益不可分;诚实高尚政策的真正准则与民众繁荣幸福的真实回报不可分。"[①]而另一位胡佛总统在就职演说中进一步明确宣称:"我们经济思想的一个大目标,是使劳资关系更牢固地建立在稳定性和安全性的基础上,使贫困在我们的国土上彻底消失。"[②]

二、马克思与斯密共富理论的比较

　　科学社会主义一经诞生,便与共同富裕结了不解之缘。共同富裕成为科学社会主义题中应有之义,一个重要组成部分、基本思想。马克思主义认定,创建新的社会主义社会的"无产阶级的运动是绝大多

---

① 《美国历届总统就职演说集》,岳西宽、张卫星译,中央编译出版社,1995 年,第 4 页。
② 同上,第 249 页。

数人的,为绝大多数人谋利益的独立的运动"①。马克思曾明确指出:在未来的社会中,"生产将以所有的人富裕为目的"②。

马克思主义的创始人之一马克思同亚当·斯密一样,也是先学习、研究哲学,再从哲学转入经济学的研究。马克思所推崇的古希腊的哲学家们都关注幸福问题,包括社会幸福、公众幸福。苏格拉底的学生柏拉图在《理想国》中就构建了一个力求让一切阶级都能幸福快乐生活的"幸福国家",旨在创建新的幸福社会。而被马克思称赞为"百科全书式"的大哲学家亚里士多德倡导终极目的论,认定人类所进行的经济、政治、文化教育等一切社会活动的终极目的是幸福。

由于秉承古希腊的哲学传统,所以,马克思同亚当·斯密一样,在研究哲学时,把幸福问题作为重要论题;把人民幸福奉为研究的宗旨和目的。让人民过上幸福的生活,照我们今天的话来说,是马克思的初心和使命。早在1843年的《黑格尔法哲学批判》中,马克思就提出并思考如何让人民摆脱"现实苦难",获得"现实幸福"问题。他正是为了彻底解决这个问题,从批判宗教开始,进而创建唯物史观,再进一步创建科学社会主义。而科学社会主义思想宝库中,就包括社会主义共同富裕理论。这是因为只有实现共同富裕,才能真正让人民获得现实幸福。在这一点上,马克思与亚当·斯密有相似之处:都把共同富裕作为实现人类幸福、社会幸福、整体幸福的必要的经济条件。

但是,马克思创建的共同富裕理论与亚当·斯密的共同富裕理论之间有着重大区别。它们包括下列几个方面:

1.理论基础不同。亚当·斯密创建的共同富裕理论,是以唯心主义、人道主义、自由主义的伦理学、经济学为理论基础和指导思想;而马克思创建的共同富裕理论,是以辩证唯物主义、历史唯物主义及二者为依据的政治经济学、政治学为理论基础和指导思想。

---

① 《马克思恩格斯选集(第一卷)》,人民出版社,2012年,第411页。
② 《马克思恩格斯选集(第二卷)》,人民出版社,2012年,第787页。

2.经济基础不同。亚当·斯密创建的共同富裕理论是以私有制为经济基础的；而马克思创建的共同富裕理论是以公有制为基础。

3.实现方式不同。亚当·斯密创建的共同富裕理论，是以"经济人"、企业为主体，借助市场机制体制，也就是利用"看不见的手"这种经济运行机制实现共同富裕的方式；而马克思创建的共同富裕，却是另外一种实现方式。它是以公有制为主体，借助计划经济体制，也就是"看得见的手"这个运行机制。

4.精神文化诉求不同。亚当·斯密创建的共同富裕理论是以"自利""自爱"这种属于"低级道德"的个人主义、自由主义为精神支柱和动力；而马克思创建的共同富裕是以产生于公有制基础上的集体主义、奉献精神为精神支柱和动力。它要求个人利益与集体利益、集体利益与社会利益兼顾。

5.政治保障不同。亚当·斯密创建的共同富裕理论是以资本主义政治制度、资本主义国家政权和资产阶级政党为政治保障；而马克思创建的共同富裕是以社会主义政治制度、社会主义国家政权和共产党为政治保障。

由于亚当·斯密和马克思各自创建的共同富裕理论具有上述重大区别，这就导致二者在结果上也有所不同。它们具体表现在以下两个方面：

1.马克思构建的共同富裕具有阶段性。由于马克思科学社会主义认定：社会主义社会是共产主义社会的初级阶段，这就意味着在马克思主义那里，共同富裕有两个发展阶段，即低级阶段与高级阶段。低级阶段的共同富裕是通过按劳分配实现的；高级阶段的共同富裕是通过按需分配实现的。而亚当·斯密创建的共同富裕却没有阶段性。这是由于亚当·斯密认定：以"经济人"为主体，"看不见的手"形成的市场机制体制，是人类社会最有利于经济发展，从而是最有利于实现共同富裕，让大众幸福、人类幸福的经济形式。

2.由于马克思构建的共同富裕是以纯粹的公有制为基础；并且

是在严格的计划经济体制中实行单一的按劳分配或按需分配,因此,不会产生和存在两极分化、贫富悬殊现象。虽然在实行按劳分配时,家庭与家庭、个人与个人之间的富裕程度还有一定的差别,但到实行按需分配时,这种较小的差别也将消失。马克思构想的共同富裕模式十分美好,堪称理想。但从苏东国家曾经经历过的社会主义实践,尤其是我们国家改革开放前的实际情形来看,缺乏一定的可行性。1978年,中国绝大多数人处于贫困之中,有两亿多人未解决温饱问题。而亚当·斯密创建的共同富裕,是以纯粹的私有制为基础,并且是在完全的市场经济体制中实行按资分配。这种经济体制虽然也能实现共同富裕,但不完全,并且不可避免地或迟或早会产生两极分化、贫富悬殊的现象。这已为当今欧美资本主义国家经济社会发展的实践所证明。例如,在亚当·斯密生前的北美地区,曾有一段时期出现经济繁荣、人民富裕、生活幸福的良好情景。这使亚当·斯密为之欣慰,由此使他更坚信自己经济理论的正确。在第二次世界大战之后一个时期,由于欧洲国家及日本的经济得以恢复,并进入发展、繁荣时期,而美国经济则由此得以持续繁荣,从而使这些国家和地区在一定程度上实现共同富裕。其标志是形成了一个人数众多的中产阶层。这个新的阶层比较富裕,幸福感比较高。由此使这些国家的社会结构发生显著的变化,出现新的橄榄型社会结构。但好景不长,待到2008年,金融风暴无情地袭击欧美大地,使得美、英、法、德、日等资本主义发达国家经济急剧衰退,陷入深深的危机。这场严重的经济危机,几乎摧毁了发达国家的橄榄型社会结构,其支柱中产阶层呈现萎缩状态,经济地位的不稳定性增加,致使这个原本幸福的阶层的幸福指数显著下降,痛苦指数飙升。与此同时,极少数经济巨头却发了国难财、危机财,财富急剧增加,而穷人的数量急剧增长。如美国,致使军队的下级军官和士兵的家属,数十万人陷于缺衣少食、需要救济的穷困潦倒之中。因此,人人发财、个个快乐、共同富裕的美国梦,随着美国贫富差距过分拉大,社会被严重撕裂而破碎。

三、邓小平对共同富裕理论的创新

作为改革开放的总设计师,邓小平对于共同富裕问题十分重视,多次郑重论及这个问题。他曾强调指出:"共同富裕,这是体现社会主义本质的一个东西。"为此,他告诫广大干部:"社会主义不是少数人富起来,大多数人穷,不是那个样子。社会主义最大的优越性就是共同富裕。"①他还有一条广为人知的论述:"社会主义的本质,是解放生产力,发展生产力,消灭剥削,消除两极分化,最终达到共同富裕。"②在这个重要论述中,邓小平进一步把共同富裕上升到社会主义本质的高度,把共同富裕规定为社会主义的根本要求与基本特征。这就向我们提出一个问题:共同富裕对于生产力、经济有什么具体要求。就是说,共同富裕目标的实现,需要什么样的生产力、什么性质的经济。众所周知,共同富裕的实现有两个条件:一个是社会条件,即生产关系、经济制度方面的条件。它们是社会主义经济、政治制度体制,以保证实现"共同";另一个是物质条件,即一定的生产力、经济发展水平,以保证实现"富裕"。须知共同贫穷不是社会主义。但是共同富裕也不一定真正、完全符合社会主义的本质要求。这是由于如同市场经济可划分资本主义市场经济与社会主义市场经济一样,共同富裕也可划分为资本主义共同富裕和社会主义共同富裕。因此,这就要求我们站在社会主义立场上进行考察规定,回答什么是社会主义共同富裕问题。

实践是检验真理的唯一标准。马克思创建的共同富裕理论在包括中国在内的社会主义国家的实践中没有达到共同富裕应有的水平,只是曾经实现了低水平的共同富裕,乃至邓小平所批评的共同贫穷;而亚当·斯密创建的共同富裕理论,虽然一度实现了较高富裕水平的共同富裕,但未能保持下去。这种实践情形表明:马克思和亚

---

① 《邓小平文选(第三卷)》,人民出版社,1993 年,第 364 页。
② 同上,第 373 页。

当·斯密的共同富裕理论都有某些合理的因素,但同时都存在不足之处。失败是成功之母。国内外在实现共同富裕问题上的正反两个方面的经验,在解放思想之后,引起了一代又一代中国共产党人的深深思索与大胆试验。这方面的代表人物首推我国改革开放的"总设计师"邓小平同志。

在我们国家改革开放初期,为了解放思想,彻底肃清本本主义、教条主义和各种"左"的错误观念,邓小平深刻而中肯地指出:毛泽东思想的精髓是实事求是;而在以后的南方谈话中,邓小平进一步指出:"实事求是是马克思主义的精髓。"①正是根据"马克思主义精髓论",邓小平以大无畏的精神和理论勇气强调提出:要重新解决和回答什么是社会主义,怎样建设社会主义这个根本问题。因为过去对这个问题没有搞清楚。这意味着怎样实现共同富裕这个问题也没有搞清楚。而解决什么是社会主义,怎样建设社会主义这个问题的"关键是要善于总结经验"②。不言而喻,这里的经验,包括我们自己国家,也包括苏东等国家,乃至欧美国家发展经济,以提高人民群众富裕程度的正反两个方面的经验。

邓小平正是在认真总结各种经验以后得出这一重要结论:"贫穷不是社会主义,发展太慢也不是社会主义。否则社会主义有什么优越性呢?"③他还提出:"要研究一下,为什么好多非洲国家搞社会主义越搞越穷。不能因为有社会主义的名字就光荣,就好。"④据此,邓小平强调说:"我们坚持社会主义,要建设对资本主义具有优越性的社会主义,首先必须摆脱贫穷。"⑤

邓小平在这里直接论及社会主义共同富裕问题。毫无疑义,这里所说的"摆脱贫穷",不是个别人、少数人、一部分人"摆脱贫穷",而是

①《邓小平文选(第三卷)》,人民出版社,1993年,第382页。
②同上,第113页。
③同上,第255页。
④《邓小平文选(第二卷)》,人民出版社,1994年,第313页。
⑤《邓小平文选(第三卷)》,人民出版社,1993年,第225页。

广大人民群众脱贫致富,实现共同富裕。邓小平"首先必须摆脱贫穷"的理念、目标与要求,既是总结和目睹我们国家在建立社会主义制度后,"搞了二十多年还这么穷"①的经验与现实状况,也是总结和目睹了当时欧美国家经济繁荣、人民富裕程度较高的经验与状况而形成的。这一重要理念,把共同富裕同社会主义的生命力、命运、价值联系起来了,为他以后进一步提出的社会主义本质论奠定了思想基础。在这里还要进一步强调指出:邓小平认定:搞社会主义,"坚持社会主义","首先必须摆脱贫穷"这一重要理念不仅具有重要的理论价值,而且具有极其重要的实践价值。它与"发展是硬道理","坚持以经济建设为中心"和坚持以市场为导向的改革,发展社会主义市场经济等重要的决策与战略有着直接联系。而从共同富裕来看,这个重要理念符合共同富裕的要求与实现路径。发达、繁荣的经济,丰裕的物质财富是在社会主义条件下实现共同富裕的物质基础、物质条件。须知在一个经济落后、贫穷匮乏的国家讲实现共同富裕,那是纸上谈兵,是脱离实际的空想。

总之,邓小平确定的是这样的逻辑:共同贫穷不是社会主义。因此,坚持社会主义,必须实现共同富裕。为此,邓小平创造性地提出并实施下面三个战略举措:

1. 进行以市场为导向的改革,利用市场体制机制,大力发展社会主义市场经济。破除市场经济等于资本主义、计划经济等于社会主义的这一根深蒂固的传统观念,把市场体制机制作为一种更快地发展生产的方法。这在理论上正确地回答了什么是社会主义这个基本问题;在实践上,则使物质财富迅速增加。有必要指出:关于市场体制机制的性质与作用,邓小平同亚当·斯密取得了共识。亚当·斯密正是把"看不见的手",即市场竞争机制作为更快地发展生产,增加财富的方法与手段。

---

① 《邓小平文选(第二卷)》,人民出版社,1994年,第130页。

2.在坚持以公有制经济为主体,允许发展私营经济和外资经济,形成多种所有制经济形式同时并存的所有制结构。实践证明:多种所有制经济形式同时并存的经济结构有助于最大限度充分利用各种发展生产的积极因素,并有助于化消极因素为积极因素;同时,有助于培养更多更好的市场主体,形成充分开展市场竞争的局面,增强改革开放的力度。

3.让一部分人先富起来,实行先富带动后富的构想。邓小平总结我们自己及其他国家实行共同富裕的正反两方面经验深刻认识到,共同富裕目的的实现有其客观规律,它要求让一部分人先富起来,一部分地区先富起来,尔后再带动其他的人、其他的地区逐步富起来。尤其是我们这样一个地域广大、人口众多、东西部经济与文化发展很不平衡的国家,更要严格地按照这一规律的要求,或者说这种方式实现共同富裕。在南方谈话中,在阐述"社会主义本质论"之后,邓小平接着提出了完整的先富带动后富的"构想":"走社会主义道路,就是要逐步实现共同富裕。共同富裕的构想是这样提出的:一部分地区有条件先发展起来,一部分地区发展慢点,先发展起来的地区带动后发展的地区,最终达到共同富裕。"①关于先富带动后富的具体方法,邓小平提出:"解决的办法之一,就是先富起来的地区多交点利税,支持贫困地区的发展。"此外,还要"通过多交利税和技术转让等方式大力支持不发达地区"②。

由此可见,邓小平把"看不见的手"同"看得见的手"结合起来了。这样,也就弥补了马克思和亚当·斯密两人各自共同富裕理论的不足之处。

四、习近平关于共同富裕的理论与实践

共同富裕是篇大文章。为了写好这篇文章,成功实现共同富裕,

① 《邓小平文选(第三卷)》,人民出版社,1993年,第373-374页。
② 同上,第374页。

邓小平把它分为两个部分：第一部分是"共同"，第二部分是"富裕"。邓小平在认真总结国内外实现共同富裕的正反两方面经验的基础上，从"富裕"这个部分下笔，因为他认定："首先必须摆脱贫穷"。至于第二部分什么时候开始下笔，解决"共同"问题，也就是"最终实现共同富裕"，在南方谈话中，邓小平对此作出明确的安排："在本世纪末达到小康水平的时候，就要突出地提出和解决这个问题。"①在此之前的 1990 年 12 月 24 日讲话中，邓小平还曾预言：共同富裕问题，将来总有一天要成为"中心课题"。

习近平秉承邓小平的理念，在我们国家完成脱贫攻坚，决胜小康这一历史性任务之后，以习近平同志为核心的党中央十分重视新时代的共同富裕问题，党的十九届五中全会立足我们国家经济社会的实际，科学研判国内外形势，据此提出待到 2035 年，"全国人民共同富裕取得更加明显的实质性进展"这个新的伟大目标。习近平经济思想实质是"为人民谋幸福的经济学"，即幸福经济学。以新的幸福学为指导，将现在"无快乐的经济"、不幸福的经济转变为充满快乐的经济、幸福的经济，提高人民的幸福感，让广大劳动者过上美好幸福的生活。而这正是在幸福经济学观照下的共同富裕的目的。

而习近平"为人民谋幸福的经济学"，就是幸福经济学，是具有理论彻底性的经济学。这集中表现为习近平的幸福经济学坚持"幸福终极目的论"。习近平指出："要把促进社会公平正义、增进人民福祉作为一面镜子，审视我们各方面体制机制和政策规定，哪里有不符合促进社会公平正义的问题，哪里就需要改革；哪个领域哪个环节问题突出，哪个领域哪个环节就是改革的重点。"②不言而喻，并毫无疑问，"幸福镜子论"是一种切实有效的工作方法，它将使改革切实以幸福为目的，改革的成果，即新的体制机制符合幸福的要求；由此进而使我们党和各级政府得以实现为人民谋幸福的初心和使命。而为人民

① 《邓小平文选（第三卷）》，人民出版社，1993 年，第 374 页。
② 《习近平谈治国理政（第一卷）》，外文出版社，2018 年，第 97 页。

谋幸福的初心和使命实现之日,也就是共同富裕实现之时。因为共同富裕的最终目的是人民幸福,让广大群众过上美好幸福的生活。所以说,当广大人民群众过上美好幸福的生活,就意味着共同富裕已经实现。这既是幸福学的幸福终极目的论所昭示的真理,也是科学社会主义的创始人和追随者们所追求的理想和目标。列宁就说过:社会主义就是要让"所有劳动者过最美好的、最幸福的生活"①。李大钊也认定:社会主义"不是使人尽富或皆贫,是使生产、消费、分配适合的发展,人人均能享受平均的供给,得最大的幸福"②。在这里,李大钊把共同富裕与人民幸福明确地直接联系起来了,说明实现共同富裕的目的是让广大人民群众"得最大的幸福",指明了共同富裕的幸福本质,它是以人民幸福为最终目的。习近平在党的十九届四中全会上强调指出:"坚持以人民为中心的发展思想,不断保障和改善民生,增进人民福祉,走共同富裕道路。"把"走共同富裕道路"同"增进人民福祉"密切联系起来,把后者作为前者的终极目的。因此,在新时代,应当充分发挥习近平"为人民谋幸福的经济学"对于新时期实现共同富裕的指导作用,做好两件事情:

1. 自觉严格地按照以"人民福祉"为镜的要求进行新时代的改革,让深化改革建立的体制机制、所制定和实施的方针政策符合幸福生存增长的规律,有利于人民群众幸福感的提升和保持。须知幸福化的经济及政治、文化教育体制机制是实现人民幸福和共同富裕的基本保证。

2. 努力拓展实现共同富裕的思路、渠道和方式方法。幸福经济学认定:幸福有多种决定和影响因素。提升广大人民群众的幸福感,除较高的经济收入之外,还有政治民主、社会安定、生态良好、福利健全等因素。为此,我们在实现幸福的决策和行动中,要有全面观念,统筹兼顾决定影响幸福的诸种因素,防止和避免顾此失彼的不良现

---

① 《列宁全集(第三十四卷)》,人民出版社,2017年,第356页。
② 《李大钊全集(第四卷)》,人民出版社,2013年,第246页。

象。就我们国家及世界各国来说,这方面已有不少严重教训。例如,改革开放以来,我们国家有些地区片面发展经济,增加收入,结果严重损害了生态环境,影响了广大群众的身心健康。殊不知,健康是决定幸福感的主要因素和指标。又如一些地方政府只重视物质文明建设,忽视精神文明建设。而共同富裕却包括物质富裕和精神富裕两个方面。毫无疑义,这两种偏差,都不利于切实实现共同富裕。因此,根据习近平"为人民谋幸福的经济学"的要求,在新时代实现共同富裕的工作中,既要重视一次、二次分配方式的改革,以缩小贫富之间过大的差距;与此同时,还要重视并着力进行其他方面的有关工作,如加强美丽中国、健康中国、平安中国建设;同时,继续加强"一带一路"建设,构建人类命运共同体。"世界好,中国才能好。"我们实现共同富裕,这其实是当前世界潮流的一个组成部分。任何国家发展到今天,只有自觉地努力消除两极分化,缩小贫富差距,才能持续发展、社会安定、人民幸福。因此,只有当世界上各个国家都或先或后走上共同富裕的道路,这个世界才能安全、繁荣、幸福。不言而喻,这是我们国家成功实现共同富裕必要的国际环境、外部条件。更何况,中华传统文化的智慧和价值观教导我们:独乐乐,不如众乐乐。所以,在实现新时代共同富裕的进程中,需要努力办好中国自己的事情,也要为建设好安全、繁荣、幸福的新世界助力,作出中华民族应有的贡献。这无疑是习近平"为人民谋幸福的经济学"的一个重要理念。

第四节 中国式共同富裕的基本特征

中国具有独特的国情。这决定中国的革命与建设要走自己的路,建设有中国特色的社会主义。而共同富裕是中国特色社会主义事业的一个重要组成部分,由此决定它是中国式共同富裕,具体表现为彻底性、长期性和世界性三大特征。认识和掌握这三大特征,有助于在实现共同富裕的进程中正确决策和行动。我们国家的经济、政治与文化诸方面具有鲜明的特殊性,由此决定建设的是具有中国特色的社会主义;走的是具有中国特色的现代化道路。这就意味着,正在实现中的共同富裕,也具有鲜明的中国特色,是中国式的共同富裕。因此,在理论与实践相结合的基础上,遵循实事求是、从实际出发的思想路线和方法,认识并把握中国式共同富裕的特征,无疑有助于弄清楚什么是中国式共同富裕;怎样在辽阔的中国大地上实现共同富裕的问题,从而得以比较顺利地实现共同富裕这个空前伟大而艰难的目标。

一、程度上的彻底性

理论的力量在于彻底。习近平曾强调指出:"理论上不彻底,就难以服人。"[①]为此,2017年8月29日,在中央全面深化改革领导小组第三十八次会议上的讲话中,习近平郑重号召说:"要继续高举改革旗帜,站在更高起点谋划和推进改革,坚定改革定力,增强改革勇气,总结运用好党的十八大以来形成的改革新经验,再接再厉,久久为功,坚定不移将改革进行到底。"[②]不言而喻,"将改革进行到底",这是理论彻底性的集中表现。换言之,它具有理论彻底性这个本质要求。这表明,习近平新时代中国特色社会主义思想是具有彻底性的理论。

这就提出一个问题,"将改革进行到底"的"底"具体是什么;理论的彻底性有何具体表现。习近平"为人民谋幸福的经济学"明确地回答了这个问题。具有幸福本质,或者说回归了幸福的习近平"为人民谋幸福的经济学"、经济思想,毫无疑义,它同人类思想史上一切科学的、进步的经济学说,以及其他学说一样,坚持并倡导"幸福终极目的论"。习近平强调指出:"发展的目的是造福人民",改革要"以促进社

---

① 《习近平谈治国理政(第二卷)》,外文出版社,2017年,第34页。
② 同上,第107页。

会公平正义、增进人民福祉为出发点和落脚点"。①为此,他还创造性地提出:在改革发展中,"要把促进社会公平正义、增进人民福祉作为一面镜子,审视我们各方面体制机制和政策规定"②。在党的十九大的政治报告中,进一步开宗明义提出:"大会的主题是:不忘初心,牢记使命。""不忘初心,方得始终。中国共产党人的初心和使命,就是为中国人民谋幸福,为中华民族谋复兴。"③

　　习近平的以上论述,明确地把"造福人民""增进人民福祉""为中国人民谋幸福"作为发展改革的"目的""出发点和落脚点",作为中国共产党人的"初心和使命"。不难理解,它们同亚里士多德、恩格斯倡导的幸福终极目的论一脉相承。它们都是习近平"为人民谋幸福的经济学"的重要理念、原理和范畴。由此得知,习近平所说的"将改革进行到底"的"底",就是幸福这个终极目的,就是"为中国人民谋幸福",提高人民群众的幸福感,让人们过美好幸福的生活。而它们正是一切科学进步理论的彻底性的具体表现和基本要求。

　　有必要强调指出:一种学说、一个学科,有无这种彻底性,是否倡导和坚持幸福终极目的论,这是判断它是否科学和进步与否的基本标准。这个问题有代表性的例子是西方主流经济学。它奉亚当·斯密为开山鼻祖,但又抛弃了亚当·斯密的伦理学与经济学的幸福本质,违背它们倡导的幸福终极目的论,结果蜕变为"财富经济学"。在亚当·斯密的伦理学、经济学中,"看不见的手"和"经济人"是有效增加物质财富的方式方法、工具、手段;但物质财富并不是终极目的,它是为了实现亚当·斯密无数次强调指出的"公众幸福""社会幸福""整体的幸福"和"人类幸福"这个终极目的。可是,在主流经济学那里,把发展生产的出发点和落脚点归结为物质财富,也就是马克思所批评的"为生产而生产"。西方主流经济学作为缺乏彻底性、丧失终

---

① 《习近平谈治国理政(第一卷)》,外文出版社,2018年,第96页。
② 同上,第97页。
③ 《习近平谈治国理政(第三卷)》,外文出版社,2021年,第1页。

极目的的"半截子理论",当社会生产力发展到较高程度,进入丰裕社会后出现了两个严重后果:一是包括金融危机在内的经济危机;二是出现经济发展、财富增长却未能使幸福感随之相应提升,甚至还有所下降的幸福悖论。这样一来,主流经济学被批评为"不幸福的经济学",以它为指导发展壮大起来的经济,被批评为"无快乐的经济"。

习近平"为人民谋幸福的经济学",以及整个习近平新时代中国特色社会主义思想一个重要理念——共同富裕,无疑具有理论与实践上的彻底性。"为中国人民谋幸福"是共同富裕的本质要求,是它的题中应有之义。当然,共同富裕之所以具有幸福本质,幸福成为它的终极目的,这不仅是科学理论应具有的彻底性的具体表现与要求;更为重要的是,它还是社会主义制度的本质要求。

最后,还要强调指出:共同富裕在理论与实践两个方面具有彻底性,以人民幸福为终极目的,这使它具有了明确的目标、正确的思路,并且得以探索和确定有效的战略,从而为共同富裕目标的实现提供了基本保证。这是因为只有站在幸福的角度,在幸福学的指导下,才能正确认识什么是真正的并且具有可行性的共同富裕。具体来说,只有具有彻底性,以人民幸福为终极目的,才能正确判定共同富裕的地位及其作用。这是由于幸福学的终极目的论认定:共同富裕不是终极目的,它只是实现终极目的幸福的条件与举措。基于这种正确认识和理念,就不会无条件、孤立地考虑和决定实现共同富裕的方针政策、方式方法,而是自觉地依据幸福的要求考虑和决定实现共同富裕的方针政策、方式方法。例如,把人民幸福明确地作为共同富裕的终极目的,就会在发展经济的同时,还会关注和着力文化教育、社会福利等方面的发展进步。这是因为决定和影响幸福感的不仅有经济因素,同时还包括政治、文化、精神、安全、健康等因素。所以,当党的十九大报告中把"为中国人民谋幸福"作为党的初心和使命,便不仅提出新发展理念,转变经济发展方式,力求进行高质量发展,与此同时,还在政治上提出要坚持以人为本,让权力在阳光下运行,深入反腐倡廉;并提出建设美丽中国、平安中国、健康中国的宏伟目标和伟大任务。总之,幸福学昭示我们:美丽的生产、生活环境,良好的生态,安全可靠、有助于身心健康的社会条件,才能让人们快乐地成长、学习、工作和生活。因此,有了幸福学的正确指导,在实现共同富裕的进程中,就将避免陷入片面、过分依赖物质生产和财富增长,而忽视社会生活其他方面的歧途,从而使社会生活平衡、和谐,人们因此得以幸福地生活。

二、时间上的长期性

作为政治家与诗人的毛泽东,有一句著名诗句,也是一句名言:"一万年太久,只争朝夕"。这是毛泽东对自己,也是对广大干部的要求;同时,也是一个勉励。他倡导要以"只争朝夕"的精神、劲头与热情,尽可能缩短距离成功与胜利的日期。但是,毛泽东是一个彻底的唯物主义者,诚如邓小平所说,实事求是是毛泽东思想的精髓。他深知:事物发展有其客观规律,因此并不能凭一种精神、一股热情就可以改变一切。所以,毛泽东又告诫广大干部和群众:路只能一步一步地走,饭只能一口一口地吃,一口吃不成胖子。否则会欲速则不达,招致损失乃至失败。由此决定在我们国家实现共同富裕这一伟大而又艰巨的事业,既要有"只争朝夕"的精神,又要实事求是,正视和承认它具有的长期性和艰巨性。

认识并认定我们国家的共同富裕具有长期性这一鲜明的特征,有着十分重要的意义,对于我们得以成功地实现共同富裕的目的有着难以估量的作用。正视和承认中国式共同富裕具有长期性特征,有助于人们在共同富裕问题上做好长期奋斗的思想准备,从而克服急躁情绪与焦虑心理。在实践上,则有助于防止急于求成、拔苗助长、短期行为和面子工程,有助于揭示、认识和把握中国式共同富裕的客观规律,从而使人们自觉地按照客观规律的要求办事。这是由于从中国式共同富裕的长期性来看,它决定,或者意味着它只能采取渐进,而非突变的方式实行。中国式共同富裕既然具有长期性,有一个漫长的过程,这就决定它不可能是电闪雷鸣,暴风骤雨,鲤鱼跳龙门,雄鹰击长空,一蹴而就;而只能是一步一个脚印,一步一个台阶;和风细雨,水到渠成,久久为功。

同时,中国式共同富裕的长期性,必然决定它是分阶段的,而且是分层次的。就是说,它的长期性这个基本特征决定它的阶段性与层次性。这是由于凡是一个需要较长时期生成发展的事物,它必定有一个从小到大、从弱到强、从不成熟到成熟、从不完全到完全,从不完美到完美的曲折过程。由此也就表现出它的阶段性和层次性,形成一个个相互连接而有所区别的阶段与层次。在不同阶段,共同富裕的"共同"程度和"富裕"程度有所区别。

从阶段性这个角度来看,中国式共同富裕,可以分为初级阶段、中级阶段和高级阶段。所谓初级阶段,顾名思义,虽然已达到共同富裕的基本要求和标准,但是,共同富裕的水平还不高,程度还比较低。换言之,共同富裕不完全、不彻底。例如,学术界与实际部门已达成这样一种共识:橄榄型社会结构是现今共同富裕的基本标志和标准。但是,这种橄榄型社会结构不是成熟的、完全的共同富裕。因为它两端不符合共同富裕的要求,它上端的富裕程度很高,而下端的富裕程度很低。这时富裕的层次很明显,这种共同富裕就属于共同富裕的初级阶段。在共同富裕的中级阶段,初级阶段的橄榄型社会结构发生了比较显著的变化,中间变得更大了,两端相对变小了,尤其是下端变得更小了。这意味着原来属于下端的一些人已上升为中产阶层了,不言而喻,这时共同富裕的层次已不太明显。至于共同富裕的高级阶段,首先,经济高度发达,物质财富和文化财富非常丰裕,富裕程度很高;在此基础上,通过生产方式、分配方式及消费方式的改革,初级阶段那种橄榄型社会结构已不复存在,全体社会成员都处于适度富裕的地位,得以全面发展,过着有尊严的幸福快乐的生活。不言而喻,在共同富裕的高级阶段,富裕的层次性已不复存在。

　　在认识和确定中国式共同富裕的长期性基础上,进一步探索和把握它的阶段性与层次性,无疑有着重要的意义。最主要的是有助于我们不会犯超越共同富裕历史进程中客观存在的阶段性的错误;同时不会无视各个共同富裕发展阶段客观存在的层次性。因此,极有必要充分认识中国式共同富裕的长期性。而我们国家实现共同富裕必定将要经过一个漫长的历史时期,主要有下列原因:

　　首先,国土辽阔,人口众多。在一个国土辽阔、人口众多的国家实现共同富裕,并非易事,困难很大很多,因此时间便比较漫长。具体来说,由于国土辽阔,因此,南北东西中,不同地区的差别势必很大,甚至有天壤之别。比如长江三角洲、珠江三角洲地区,土地肥沃、水旱无忧、交通发达。显然,这些地区得天独厚的自然、人文条件有利于发展经济与文化,从而易于为共同富裕提供物质和与精神方面的条件,由此易于富裕起来,并且也易于实现物质、精神财富的共有共占共享;但是,大西北与大西南的大部分地区,却是自然条件恶劣,山高坡陡、资源贫乏,尤其是植被毁坏非常严重,导致不少地方沙漠化、沙砾化、盐碱化程度较深,甚至不适宜人口居住与动物栖息。由于地形复杂,这些地方水陆交通都比较落后,虽然近年来有大的改观,但总体来说,交通条件仍然不是很好。不难理解,大西北与大西南这些自然与人文条件不好和落后的地方,要达到共同富裕的要求,需要比较长,甚至可以说是漫长的时间。还有一点有必要强调指出:我们国家虽然是国土辽阔、资源丰富,但是,由于人口众多,多达14亿,约为欧洲人口的两倍,美国人口的4倍,日本人口的6倍,因此见多分少,耕地、淡水、森林、矿产等资源人均都低于甚至远低于世界人均水平。如美国3亿多人口有27亿亩耕地;而中国14亿人口,只有18亿亩耕地。毫无疑义,资源相对短缺这种状况,不利于实现共同富裕。而要克服资源短缺带来的不良影响,需要科学技术不断进步和经济的高质量发展。无疑这就需要一个较长的时间逐步解决。

　　其次,发展不平衡、不充分。党的十九大报告强调指出:"中国特色社会主义进入新时代,我国社会主要矛盾已经转化为人民日益增长的美好生活需要和不平衡不充分的发展之间的矛盾。"①所谓"不平衡",主要是指中国的东部地区、中部地区、西部地区发展不平衡。具体表现为有先进与落后的差别;有富裕与比较富裕和贫穷的不同。与此同时,它还包括产业结构、产品种类的不平衡。具体来说,技术含量高的高质量产业相对较少,而技术含量较低的产业比较多;属于国之重器、精密的高端产品相对较少,而附加值低的中、低端产品比较多。至于"不充分",则是相对于"人民日益增长的美好生活需要"而言,经济与文化教育、医疗卫生、生态环境等方面发展质量比较低,数量比较少。不难看到和料想,要解决发展"不平衡不充分"的问题,化解"人民日益增长的美好生活需要和不平衡不充分的发展之间的矛盾",会遇到许许多多的困难与阻力。它们都不是短时期就能克服和解决的。

　　第三,市场体制机制的长久价值。中国式共同富裕的长期性特征,很大程度上取决于市场体制机制的生命力与价值。如果市场经济在今后一个相当长的时期,仍然具有较为旺盛的生命力,仍然有着重要的价值,那么,中国式共同富裕则随之便要经历一个长期过程。中国的改革是以市场体制为导向。邓小平指出:市场经济不等于资本主义,而是一种发展经济的有效方法。因此,我们国家也可以搞市场经济,"这是社会主义利用这种方法来发展社会生产力"②。我们国家改革开放40多年经济一直快速发展的事实表明:市场经济的确是一种有效的经济方法。正因为如此,党的十九大报告再次强调指出要继续坚持改革开放,进一步扩大国内市场,保护市场主体,健全市场机制,并且积极参与国际市场的建设与开拓。

　　但是,像任何事物一样,市场体制也具有两面性。从共同富裕角度来说,它既有积极作用,也有消极的影响。积极的一面如上所说,

---

① 《习近平谈治国理政(第三卷)》,外文出版社,2021年,第9页。
② 《邓小平文选(第二卷)》,人民出版社,1994年,第236页。

它使生产具有较高的效率；消极的影响则是由于优胜劣汰是它的本
质要求和"铁则"，而这样一来，则势必如邓小平晚年所说：在市场经
济条件下，"两极分化自然出现"。也正是由于这个原因，邓小平曾感
叹说：发展起来后的问题解决起来更困难，分配问题大得很。①为此，
他曾强调提出，共同富裕问题，总有一天会成为"中心课题"。从邓小
平的以上论述来看，消除两极分化，实现共同富裕，无疑需要长期的
努力。

三、空间上的世界性

　　关于如何实现共同富裕的问题，学术界有这样一种观点：由于市
场经济必然会导致两极分化，因此，"从理论上来讲，只有当我国在生
产力水平上赶上美国，然后与美国以及其他国家一起继续借助市场
经济在生产力进一步发展的基础上消灭了市场经济，作为世界历史
性的共同富裕才能实现"②。这个论述包含两个基本观点：一是只有
消灭了市场经济，才能实现共同富裕；二是共同富裕具有世界性。对
于第一个观点，我们认为值得商榷。须知，在市场经济条件下，也可
以实现共同富裕。这是由于在现代发达的市场经济条件下，可以形
成一个人数众多的中产阶层，从而在比较大的程度上缓解了两极分
化，实现了初级或者中级阶段的共同富裕，也就是不彻底不完全的共
同富裕。之所以将共同富裕寄希望于市场经济消灭之后这种观点，
一个重要原因，是由于把共同富裕误作为不分时间和条件的完全等
同的、平均的共有共享共富，不懂得共同富裕的阶段性和层次性。应
当指出，这种共同富裕观不符合唯物辩证法，缺乏历史感，脱离中国
实际；也得不到广大群众的认同和拥护。

　　但是，第二个观点具有一定的合理性。的确，实现共同富裕具有
世界性。当然，对于共同富裕的世界性，需要修正与补充。共同富裕

---

① 《邓小平年谱 1975—1997(下册)》，中央文献出版社，2004 年。
② 丛松日、张丽杰：《共同富裕：一个世界历史性课题》，《学术论坛》2007 年第 8 期，第 54 页。

的世界性主要表现为共同富裕是世界潮流、时代主题。

纵观人类思想发展史，一切科学的、进步的思想与学说，都自觉不自觉，或明显或隐晦地论及并认同共同富裕问题。在古代中国，儒家经典《礼记·礼运》就明确地提出并倡导"大道之行也，天下为公"的"大同"设想，旨在让社会所有成员都过上富足、美好的生活。而在西方的古希腊时期，伟大的哲学家、思想家柏拉图就撰写过《理想国》一书，他在书中精心构建了一个共有共富共享，让一切阶级都得以幸福生活的"幸福国家"。西方经济学的开山鼻祖亚当·斯密同样倡导共同富裕。他在《国富论》中明确提出：经济发展应当以公民的幸福生活为目标，为此提倡共富共享。他生前目睹当时的北美地区经济繁荣时工人的收入增长，生活富足快乐，他甚为欣慰；而遇到经济衰退，人们陷入贫穷悲惨的境况时，他便呼吁政府和社会各界关注并设法解决。为此，他郑重告诫世人："如果一个社会的绝大部分成员是贫穷而悲惨的，那么这个社会绝不可能繁荣和幸福。"①亚当·斯密告诉我们：共同富裕是一切社会繁荣、人民幸福的基本条件、可靠保障。可见，实行共同富裕不是哪一个国家、某些地区的事物，而是整个人类社会发展进步、安宁和谐的共同要求，具有世界性、普遍性。

亚当·斯密之后这200多年的世界历史，准确无误地向人们昭示了他的这一重要理念的科学性。这方面，美国的经济社会发展史就是一个典型的例子。每当贫富差距较小，两极分化微弱，共有共富共享状况较好时，美国便经济繁荣，社会安定，人民康乐。但是，一旦出现贫富差距，尤其两极分化凸显，大多数人不能享受劳动成果时，便会使得经济衰退，人民陷入贫困愁苦的境地。如二战后一直到20世纪70年代这段时期，总的来说，美国的经济呈现增长乃至快速增长的态势，出现繁荣景象；与此同时，随着经济繁荣，美国社会形成良性的橄榄型结构，陷于贫困状况的人群变少，一个人数众多进入富裕境

---

① ［英］亚当·斯密：《国富论（上册）》，谢祖钧译，中华书局，2018年，第70页。

况的中产阶层得以形成。这个时候，美国的社会进入相对安定的时期。但是由于资本主义制度的根本矛盾，好景不长，此后两极分化逐渐加剧，贫富差距日益扩大，到2008年便酿成震动世界的金融危机。自那以后，由于美国的当政者与政治、经济、文化精英出于自身的利益考虑，把斯密的谆谆告诫置于脑后，没有对症下药进行必要的经济政治改革，没有下大力气改变两极分化加剧、贫富差距拉大的态势，致使共同富裕的景象成为明日黄花，社会处于撕裂状况，大多数人的痛苦指数持续居高难下。

　　当然，美国的例子不是孤例。放眼今日的世界，不少国家处于衰落和动乱之中，究其根源，贫富悬殊，两极分化严重，几乎是通病。所以，有学者中肯地指出："看当今世界，贫富差距持续扩大，贫富悬殊像顽疾一样困扰着世界。中国的情况也不容乐观。改革开放以来，虽然居民收入大幅增长，但贫富差距问题也日益凸显。"①

　　革命先行者孙中山先生教导我们："世界潮流，浩浩荡荡，顺之者昌，逆之者亡。"因此，对于新时代的共同富裕问题，我们既要立足中国，把握国情，又要立足世界，把握世界潮流、整个人类社会发展的大势，充分认识共同富裕的世界性。这有助于我们对于共同富裕的认识更加全面和深入。认识和把握共同富裕的世界性，在此基础上，我们不仅认识到共同富裕是社会主义的本质，而且进一步认定它是人类社会健康持续发展的一条普遍性规律。

　　站在规律性的角度来看，可以说，共同富裕之所以是社会主义的本质，是因为社会主义作为人类社会发展史上一个科学的、先进的社会制度，合乎共同富裕这条普遍规律，按照它的要求办事，这无疑是社会主义题中应有之义。党的十九大报告的主题就是不忘"为中国人民谋幸福，为中华民族谋复兴"这个"初心和使命"。这就意味着，共同富裕是实现人民幸福这个终极目的、共产党人"初心"的条件与

――――――――――

① 刘长明、周明珠：《共同富裕思想探源》，《当代经济研究》2020年第5期，第46页。

战略。这就决定:共同富裕是社会主义的本质;是它的根本要求和根本目的。因此,认识和把握共同富裕的世界性,有助于我们在共同富裕问题上当机立断,果断决策,增强实现共同富裕的自觉性和紧迫感。同时,在自动化、信息化、全球经济一体化时代,世界已成为一个小小的地球村。中国与世界五大洲的国家有着割不断、分不开的经济、文化等方面的关系。在实现共同富裕的进程中,我们一方面要学习、借鉴其他国家正反两个方面的经验;另一方面,有责任和义务把实现共同富裕的中国经验、中国智慧贡献给其他国家,以求在世界范围内早日实现共同富裕的目标。"一花独放不是春。"世界上尽可能多的国家实现共同富裕,将为我们国家实现共同富裕提供必要的良好外部条件。总之,正如不能关起国门搞现代化建设一样,也不能关起国门实现共同富裕。因为中国式共同富裕是全人类共同富裕事业的一个组成部分。习近平曾经强调指出:"世界好,中国才能好;中国好,世界才更好。"[1]他还认定:中国是世界的中国。据此可以说:世界好,中国式共同富裕就将比较顺利地实现;而中国式共同富裕事业早日成功,也将推动全世界的共同富裕事业。

中国式共同富裕的彻底性、长期性和世界性三个特征,分别从不同角度向世人展示了中国式共同富裕的本质与面貌。其中的彻底性表现了中国式共同富裕程度上的特征;长期性则是显示了中国式共同富裕时间上的特征;至于世界性,则是从空间上昭示了中国式共同富裕的特征。它们让人们对于中国式共同富裕有了比较全面且深入的了解,这无疑对于我们实现共同富裕得以正确决策和行动具有积极的作用。

---

[1] 《习近平谈治国理政(第二卷)》,外文出版社,2017年,第545页。

结　语

社会实践需要理论指导，新的实践呼唤新的理论。这是理论产生发展的一般规律和历程。中国哲学社会科学需要自己的原创性理论，而原创性理论的来源便是中国实践。据此，新时代是广大理论工作者肩负使命、大有作为的时代。因为我们面临的是人类社会百年未有之大变局；所进行的是前人从未干过的伟大事业，即实现中国式现代化，构建人类命运共同体。不言而喻，它们都在呼唤新的理论，从而要求广大理论工作者加快理论创新的步伐，勇敢地担负起创建有中国气派、中国特色理论的艰巨任务。为此，习近平对理论界发出了庄严号召："我们不仅要让世界知道'舌尖上的中国'，还要让世界知道'学术中的中国''理论中的中国''哲学社会科学中的中国'"①。习近平还对理论创新提出了明确的目标与要求：中国理论界"要围绕我国和世界发展面临的重大问题，着力提出能够体现中国立场、中国智慧、中国价值的理念、主张、方案"②。理论创新要"体现原创性、时代性"③。为了实现理论创新、理论建设的目标与要求，习近平进一步强调提出："解决中国的问题，提出解决人类问题的中国方案，要坚持中国人的世界观、方法论。如果不加分析把国外学术思想和学术方

①② 《习近平谈治国理政（第二卷）》，外文出版社，2017年，第340页。
③ 同上，第341页。

法奉为圭臬,一切以此为准绳,那就没有独创性可言了"①。

本书是我们有意识地响应习近平理论创新的号召,遵循他提出的思路与方法,力求对有关建设中国特色社会主义、人类社会发展进步的重大问题,结合实际开展的创造性探索。近日得知,上海的学者郑重提出:国外的学者来我们国家访问,旨在探求中国改革开放以来经济、社会健康快速发展的经验与秘诀。但到中国后,出乎意料,看到中国的学者及学生正如习近平所批评的那样,"不加分析把国外学术思想和学术方法奉为圭臬",照搬照抄西方的理论,这令他们非常失望。这使我们更加感到进行理论创新的紧迫性。我们期待,中国理论界改变目前这种"有理说不出、说了传不开"的境地②,早日走出边缘化。展望未来,我们国家不仅是一个经济强国,还将是一个理论强国。一个新的"理论中的中国"将站立在世界东方。

本书涉及一些深层次的理论问题:

第一,全面、深入地探析了马克思主义的历史观。在《资本论》等著作中发现,马克思曾用人本史观取代唯物观。人本史观的价值在于改变了社会制度演变、决定机制中见物(生产工具)不见人的状态。社会生产力发展的实际反复表明:生产关系演变的关键、要害并不在于它是否符合已有的生产工具、生产力的性质,而是在于是否符合马克思在《资本论》中重新肯定的"人类本性"。只有如此,才能更好地调动起人们劳动的积极性,从而更快地发展新的生产力。

第二,确认了功利关系价值论。这是马克思主义的另一种价值论。首先,它能够解决信息化、智能化时代商品价格的决定和形成问题;其次,功利关系价值论解决了是否存在"剥削问题"。资产者与劳动者所得,不是决定于所付出的劳动的价值及转移的价值,而是在商品使用价值创造中作用的大小。在功利关系价值论看来,劳动力不

---

① 《习近平谈治国理政(第二卷)》,外文出版社,2017年,第341页。
② 同上,第346页。

是商品,劳动者所得也不限于劳动力再生产的费用,因此并不存在剥削。中国目前有数量众多的私营企业。在解决分配问题时,关键是以功利关系价值论为指导,实事求是地确定资产者与劳动者在商品制造中的实际作用。

第三,确认斯密是如同古希腊的苏格拉底、柏拉图一样的哲学家,是为人民大众谋幸福的经济学家。本书系统地研究了斯密的学术出身、科研历程。发现斯密将"看不见的手""经济人"假设,即市场机制、市场主体定性为发展生产、增加财富,从而让社会、公众、人民得以幸福生活的工具与方略。斯密对资本家曾给予严厉批判。这一切表明,斯密实际并不是完全意义上的资产阶级经济学家。而且,邓小平与斯密不谋而合,也确认市场机制方法论,社会主义也可以发展市场经济;习近平则进一步明确提出,要把"看不见的手"与"看得见的手"结合起来。这实际为斯密是资产阶级经济学家"翻案"。这个案应当翻、翻得好。它有重大价值,为邓小平的社会主义市场经济理论提出了理论源泉;为进一步解决什么是社会主义、怎样建设社会主义等根本性理论与实践问题,提供了深厚广阔的理论土壤。它将使理论创新之苗茁壮成长。

第四,提出并认定马克思主义的幸福本质。马克思主义幸福观是抛弃"虚拟幸福",追求"现实幸福"。马克思从少年时代就立下为人类幸福而工作的志向,并终身为之奋斗。因此,倡导从幸福学的角度观照马克思主义,把幸福作为研究《资本论》的新视角,由此开辟了一个研究马克思主义的新园地,使马克思主义在新的历史条件下凸显人民性、可行性与实践价值。

第五,提出并倡议社会经济发展进行幸福转型、幸福革命,目的是实现为人民谋幸福的初心和使命,构建幸福社会、幸福国家。理念决定行动。它解决了我们从哪里来、到哪里去这个世纪之问,使马克思主义理论彰显彻底性、可行性,在新的历史条件下焕发旺盛的生命力。

第六,将习近平有关幸福、美好生活的理念上升到幸福学的高度。习近平经济思想、文化思想等,在理论上实质是幸福经济学、幸福文化学等,应以幸福学为基础构建习近平新时代中国特色社会主义思想的科学体系。

第七,将全面建设美丽中国的目标与方略升华、扩展为包括美丽经济、美丽政治、美丽文化的现代化"美丽强国"。美丽建设、美丽转型是幸福转型、幸福革命的重要组成部分,是人民群众真正过上幸福、美好生活的基础。

第八,将理论革命、理论创新作为中国理论走出边缘化的基本思路与方略,倡导在建设经济强国、军事强国的同时,还要建设理论强国。邓小平把经济改革视为"第二次革命"。要完成习近平提出的建设"学术中的中国""理论中的中国"的号召与目标,中国理论界必须进行"第二次革命"。

这些理论创新对改革发展实践或许有着一定的直接或间接影响。尽管这些理论创新成果青涩而不成熟,但理论界与一切关心中国与人类社会发展进步的人们,也许能从中得到某些启迪。"路漫漫其修远兮,吾将上下而求索。"我们以此与理论界同仁暨一切有志于此者共勉。

图书在版编目(CIP)数据

走出边缘化：建设"理论中的中国" / 王历荣，陈
湘舸著. -- 上海：上海三联书店，2025. 2. -- ISBN
978-7-5426-8799-9

Ⅰ. D61

中国国家版本馆 CIP 数据核字第 2025Z1E213 号

走出边缘化——建设"理论中的中国"

著　者 / 王历荣　陈湘舸

责任编辑 / 杜　鹃
装帧设计 / 一本好书
监　制 / 姚　军
责任校对 / 王凌霄

出版发行 / 上海三联书店

　　　　　(200041)中国上海市静安区威海路 755 号 30 楼
邮　箱 / sdxsanlian@sina.com
联系电话 / 编辑部：021-22895517
　　　　　发行部：021-22895559
印　刷 / 上海惠敦印务科技有限公司

版　次 / 2025 年 2 月第 1 版
印　次 / 2025 年 2 月第 1 次印刷
开　本 / 655mm×960mm　1/16
字　数 / 270 千字
印　张 / 20.75
书　号 / ISBN 978-7-5426-8799-9/D·676
定　价 / 98.00 元

敬启读者，如发现本书有印装质量问题，请与印刷厂联系 13917066329